나는 누구인가

이호준은 1958년 생으로 서울대학교 심리학과를 졸업하였다. 역서로는 <과학시대의 불교>, <세속과 초월>, <일본의 십대선사>등이 있고, <나는 누구인가> 라는 라마나 마하리쉬 가름침의 정수(精髓)를 아름다운 우리말로 옮긴 뒤 조계종 송광사로 출가하였다. 이 후 국내에서 간화선수행, 인도에서 티벳 금강승 수행, 미얀마에서 사마타와 위빠사나 수행을 해 오면서 "하나의 불교", "하나의 질리"를 정립하기 위해 노력하고 있다. 법명은 지산(志山)!

나는 누구인가

지은이 ● 라마나 마하리쉬
옮긴이 ● 이호준
펴낸이 ● 박진호
펴낸곳 ● 청하출판사

주소 ● 서울시 마포구 용강동 117-3 월명빌딩 3층 청하출판사
전화 ● 02-3211-7877 | 팩스 ● 02-3211-7875
E-mail ● chp21@korea.com

초판   1쇄 발행일 ● 1987년 4월 25일
초판 14쇄 발행일 ● 1995년 11월 11일
신조판 1쇄 발행일 ● 1996년 2월 27일
신조판 22쇄 발행일 ● 2004년 8월 10일
수정판 1쇄 발행일 ● 2005년 5월 27일
수정판 5쇄 발행일 ● 2011년 10월 13일

이 책은 저작권법에 의해 보호를 받는 저작물입니다. 따라서 이 책의 일부 또는 전부의 무단전재 및 복제를 할 수 없으며, 글과 그림이 다른 형태로 변형 사용되는 것을 금합니다.
잘못된 책은 본사나 구입하신 서점에서 바꾸어 드립니다.
ⓒ chungha Publishing Co. 1988
값은 뒤표지에 있습니다.

나는 누구인가

라마나 마하리쉬 지음 이호준 옮김

청·하

엮은이의 글

〈나는 누구인가?〉

어느 누구에게나 이 문제보다 더 근본적이고 중요한 문제는 없을 것이다. 그러나 또한 이 문제처럼 해결하기 어렵고, 그래서 언제나 뒤로 미루어지는 문제도 없을 것이다.

슬프게도, 그리고 기이하게도 우리는 우리들 자신이 누구인지를 모른다. 어디에서 왔는지, 왜 지금 이곳에 이렇게 존재하고 있는지, 그리고 앞으로 어디로 갈 것인지, 〈나〉라는 구분이 과연 어디까지인지……. 그리고는 그냥 쉽사리 자신을 육체와 동일시하고, 또 마음과 동일시해 버린 뒤, 그만한 세계에 갇혀 그만한 삶을 꾸려 나간다.

라마나 마하리쉬는 이렇게 말한다.

「인간의 모든 문제와 괴로움은 〈진정한 나〉, 즉 〈진아(眞我)〉를 모르기 때문에 생긴다. 그리고 진아를 알면 풀리지 않는 문제란 하나도 없다. 따라서 우리가 가장 먼저 해야 할 일은 진아를 아는 일이다.」

내가 맨 처음 라마나 마하리쉬라는 이름을 알게 된 것은 라즈니쉬Rajneesh를 통해서였다. 어떤 책에선가, 다른 사람들에 대해서 비교적 혹평하기를 즐겨하는 라즈니쉬가 라마나 마하리쉬를 극찬하고 있었다.

〈몇천 년에 한 번 나올까말까한 인물.〉

〈붓다나 예수 또는 크리슈나와 같은 존재.〉

이때부터 라마나 마하리쉬에 대해 관심을 가지게 된 나는, 그 뒤 미우라간죠(三浦關造)의 『진리의 태양』이라는 책에서 그의 생애와 가르침의 단편을 접하고, 그에 대해 상당히 흥미를 가지게 되었다.

〈벌레들이 살을 파먹어 그 상처에서 피와 고름이 흘러도 모를 정도의 깊은 삼매.〉

〈한마디의 말도 하지 않고, 다만 바라보는 것만으로써 상대방의 내면을 변화시켜 버리는 침묵의 힘.〉

그래서 본격적으로 그에 대한 자료를 모으고 검토하기 시작했는데, 그러면서 서서히 그의 세계로 흡수되어 가는 나를 발견하였다. 내가 그에게서 받은 느낌은 크게 두 가지다.

하나는 그가 아무런 찌꺼기도 없이 완전히 텅 비어 있다는 느낌이다. 그의 표현을 빌리자면 〈마음이 가라앉은 상태가 아니라, 마음이 완전히 사라져 버려 다시는 마음의 세계로 돌아올 수 없는 상태〉다. 칼 융Carl Gustav Jung이 근대 인도의 정신사에서 쌍벽을 이루는 이 라마나 마하리쉬와 라마크리슈나Ramakrishna를 비교하면서, 〈자기〉를 비운다는 측면에서 라마나 마하리쉬가 더 철저하다고 말하고 있는 것도 결국 이 점을 가리키는 것이라고 생각된다.

또 하나는 대단히 따뜻하고 친근한 느낌이다. 깨달은 사람들은 모두 절대 평등의 세계로 돌아간다고 하지만, 나타나는 작용면에 있어서는 서로 다른 독특한 개성들을 보여 준다. 그것은 붓다가 다르고 예수가 다르고 노자가 다르며, 그 수많은 선사禪師나 힌두 성자들이 각기 다른 것을 봐도 알 수 있다. 그런데 라마나 마하리쉬는 아주 따뜻하고 친근한 느낌을 준다. 아마 이러한 느낌을 주는 이유 중에는, 그가 깨달음에 이르는 방법으로써 제시한 자아 탐구의 방법이 전혀 생소하지 않은 이유도 포함될 것이다. 그는 진정한 나, 즉 진아를 깨닫기 위해서는 〈나는 누구인가〉라는 의문을 가지고 자신의 내면으로 몰입해야 한다고 하였다. 이는 선가禪家의 화두話頭, 특히 〈이 뭣고〉 화두와 매우 유사하다. 어쩌면 라마나 마하리쉬가 과거 어느 생엔가 중국이나 우리나라에서 선禪을 공부했을지도 모를 일이다.

축복!……
라마나 마하리쉬와 같은 사람이 이 지구상에, 더구나 20세기에 살았었다는 사실은 인류에게 커다란 축복이자 희망이 아닐 수 없다. 또 그가 자신의 삶과 가르침을 통해서 보여 준 길은 우리 모두가 결국 언젠가는 돌아가야 할 길임이 분명하다.

이 책은 세 부분으로 구성되어 있다.
1부는 〈나는 누구인가〉라는 제목으로, 라마나와 한 질문자간의 문답이 전개되고 있다. 이는 그가 가르침을 펴기 시작한 초기의 기록으로, 이를 통해 그의 가르침의 뼈대를 알 수 있다.
2부는 그의 생애이고,
3부는 제자들과의 문답을 주제별로 분류하여 자세히 정리해 놓은 부분이다. 라마나는 자신을 찾아오는 사람들의 영적 수준에 따라서 가르침의 내용을 달리하였다. 영적으로 준비가 되어 있는 사람들에게는 아무 말도 하지 않고 그냥 침묵함으로써 자신의 내면상태를 직접 전달하였고, 이 침묵을 이해하지 못하는 사람들에게만 언어를 통해서 가르침을 전하였다. 그리고 이 언어를 통한 가르침도 듣는 사람의 수준에 따라, 또 그때그때의 상태에 따라 그 내용을 달리하고 있다. 따라서 이러한 다양한 내용의 가르침을 주제별로 한데 모아놓은 이 3부에는, 앞뒤가 서로 맞지 않는 부분도 있고, 또 심한 경우 서로 모순되는 부분도 있다. 그러나 제자의 질문 내용과 각 질문에 대해 라마나가 응답하는 방식을 잘 들여다 보면, 어느 것이 뿌리이고 어느 것이 가지인지를 알 수 있을 것이다.

이 책을 엮는 데 참고한 서적은, *The Spiritual Teachings of Ramana Maharishi*(Shambhala, 1972), *The Path of Sri Ramana*(Sri Ramana kshetra, 1981), *Bhagavan Sri Ramana-A Pictorial Biography*(Sri Ramanasramam, 1981), *Be as you are*(ARKANA, 1985) 등이다.

이 책이 〈진정한 나〉를 찾기 위해 노력하는 사람들에게 좋은 반려자가 된다면 엮은이로서 더없는 기쁨이겠다.

이 호 준

스리 라마나, 그리고 현대인에게 주는 그의 메시지*

스리 라마나Sri Ramana는 인도라는 토양에서 나온 진정한 인도의 아들이다. 그는 순수한 인도 출신이며 동시에 매우 거대한 존재이다. 그는 인도적인 것 중에서도 그 핵심에 위치하고 있다.

우리들이 스리 라마나의 삶과 가르침에서 발견하는 것은 가장 순수하게 인도적인 것이다. 그것은 세계로부터 자유로워진, 그리고 인간성을 자유롭게 하는 숨결로써 지극한 열락悅樂을 노래한다. 그 노래의 멜로디는 단순하면서도 위대한 주제를 바탕으로 전개되며 인도 정신 안에서 무수히 많은 화사한 반향을 울리며 스스로 새로워진다. 그리고 가장 최근에 그것이 화현化現되어 나타난 인물이 바로 스리 라마나 마하리쉬 자신이다.

진아(Self)를 신과 동일시하는 것이 서구인에게는 충격일 것이다. 이는 스리 라마나가 말하듯이 전적으로 동양적인 깨달음이다. 심리학으로서는, 그러한 문제에 대해 언급하는 것은 심리학의 범주를 넘어선다는 사실만을 말할 수 있을 뿐이다. 그러나 인

---

* 이상은 짐머Dr. Zimmer의 『Der Weg Zum Selbst, The Way to the Self or the Life and Teachings of Bhagavan Sri Ramana Maharishi』라는 책에 쓴 융 Carl Gustav Jung의 서문에서 발췌한 내용이다.

도인들에게는 영적인 근원으로서의 진아가 신과 다르지 않으며 진아 안에 안주한 사람은 신 안에 안주한 것이고 나아가서 스스로 신이라는 사실이 명백하다. 스리 라마나도 이 점에 대해서 매우 분명하다.

　동양적인 수행의 목표는 서양 신비주의의 그것과 마찬가지다. 동양에서는 초점이 〈나〉로부터 진아로 옮겨가듯 서양에서는 인간에게서 신으로 옮겨간다. 이는 〈나〉가 진아 안에서, 그리고 인간이 신 안에서 사라짐을 의미한다. 스리 라마크리슈나도 진아에 대해 마찬가지 입장을 취하지만 그에게 있어서는 〈나〉와 진아 사이의 갈등이 좀더 표면으로 부상한다.

　스리 라마나는 영적 수행의 진정한 목표는 〈나〉의 소멸에 있다고 분명하게 밝히지만 라마크리슈나는 이 점에 있어서 약간 망설이는 듯한 태도를 보인다. 물론 그도 「〈나라는 인식〉이 남아 있는 한 진정한 지혜*Jnana*와 자유*Mukti*는 불가능하다」라고 말하고 있기는 하지만, 그 헤어나기 어려운 〈나라는 세계〉의 본성을 시인하지 않을 수 없었다. 그는 이렇게 말한다. 「오직 극소수의 사람만이 그 결합(삼매)에 이를 수 있으며 스스로를 〈나〉로부터 자유롭게 할 수 있다. 이는 너무나도 어려운 일이다. 이에 대해 아무리 많이 의논을 해 보고 끊임없이 자신을 분리시키려 해도 이 〈나〉는 언제나 다시 나타나곤 한다. 오늘 포플러를 잘라도 내일이면 다시 새 가지가 나오는 것과 같다. 따라서 이 〈나〉를 도저히 없애 버릴 수 없다고 판단하거든 〈나〉로 하여금 종*Servant*으로서 남도록 하라.」 라마크리슈나의 이러한 양보에 비해 스리 라마나는 확실히 더욱 철저하다.

　〈나〉와 진아라는 두 요인이 양적으로 변화되는 관계는 체험의 영역에서 드러나는데 동양인들은 내성적內省的인 의식을 가지고 서양인들로서는 도저히 도달할 수 없는 깊은 영역까지를 탐구해 왔다. 따라서 우리의 철학과는 판이한 동양의 철학이 우리에게 매우 소중한 선물을 제공하지만 우리가 그것을 우리의 것으로 하기 위해서는 먼저 그 체험을 얻어야만 한다. 스리 라마나의 언어들은 인도 정신이 내면의 진아에 대한 명상을 통해 수천 년 동안 축적해 온 소중한 것들을 다시 한번 요약하고 있다. 또한 그의 삶과 그가 했던 일들은 인간을 자유롭게 하는 내면의 근원을 찾기 위해서 인도인들이 해 왔던 그 심층적인 노력을 보여 주는 좋은 예가 되고 있다.

  동양의 국가들은 그들의 영적 유산을 급격히 상실할 위험에 처해 있는데 그 자리를 대신하려 하고 있는 것들이 반드시 서구 정신의 최상층에 속하는 것들이라고만은 볼 수 없다. 따라서 스리 라마크리슈나나 스리 라마나와 같은 성자들이 현대판 예언자로 인식될 가능성도 있다. 그들은 우리에게 수천 년 동안의 인도의 영적 문화를 상기시킬 뿐만 아니라 바로 그것을 구현하고 있기도 하다. 그들의 삶과 가르침은 자꾸 새로워만지는 서구문명과 서구인들의 물질적이고 기능적이며 상업적인 세계관에 대해서 영혼으로 부터의 요구를 잊지 말라는 강력한 경고가 되고 있다.

  정치·사회 그리고 학문의 영역에서 뭔가를 얻어서 소유하려는 숨막힐 듯한 충동이 서구인들의 영혼으로부터 확실하고 물불 가리지 않는 정열을 요구하는데, 이는 이제 동양으로도 퍼져나가 간과 할 수 없는 결과를 낳을 기세이다. 이미 인도뿐만 아니라 중국에서도, 과거 그 안에서 영적인 삶이 영위되고 꽃피었던 많은 것들이 상실되었다. 서구의 외향적인 문화가 많은 악습을 척결할 수 있음은 사실이고 또 그것은 바람직하며 이로운 일이지만 지금까지의 경험이 보여 주듯이 이 과정은 영적인 문화의 상실이라는 비싼 대가를 치르고 진행된다. 잘 정돈된 위생적인 집에서 사는 것이 더 편안하다는 사실은 두말할 나위가 없다. 그러나 그것이 그 집에 사는 사람이 누구인가에 대한 질문에 해답을 주지는 못하며 그 집에 사는 사람의 영혼도 마찬가지의 질서와 청결을 누릴 수 있는 지는 의문이다. 일단 인간이 외적 대상을 추구하게 되면 우리의 경험이 보여 주듯이 그는 결코 단순한 생활 필수품만으로는 만족하지 못하고 더욱더 많은 것을 갈구하게 되며 그의 치우친 성향탓으로 항상 외적인 대상만을 추구한다. 그는 외면적으로 아무리 성공을 해도 내면에서는 마찬가지라는 사실을 완전히 망각하고 자기 주위 사람들은 두 대의 자동차를 가지고 있는데 자기에게는 한대밖에 없다는 데 대해서 불만을 느낀다. 인간의 외면적 삶은 분명히 나아질 수도 있고 미화美化될 수도 있지만 내면에서 그만큼 나아지거나 미화되지 않으면 소용이 없다. 물론 생활 필수품을 모두 갖춘다는 것은 행복의 기초이며 그것이 평가 절하되어서는 안 된다. 그러나 내면에서는 그러한 것들을 넘어서서 어떠한 외면적 대상으로도 만족될 수 없는 요구를 들고 나온다.

그리고 이 세상의 〈멋진 것들〉에 대한 추구로 인하여 그 목소리가 적게 들리면 들릴수록 내면에서는 설명할 수 없는, 또한 이해할 수 없는 불행이 야기되며 그러한 삶의 조건 속에서 전혀 다른 어떤 것을 기대하게 된다. 외면적 대상만의 추구는 치유될 수 없는 고통을 낳는다. 왜냐하면 자기 자신의 본능으로 인하여 얼마나 고통당할 수 있는지를 아무도 모르기 때문이다. 자신의 만족할 줄 모르는 탐욕에 놀라는 사람은 없으며 그것을 당연한 자신의 권리라고 생각한다. 또한 인간은 영혼의 갈증이 채워지지 않으면 결국 가장 심각한 불균형이 초래된다는 사실을 깨닫지 못한다. 이것이 바로 서구인들을 병들게 하는 요인인데, 이러한 자신들의 탐욕이 온 세상을 오염시킬 때까지 멈추지 않는다.

따라서 만약 동양의 지혜와 신비주의가 그것들 자체의 독특한 언어로 말하게 되면 우리들에게 많은 이야기를 들려 줄 것이다. 그것들은 우리가 우리 문화 속에 비슷한 형태로 가지고 있는 것, 그러나 이미 잊어버린 것을 우리에게 상기시켜 줄 것이며 우리가 중요하지 않다고 옆으로 밀어놓은 우리 내면의 운명에 우리의 주의를 돌려놓을 것이다. 스리 라마나의 삶과 가르침은 인도인에게 뿐만 아니라 서구인에게도 중요하다. 그것들은 인류에게 지대한 도움을 주는 기록일 뿐 아니라 무의식의 혼돈과 자기 조절의 결핍 속에서 스스로를 상실해 가는 인간성에 대한 경고의 메시지이기도 하다.

칼 쿠스타프 융

차례

엮은이의 글

스리 라마나, 그리고 현대인에게 주는 그의 메시지

나는 누구인가   19

생 애   33

탄생과 성장 / 35

깨달음과 출가 / 38

삼매의 축복 / 46

성 아루나찰라 / 53

아쉬람 / 61

마하 사마디 / 73

가르침　　　　　　　　　　　　　　　　　77

진아 · 79
　진아의 본질 / 79
　깨달음과 무지 / 94
　깨달은 사람 / 110

탐구와 복종 · 127
　자아탐구 – 이론 / 128
　자아탐구 – 실천 / 139
　복종　159

스승 · 175
　스승 / 176
　침묵 / 188

수행 · 197
　요가 / 197
　세속에서의 삶 / 211

체험 · 227

    삼매 / 227

    환영과 초능력 / 237

    문제점과 처방 / 245

이론 · 257

    창조론과 현상계의 실재 / 257

    재생 / 274

    카르마, 운명과 자유 의지 / 281

    고통과 도덕 / 291

나는 누구인가

● 〈나〉는 누구입니까?

뼈와 살로 이루어진 이 몸은 내가 아니다. 시각·청각·후각·미각·촉각 등의 다섯 가지 감각기관은 내가 아니다. 말하고, 움직이고, 붙잡고, 배설하고, 생식하는 다섯 가지 운동기관은 내가 아니다. 호흡 등의 다섯 가지 기능을 수행하는 프라나*Prána* 등의 다섯 가지 기氣는 내가 아니다. 생각하는 마음도 내가 아니다. 내면에 잠재되어 있는 무의식도 내가 아니다.

● 이 모든 것이 내가 아니라면 나는 누구입니까?

이 모든 것들을 〈내가 아니다〉라고 부정하고 나면 그것들을 지켜보는 [순수한] 앎(Awareness)*만이 남는다. 그것이 바로 나다.

---

* 이 [순수한] 앎이 〈진정한 나〉, 즉 〈진아〉다. 그러나 이 [순수한] 앎이라는 표현은 진아의 세가지 측면인 실재實在·의식意識·지복至福 중에서 의식의 측면이 강조된 표현이다.

❂ 그 각성의 본질은 무엇입니까?

그것의 본질은 실재實在(Sat)-의식意識(Chit)-지복至福(Ananda)이다.

❂ 어느 때에 진아眞我(진정한 나)를 깨달을 수 있습니까?

현상계現象界*가 실재한다는 인식이 사라질 때 진아를 깨달을 수 있다.

❂ 현상계가 실재한다고 인식하는 한은 진아를 깨달을 수 없습니까?

그렇다.

❂ 그 이유는 무엇입니까?

현상계가 실재한다는 인식과 진아에 대한 깨달음과의 관계는 뱀과 밧줄과의 관계와 마찬가지다(길을 가던 사람이 길에 떨어진 밧줄을 뱀이라고 잘못 오인하는 경우). 그 뱀이라는 그릇된 인식이 사라

---

*객관 세계, 대상 세계, 주관과 분리된 객관으로서 인식되는 세계. 여기에서는 인간이 육체를 가지고 살고 있는 이 물질 세계는 물론이고, 여러 가지 의식 차원에서 객관화되어 나타나는 모든 현상 세계를 통틀어서 의미한다. 예컨대 불교식으로 설명한다면 욕계欲界 · 색계色界 · 무색계無色界의 삼계三界를 통틀어서 지칭하는 개념이다. 그러나 때로는 좁은 의미로, 물질 세계만을 가리키기도 한다.

지지 않는 한 밧줄에 대한 올바른 인식이 생길 수 없다. 마찬가지로 현상계가 실재한다는 그릇된 믿음이 사라지지 않는 한 진아를 깨달을 수 없다.

◉ 어느 때에 현상계가 사라집니까?

현상계에 대한 모든 인식과 행위의 원인은 마음이다. 따라서 마음이 사라지면 현상계도 사라진다.

◉ 마음의 본질은 무엇입니까?

마음이란 진아 안에서 나타나는 미묘한 힘이다. 그것은 모든 생각을 일으킨다. 생각과는 별개의 독립된 마음이란 존재하지 않는다. 따라서 생각이 바로 마음의 본질이다. 또 생각과는 별개의 독립된 현상계도 존재하지 않는다. 꿈이 없는 깊은 잠을 잘 때에는 아무런 생각도 없다. 따라서 현상계도 없다. 그러나 깨어 있을 때나 꿈꿀 때에는 생각이 있으며 따라서 현상계도 있다. 거미가 몸밖으로 거미줄을 뽑아냈다가 다시 거두어들이듯이 마음도 바깥으로 현상계를 투사했다가 다시 안으로 거두어들인다. 마음이 진아밖으로 나올 때 현상계가 나타난다. 따라서 현상계가 나타날 때 진아는 나타나지 않으며 진아가 나타날 때 현상계는 나타나지 않는다. 마음의 본질을 끝까지 파고 들어가면 마음은 진아를 떠나서 사라져 버린다. 진아가 바로 아트만*Atman*이다. 마음은 항상 무엇엔가 의존하고 있으며 홀로 존재할 수는 없다. 흔히 영혼이라고 부르는 것도 역시 마음이다.

● 마음의 본질을 이해하려면 어떻게 탐구해 들어가야 합니까?

마음에서 일어나는 모든 생각 중에서 가장 먼저 일어나는 생각은 〈나〉라는 생각이다. 이 생각이 일어난 다음에 다른 생각들이 일어난다. 이는 마치 1인칭이 있고 난 연후에 2인칭과 3인칭이 있을 수 있는 것과 같다. 따라서 마음의 본질을 이해하기 위해서는 우선 이 〈나〉라는 것이 무엇인지를 알아야 한다.

● 어떻게 하면 마음이 사라지게 됩니까?

〈나는 누구인가〉라는 의문을 가지고 계속 탐구해 들어감으로써 가능하다. 〈나는 누구인가〉라는 생각을 계속하면 다른 생각들은 모두 사라진다. 그리고 맨 마지막으로 〈나는 누구인가〉라는 생각이 마치 다른 장작들을 다 태운 뒤에 스스로도 타버리는 불쏘시개 장작처럼 사라지는 때가 온다. 그러면 그때 깨달음이 드러난다.

● 〈나는 누구인가〉라는 생각을 계속 유지하려면 어떻게 해야 합니까?

다른 생각이 일어나면 그 생각을 따라가지 말고 〈이 생각이 누구에게 일어났는가?〉라고 물어야 한다. 아무리 많은 생각이 일어나도 마찬가지다. 한 생각이 일어날 때마다 놓치지 말고 〈이 생각이 누구에게 일어났는가?〉라고 물어야 한다. 거기에 대한 대답은 〈나에게〉가 될 것이다. 그러면 다시 〈나는 누구인가〉라고 묻는다. 이렇게 〈나는 누구인가〉라는 질문을 계속하면 마음은 점점 그 근원으로 향하게 되고 생각은 점점 사라지게 될 것이다.

● 다른 방법으로 마음을 사라지게 할 수는 없습니까?

이 방법 외에는 마땅한 방법이 없다. 다른 방법을 통해서 마음을 조절할 수는 있으나 그것은 일시적일 뿐이다. 호흡조절을 통해서 마음을 가라앉힐 수는 있다. 그러나 그것은 어디까지나 호흡이 조절되는 동안만이며 호흡이 흐트러지면 마음이 다시 작용하기 시작한다. 사실 마음과 호흡의 근원은 같다. 마음의 본질은 생각이고 최초의 생각은 〈나〉라는 생각이며 이것이 바로 에고 Ego인데, 바로 이 에고가 시작되는 지점에서 호흡도 시작된다. 따라서 마음이 가라앉으면 호흡이 조절되고, 호흡이 조절되면 마음이 가라앉는다. 그러나 깊은 잠을 잘 때에는 마음이 사라져도 호흡은 멈추지 않는다. 이것은 신의 뜻이다. 그럼으로써 육체가 유지될 수 있고 다른 사람들도 그 육체가 죽지 않았다는 사실을 알 수 있다. 깨어 있는 상태와 삼매상태에서는 마음이 가라앉으면 호흡이 조절된다. 호흡은 거친 형태의 마음이다. 마음은 죽기 전까지 육체 안에서 호흡을 유지하며, 죽음과 동시에 호흡을 가지고 가버린다. 따라서 호흡조절 훈련은 마음을 가라앉히는 데에는 도움이 되지만 마음을 사라지게 할 수는 없다.

호흡조절과 마찬가지로 신의 형상에 대해 명상을 한다든가, 만트라를 외운다든가, 음식을 절제한다든가 하는 것들은 모두 마음을 가라앉히는 데 도움이 될 뿐이다.

신의 형상에 대해 명상을 하거나 만트라를 외우는 것은 마음을 한 곳에 모으는 데에도 도움이 된다. 마음에 여러 가지 생각이 잡다하게 있으면 생각 하나하나의 힘은 약해지지만 한 생각만 있으면 마음이 집중되어 그 힘이 강해진다. 이러한 마음상태에서는 자아탐구自我探求*가 쉬워진다.

또, 마음을 가라앉히기 위해서 지켜야 할 것 중에는 과일·야채 등 채식을 위주로 하는 적당한 식사법이 가장 중요하다. 이것도 자아탐구에 도움이 된다.

● 대상에 대한 생각들이 마치 바다의 파도처럼 끊임없이 일어납니다. 그 모든 생각들이 언제 없어집니까?

진아에 대한 명상이 깊어짐에 따라 그 생각들은 사라져간다.

● 시작 없는 과거로부터 계속되어 온 이 대상에 대한 생각들이 모두 없어지고, 순수한 진아로서만 있을 수 있다는 것이 과연 가능합니까?

가능하냐 가능하지 않느냐를 따지지 말고 진아에 대한 명상을 계속해 나가야 한다. 설사 큰 죄를 지은 죄인일지라도 〈나 같은 죄인이 어떻게 구원될 수 있겠느냐〉라고 생각하여 괴로워해서는 안 된다. 우선 〈나는 죄인이다〉라는 생각을 완전히 버리고 진아

---

*앞에서 설명한, 〈나는 누구인가〉라는 의문을 가지고 계속 진아 안으로 몰입하는 방법을, 라마나는 〈자아탐구〉라고 하였다.

에 대한 명상에 모든 힘을 기울여 집중해야 한다. 그러면 누구나 성공할 수 있다. 선한 마음이 따로 있고 악한 마음이 따로 있는 것이 아니다. 마음은 오직 하나뿐이다. 그러나 그 마음을 세속적인 대상이나 보통 사람들이 관심을 가지는 것들에 쏠리게 해서는 안 된다. 다른 사람들이 아무리 자기에게 나쁘게 대해도, 그들에게 증오심을 품어서는 안 된다. 욕망과 증오는 둘 다 피해야 한다. 다른 사람에게 주는 것은 사실은 모두 자기 자신에게 주는 것이다. 이 진리를 이해하는 사람이라면 누가 남에게 베풀지 않겠는가? 자신의 자아가 나타나면 모든 것이 나타나고 자아가 사라지면 모든 것이 사라진다. 자신을 낮추면 낮출수록 그만큼 좋은 결과가 나올 것이다. 또한 마음이 사라지게 되면 어디에서든 살 수 있게 된다.

❂ 자아탐구는 언제까지 계속되어야 합니까?

마음속에 대상에 대한 생각이 남아 있는 한, 〈나는 누구인가〉라는 탐구가 필요하다. 어떤 생각이 일어나면 그 즉시 이 탐구를 통하여 사라지도록 해야 한다. 진아를 깨달을 때까지 완전히 진아에 몰입하는 것이 최상의 방법이다. 요새 안에 적이 남아 있는 한 그들은 언제고 다시 공격해 오겠지만, 나타나는 족족 없애 버리면 요새는 결국 우리 수중에 떨어질 것이다.

❂ 진아의 본질은 무엇입니까?

오직 진아만이 실재實在하며 현상계, 개아個我*·신** 등은 진아

안에 나타난 현상에 불과하다. 이 셋은 동시에 나타났다가 동시에 사라진다.

진아는 〈나〉라는 생각이 전혀 없는 바로 그곳이며 〈침묵〉이라고도 한다. 진아가 곧 현상계이고 진아가 곧 개아이며 진아가 곧 신이다. 진아는 모든 것이다.

● 어떤 사람이 가장 훌륭한 수행자입니까?

자기 자신을 진아, 즉 신***에게 완전히 던져 버리는 사람이 가장 훌륭한 수행자다. 자기 자신을 신에게 던진다는 말은 진아에 대한 생각 외에는 어떤 다른 생각도 일어나지 못하도록 진아 안에 몰입한다는 뜻이다.

짐이 되는 것은 모두 신에게 맡겨라. 그가 모든 것을 책임질 것이다. 지고한 신의 힘이 모든 것을 관장하고 있는데, 왜 우리들은 그에게 모든 것을 맡기지 못하고 무엇을 어떻게 해야 좋을지 몰라 끊임없이 망설이고 있는가? 기차를 타면 기차가 모든 짐을 다 운반해 준다. 그런데 무엇 때문에 계속 짐을 머리에 이고서 불편을 감수해야 한단 말인가? 왜 짐을 기차에 내려놓고 편히 쉬지 못

---

* 개체적 자아個體的 自我, 서로 분리되어서 독립적으로 존재하는 것처럼 인식되는 개개의 생물체.

**라마나는 신이라는 말을 두 가지로 사용하였다. 하나는 구체적인 이름과 특성을 가지고 있는, 인간과는 분리된 존재로서의 신이고, 다른 하나는 인간들이 진아를 인격적인 관점에서 인식하는 개념으로서의 신이다. 라마나는 이러한 개념으로서의 신을 진아와 동의어로서 자주 사용하였다. 여기에서는 전자의 의미로서 사용되고 있다.

***여기에서는 후자의 의미로 사용되고 있다.

하는가?

● 무집착無執着이란 무엇입니까?

생각이 일어날 때 아무런 찌꺼기도 없이 그 생각을 완전히 없애는 것이 무집착이다. 진주를 캐는 사람이 허리에 돌을 달고 바다 밑바닥에 내려가서 진주를 캐오듯이 우리는 무집착을 달고 우리의 내면으로 들어가 진아라는 진주를 캐내야 한다.

● 신 또는 스승이 인간으로 하여금 구속에서 벗어나도록 해줄 수는 없습니까?

신과 스승은 벗어나는 길을 가르쳐 줄 뿐이지 벗어난 상태를 주지는 않는다.
사실, 신과 스승은 다르지 않다. 일단 호랑이의 입 속으로 들어온 먹이는 다시 빠져나갈 수 없듯이, 일단 스승의 자애로운 은총 속으로 들어온 제자는 스승에 의해 구원받게 되어 있다. 물론 신이나 스승이 제시한 길을 스스로의 노력을 통해 따라와야 한다. 자신의 지혜의 눈을 통해서만 자신을 알 수 있으며 다른 사람의 눈을 통해서는 불가능하다.

● 깨어 있는 상태와 꿈꾸는 상태 사이에는 어떠한 차이가 있습니까?

깨어 있는 상태는 길고 꿈꾸는 상태는 짧다. 그것 말고는 아무런 차이도 없다. 깨어 있는 상태에서 일어나는 여러 가지 일들이 그 상태에서는 실재하는 것처럼 보이듯이 꿈꾸는 상태에서도 마찬가지이다. 꿈꾸는 상태에서 마음은 다른 체體(Body)*를 가진다. 또 어느 상태에서나 생각과 이름과 형상들이 동시에 나타난다.

● 해탈을 구하는 사람이 책을 읽어야 할 필요가 있습니까?

모든 경전에서는 해탈을 얻으려면 마음을 사라지도록 해야 한다고 가르치고 있다. 따라서 결론은 마음이 사라져야 한다는 것이며 이 사실을 이해하고 나면 더 이상 책에 매달릴 필요가 없다. 진아를 알기 위해서는 자신의 내면으로 탐구해 들어가야 하는데 어떻게 이것이 책을 통해서 가능하겠는가? 누구나 자기 자신의 지혜의 눈으로 자기 자신의 진아를 알아야 한다. 진아는 다섯 가지 감각의 내부에 있으며, 책은 그들의 밖에 있다. 따라서 책 안에서 진아를 찾아봐야 소용이 없다. 자신이 배운 것을 다 잊어버려야 할 때가 올 것이다.

● 행복이란 무엇입니까?

행복은 바로 진아의 본질이다. 행복과 진아는 다르지 않다. 현상계의 어디에도 행복은 없다. 우리는 무지無知로 인하여 어떤 대

---

* 마음은 의식의 차원이 변화함에 따라 각 의식 차원에 맞는 체體를 갖게 된다. 깨어 있을 때 가지고 있는 것이 육체physical Body이고, 꿈속에서는 에테릭Etheric, 에스트랄Astral 체를 갖거나 간혹 멘탈mental 체를 갖기도 한다. 이 체體에 대한 설명은 라즈니쉬의 『영혼의 가르침』(신종현 역)의 6장과 7장에 자세히 나와 있다.

상으로부터 행복을 얻는다고 생각한다. 그러나 마음이 밖으로 향할 때, 그것이 경험하는 것은 불행뿐이다. 어쩌다가 마음이 바라는 바가 완전히 달성되면, 그 마음은 제자리로 돌아와 행복을 즐기지만, 그것 역시 진아의 행복이다. 즉, 깊은 잠을 잘 때, 삼매에 들었을 때, 기절했을 때, 그리고 마음이 바라는 바가 완전히 이루어졌을 때, 마음은 내면으로 향하면서 순수한 진아의 행복을 즐기게 된다. 그러나 마음이 사라지지 않는 한 마음은 끊임없이 움직이면서 행복과 불행을 번갈아 경험한다. 뜨거운 태양 아래 있다가 나무 그늘 밑으로 들어오면 시원함을 느낀다. 그런데 나무 그늘 밑으로 들어왔다 나갔다 하는 사람은 어리석은 사람이다. 현명한 사람은 언제나 그늘 아래에서 안주한다. 마찬가지로 진리를 아는 사람은 진아를 떠나지 않지만 어리석은 사람은 현상계를 헤매며 불행을 느끼고, 어쩌다가 한 번씩 진아로 돌아와서 행복을 경험한다. 사실 현상계란 생각의 집합체에 불과하다. 현상계가 사라질 때, 즉 아무런 생각이 없을 때 우리는 행복을 경험하며 현상계가 나타날 때 불행을 경험한다.

● 무욕無慾과 지혜의 관계는 어떤 것입니까?

무욕이 지혜다. 둘은 다르지 않다. 무욕이란 마음이 어떠한 대상으로도 향하지 않도록 하는 것이며, 지혜란 마음속에 아무런 대상도 나타나지 않는 상태를 의미한다. 바꿔 말하면 진아가 아닌 것을 구하지 않음이 무욕이고, 진아를 벗어나지 않음이 지혜다.

● 자아탐구와 명상의 차이점은 무엇입니까?

자아탐구는 마음을 진아 안에서 벗어나지 않도록 하는 것이며 명상은 자기 자신이 브라흐만Brahman*, 즉 실재 – 의식 – 지복이라고 생각하는 것이다.

🌀 해탈이란 무엇입니까?

구속되어 있는 자기 자신의 본질을 탐구해 들어가서 자신의 진정한 본질을 깨닫는 것이 해탈이다.

---

* 힌두교에서의 절대자, 여기에서는 진아와 동의어로 쓰이고 있다.

● 생 애

탄생과 성장

라마나 마하리쉬Ramana Maharishi는 1879년 12월 30일 새벽 1시, 남인도 타밀 지방의 티루출리Tiruchuli라는 작은 마을에서 태어났다. 브라흐만 계급 출신의 변호사인 순다람 아이어Sundaram Iyer와 그의 부인 알라가말Alagammal 사이의 둘째 아들이었다. 그의 부모는 그에게 벵카타라만이라는 이름을 지어 주었다. 그가 태어난 티루출리는 전통적으로 시바Siva 신에 대한 믿음이 매우 강한 곳이었다. 전설에 의하면 이곳이 대홍수로 인해 완전히 물바다가 되었을 때 시바 신이 나타나 삼지창을 땅에 꽂자, 그 구멍을 통해 물이 빠져나가 마을이 무사할 수 있었다고 한다. 그 구멍을 기념하기 위해 세워진 브후미나타Bhuminatha 사원이 벵카타라만이 태어난 집의 바로 근처에 있었다.

그의 아버지 순다람은 자수성가한 사람으로 매우 겸손하고 지혜가 있었다. 그는 벵카타라만이 태어난 뒤, 얼마 지나지 않아 그곳에서 변호사로 개업하였는데 그때부터 그의 집은 여러 손님들과 고객들로 인하여 아침부터 밤늦게까지 항상 붐볐으며, 벵카타라만은 비교적 평온한 유년 시절을 보냈다.

벵카타라만이 열두 살 때 아버지 순다람이 세상을 떠났다. 아버지가 세상을 떠났다는 소식을 듣고 집에 돌아온 벵카타라만은 아버지가 침대에 누워 있는 것을 보고 이상하게 생각하였다.

「아버지는 이렇게 침대 위에 누워 계신데 왜 사람들은 아버지가 떠나셨다고들 하는 걸까?」

궁금하게 여긴 벵카타라만이 곁에 있던 어떤 사람에게 이 질문을 하자 그 사람은 이렇게 대답하였다.

「자, 보렴! 이게 너의 아버지라면 일어나서 너를 따뜻이 맞아줘야 할 것 아니겠니? 그런데 그렇지 않잖아. 네 아버지가 이미 떠나셨기 때문이란다.」

이 대답이 벵카타라만의 마음속에 그 육체는 아버지가 아니라는, 나아가서 인간의 육체는 그 인간 자체가 아니라는 사실을 일깨워 주었다.

아버지가 돌아가신 뒤 벵카타라만은 그의 형인 나가스와미와 함께 근처 마두라이Madurai 시 근교에 살고 있던 삼촌집으로 보내져서 그곳에서 중학교 과정을 배우게 되었다. 이 무렵의 벵카타라만은 건강하고 체격이 당당하였으며 뛰어난 기억력과 명석한 두뇌를 가졌으나 학교 공부보다는 레슬링이나 축구·수영 등 운동을 더 좋아하는 소년이었다. 친구들은 어떤 경기에서나 늘 선두를 차지하곤 하는 벵카타라만을 〈황금 손〉이라고들 불렀다.

그런데 벵카타라만에게는 특이한 점이 하나 있었다. 한번 잠이 들면 잠 속에 완전히 빠져서 누가 어떤 짓을 해도 의식하지 못하는 것이었다.

내 친구들은 내가 깨어 있는 동안에는 나를 감히 건드리지 못했다. 그래서 가령 나에 대해서 어떤 악의를 가지고 있는 친구들 같은 경우에는, 내가 자는 것을 기다렸다가 자고 있는 내 몸을 자기들 멋대로 딴 데로 옮겨놓고는 나를 때리거나 얼굴에다 잔뜩 숯칠을 한 다음, 다시 원래 자리에다 갖다놓곤 하였다. 그러나 나는 그들이 다음날 내게 그 이야기를 해주기 전에는 그런 사실들을 전혀 알지 못했다.

한번은 이런 일도 있었다. 친척들이 다 외출하고 벵카타라만 혼자 집에 남아서 문을 안으로 걸어 잠그고 침대에 누워 있다가 잠이 들었다. 그런데 얼마 뒤 친척들이 돌아와서 아무리 큰 소리로 부르고 문을 두드려도 벵카타라만은 깨어나지 않았다. 결국 다른 통로를 통해서 가까스로 집에 들어온 친척들이 이번에는 벵카타라만의 방에 들어가서 그를 흔들고 굴리고 때리기까지 하였으나 그는 여전히 깨어나지 않았다. 결국 친척들은 다 포기했고 그는 스스로 잠에서 깨어났다.

또 하나 특이한 점으로, 그는 어릴 때부터 내면에서 울리는 〈아루나찰라Arunachala〉라는 신비한 고동을 느끼고 있었다. 그 것은 소리가 아닌 묘한 진동과 같은 것이었는데 그는 그것이 무슨 의미인지 전혀 이해할 수가 없었다. 그러다가 어느날 이 〈아루나찰라〉의 정체를 알게 되었다. 티루출리에 있을 때부터 알고 있던 친척 한 사람이 집에 찾아와서 이야기하는 도중에 〈아루나찰라에서부터〉라는 말을 했던 것이다.

〈아루나찰라에서부터라고?〉 이 말을 들은 벵카타라만은 깜짝 놀라, 그 친척에게 아루나찰라를 아느냐고 물었다. 그러자 그 친척은 아루나찰라는 티루반나말라이Tiruvannamalai라는 곳에 있는 산 이름이라고 알려 주었다. 아루나찰라가 산 이름이라는 사실을 안 벵카타라만은 한편으로는 놀라면서도 뛸 듯이 기뻐하였으며, 언젠가 꼭 가보리라 생각하였다.

이즈음 벵카타라만에게 또 하나 중대한 사건이 있었는데 이번에는 책을 통해서였다. 그것은 『페리아푸라남Periapuranam』이라는 책으로 타밀 지방에 살던 63명의 성자들의 생애를 기록한 책이었다.

우리 집 근처에 살던 스와미Swami* 한 분이 이 책을 내 삼촌에게 주면서 읽어보라고 권하였다. 나는 우연히 집안에서 이 책을 보고 처음에는 호기심으로 살펴보았는데 점점 흥미를 느껴, 다 읽게 되었다. 그 내용은 내게 커다란 인상을 남겨 주었다.

깨달음과 출가

벵카타라만이 열일곱 살 되던 해, 그는 한 평범한 소년으로부터 성인으로 변모하는 체험을 하게 된다. 그것은 전혀 예기치 않은, 따라서 아무런 준비도 하지 않은 상태에서의 강렬하고 불가사의한 체험이었다.

---

* 남자 수행자, 또는 승려.

내 일생을 완전히 바꿔놓은 그 거대한 변화가 있었던 것은 내가 영원히 마두라이를 떠나기 6주 전쯤이었다. 그것은 너무나 급작스러운 일이었다. 나는 집의 이층 방에서 혼자 앉아 있었다. 나는 전혀 아픈 데라곤 없었으며 그날도 건강에 전혀 이상이 없었는데, 갑자기 매우 강력한 죽음에의 공포가 나를 엄습해 왔다. 그 공포를 느낄 만한 신체적인 이유는 전혀 없었으며 나는 왜 그 공포가 생겼는지 그 이유를 따져보려고 하지도 않았다. 나는 그냥 〈곧 죽을 것 같다〉라고만 느꼈고, 그러면 어떻게 해야 될 것인지를 생각하기 시작했다. 의사를 찾아봐야겠다든가 윗사람 또는 친구들과 상의해야겠다는 생각은 없었다. 나는 바로 그 자리에서 그 문제를 스스로 해결해야만 되겠다고 느꼈다.

그 죽음에 대한 공포는 나의 마음속으로 파고들었다. 그래서 나는 스스로에게 일렀다. 「자, 죽음이 왔다. 죽음의 의미가 무엇인가? 죽으면 어떻게 되는 것인가? 이 육체는 죽을 것이다.」 그리고 나는 바로 죽음의 장면을 상상하기 시작했다. 나는 실제감을 느끼기 위해서 내가 시체가 된 것처럼 생각하면서 팔다리에 경직 현상이 나타난 듯이 팔다리를 쭉 펴서 뻣뻣하게 하였다. 숨을 죽이고 입술을 꼭 다물고서 아무 소리도 입 밖으로 새어나가지 못하도록 하였다. 「자, 됐다.」 나는 혼자 말했다. 「이 육체는 죽었다. 이 육체는 화장터로 옮겨져 장작더미 위에서 재로 변할 것이다. 그러나 이 육체가 죽는다고 내가 죽는 것일까? 이 육체가 과연 나일까?」 육체는 고요히 아무런 움직임도 없었다.

그러나 나는 이때, 육체와는 별개의 강력한 내 존재의 힘을 느꼈으며 내면에서 울리는 〈나〉의 소리를 느꼈다.

「나는 이 육체를 초월한 영靈*이다. 육체는 죽어도 육체를 초월한 이 영은 죽음에 의해 영향을 받지 않는다. 나는 바로 이 불명의 영이다.」

이 모든 과정이 생각을 따라 전개된 것이 아니라 살아 있는 진리로서 섬광처럼 느껴졌으며 매우 직접적으로 느껴졌다. 그 〈나〉는 매우 실재적이었으며 그 상태에서의 유일한 실체實體였다. 그리고 나의 육체와 연관된 의식적인 모든 행위는 그 〈나〉에 집중되었다.

그 이후로 계속 그 〈나〉, 즉 〈진아〉는 강력한 힘으로 스스로에게 초점을 맞추었고 죽음에 대한 공포는 영원히 사라져 버렸다. 또 이 진아에의 몰입상태는 단 한순간도 끊어지지 않고 계속 이어졌다. 다른 생각들은 악보의 음표들처럼 나타났다가는 사라져 갔지만 이 〈나〉는 마치 악보의 오선처럼 계속 이어지고 있었다. 육체가 말을 하거나 책을 읽거나 다른 일을 할 때에도 나는 여전히 이 〈나〉에 집중되어 있었다. 그 체험 이전에 나는 나의 〈진아〉를 전혀 알지 못했으며 의식적으로 진아에 끌리지도 않았었다. 또한 그것에 대한 직접적이고 확실한 흥미도 없었으며 그 안에서 영원히 살겠다는 마음은 더욱이 없었다.

---

*이 영은 곧 진아이며, 개체적 존재인 영혼과는 다르다.

그 뒤부터는 이러한 상태가 그의 내면에서 아주 자연스럽게, 영원히 지속되었다. 그 상태는 시간과 공간에 의해서 제약받지 않았으며 늘거나 줄지도 않았다. 이와 같이 벵카타라만은 어떠한 스승의 도움이나 수행도 거치지 않고 단 한순간의 비약으로 진아를 체험할 수 있었다.

나중에 그가 타루반나말라이에서 생활할 때, 많은 사람들이 그가 젊은 시절에 고행이나 기타 영적 수행을 많이 쌓았으리라고 생각하였는데 그는 이런 생각들을 모두 부정하였다. 만년에 그의 제자 중의 한 사람이었던 사르마Sarma 교수가 그에게 수행기간이 있었느냐는 질문을 하자 그는 이렇게 대답하였다.

나에게는 그런 기간이 없었다. 나는 호흡법이나 자파 Japa* 등의 수행을 하지 않았으며 아는 만트라mantra**도 전혀 없었다. 또 명상이나 관조觀照에 대해서도 몰랐다. 나중에 그런 것들에 대해 알게 되었을 때에도 전혀 그것들에 끌리지 않았다. 지금도 나는 그런 것들에 대해서 신경을 쓰지 않는다. 수행Sadhana이란 말 속에는 얻어야 할 어떤 대상과, 얻기 위한 수단이 암시되어 있다. 우리가 이미 갖고 있지 않은 것으로서 얻어야 할 것이 무엇이란 말인가? 우리가 명상이나 집중, 관조를 하면서 해야 할 일은 어떤

---

*신의 이름을 계속 부르는 것.
**스승이 제자에게 주는 단어나 구절. 여기에는 스승의 힘이 담겨 있어 이것을 계속 반복하면 수행에 도움이 된다고 함. 라마나는 자파의 효과는 인정하였으나 제자들에게 만트라를 준 적이 거의 없었다.

것에 대해서 생각하는 일이 아니라 그냥 그대로 있는 일이다. 그러면 우리는 우리의 본연적 상태로 있을 수 있다. 이 본연적 상태를 해탈Moksha, 지혜Jnana 등으로 부른다. 나도 가끔 눈을 감은 채로 있는 경우가 있었다. 그러나 그때 내가 어떤 수행을 하고 있었던 것은 아니다. 요즈음도 나는 가끔 눈을 감은 채로 있는 경우가 있다. 만약 사람들이 그것을 보고 내가 수행을 하고 있다고 생각해도 상관없다. 내게는 마찬가지다. 사람들은 매우 열심히 수행을 함으로써 어느날엔가 진아가 그들 머리 위에서 거대하고 크나큰 영광으로 내려와서 소위 깨달음을 얻게 될 것으로 생각한다. 그러나 진아는 매우 직접적임에도 그것에 대해서 할 수 있는 건 아무것도 없다. 어떠한 행위를 함으로써가 아니라 자신의 있는 상태 그대로 그냥 머무름으로써 진아가 드러나는 것이다.

그 체험 이후로 벵카타라만의 생활은 크게 변화하였다. 내적인 변화는 그에 따르는 외적 변화도 수반하였다.

이 새로운 체험의 결과는 금방 내 생활에서 나타났다. 우선 나는 그때까지 친구들이나 친척들과 유지해 오던 외적 관계에 완전히 흥미를 상실하였고 그저 기계적으로 학교를 왕복하기만 하였다. 나는 책을 펴놓고 앉아 있었으나 그저 내가 공부하고 있다는 사실을 보여서 주위 사람들을 만족시키려 한 것뿐이었고 내 관심은 이미 그런 피상적인 일로부터 멀리 떨어져 있었다. 대인관계에 있어서 나는 그저 수동적이기만 했다.

벵카타라만이 살던 집과 학교 사이에 미나크쉬meenakshi 신을 모신 미나크쉬 사원이 있었다. 이전에 친구들과 그곳에 자주 다니면서 신상神像들을 구경하고 여러 가지 의식에 참여하기도 하였으나 그때에는 아무런 감명도 받지 않았었다. 그러나 그 체험이 있은 뒤부터는 그렇지 않았다.

나는 혼자 그곳에 찾아가서 여러 신상들 앞에 몇 시간이고 그냥 서 있기만 하였다. 그리고 그럴 때면 격정의 소용돌이가 나를 압도하였다…… 처음에 나는 그것이 일종의 열병 같은 것이라고 생각하였다. 그러나 곧 결심했다. 「좋다, 이것은 아주 즐거운 열병이다. 내버려 두자.」

나에게서 〈육체가 나〉라는 생각이 사라지자 나의 영혼은 육체와의 연결에서 벗어나 닻을 내릴 새로운 정박지를 찾고 있었다. 그래서 계속 사원에 찾아가게 되었고 때로 눈물이 흐르면 걷잡을 수 없었다. 이것은 나의 영혼에 대한 신의 연극이었다. 나는 전 우주의 지배자이고, 모든 운명의 조정자이며, 전지전능한 이스와라Iswara*의 신상 앞에 서 있곤 하였다. 때로는 그의 은총이 나에게 내려와서 그에 대한 나의 헌신이 더욱 많아지고, 마치 예순세 명 성자들의 그것처럼 영원해지기를 기도하기도 하였으나, 그

---

* 힌두교에서의 인격화된 최고의 신.

냥 고요히 앉아서 내 내면의 깊은 그것이 초월자의 깊은 그것으로 흘러들도록 내버려 두는 때가 더 많았다.

그동안에 벵카타라만은 두통 비슷한 심한 고통을 느끼곤 하였다. 그는 그 고통을 그냥 참으려고 하였으나 다른 사람이 그의 고통을 눈치채는 경우도 있었는데 그러면 그는 그냥 두통이라고만 하였다. 그러자 벵카타라만의 아주머니는 매일 그의 이마에 연고를 발라 주었다. 이 고통은 얼마 뒤 벵카타라만이 마두라이를 떠나 티루반나말라이에 도착할 때까지 계속되었다.
이런 그를 주위에서 이해해 주는 사람은 없었다.

나는 밖에 나가 친구들과 어울려 놀던 것을 그만두고 혼자만 있고 싶었다. 나는 혼자 앉아서 진아*Self* 속에 몰입하곤 하였다. 이런 나를 보고 나의 형(나가스와미)은 〈성자〉·〈요기〉라고 비꼬았으며 차라리 숲속에 들어가서 고행자들처럼 사는 것이 낫겠다고 놀려대곤 하였다.

그러던 어느날, 제대로 수업을 듣지 않는 벵카타라만에게 그의 선생님이 영어 문법에 관한 부분을 세 번 써오라는 벌을 내렸다. 다음날 집에서 이를 쓰고 있던 벵카타라만은 도중에 흥미를 잃어 연필을 던져놓고, 눈을 감고 앉아 있었다. 그러자 그걸 본 그의 형이 「이런 애에게 이런 걸 쓰게 해서 무슨 소용이 있느냐 말야!」라고 소리를 질렀다. 이 말을 들은 벵카타라만은 그 순간, 집을 떠나야겠다고 결심하였다. 그런 생활 속에서 더 이상 할 수 있는 일은 아무것도 없었다. 그리고 그의 마음속에 떠오른 행선지는 아루나찰라였다.

벵카타라만은 형에게 학교에 가야겠다고 말하고 집을 나서려 하였다. 그러자 나가스와미는 학교 가는 길에 자기의 대학 공납금을 갖다주라고 하면서 아래층에서 5루피를 꺼내가라고 하였다. 아래층의 상자에서 5루피를 꺼낸 벵카타라만은 티루반나말라이까지 가는 데 충분하다고 생각한 3루피만 가지고 나머지 2루피와 함께 쪽지 하나를 남겨놓았다.

> 아버지의 명령에 따라 저는 지금 아버지를 찾아 이곳을 떠납니다. 이것이 지금 하는 일은 결코 나쁜 일이 아닙니다. 따라서 아무도 슬퍼하실 필요가 없고 이것을 찾기 위해서 돈을 허비하실 필요도 없습니다.
> 형의 공납금은 아직 내지 않았습니다. 여기 2루피가 있습니다.

맨 앞문장에서 저로 되어 있는 것이 뒷문장에서는 이것으로 바뀌어져 있고 다시 마지막 사인*Sign*을 해야 할 부분에는 그냥 줄만 그어져 있다. 벵카타라만에게는 이미 사인을 할 〈나〉가 남아 있지 않았던 것이다. 이때가 1896년 8월 29일이었다.

바로 역으로 간 벵카타라만은 틴디바남Tindivanam으로 가는 차표를 끊었다. 그가 지도에서 본 바로는 아루나찰라 산이 있는 티루반나말라이로 가기 위해서는 우선 틴디바남으로 가야 될 걸로 생각했기 때문이다. 그러나 기차 안에서 만난 한 이슬람 사교는 일단 빌루푸람Villupuram에서 내려 기차를 갈아타는 것이 좋다고 일러주었다. 그의 말대로 빌루푸람에서 내린 벵카타라만은 근처에서 식사를 하고 다시 기차를 탔는데 이번에는 차비가 모자라서 티루반나말라이 근처의 맘바라파투Mambalapattu까지밖에는 표를 끊을 수가 없었다. 그래서 맘바라파투에서 기차를 내린 벵카타라만은 티루반나말라이에 이르는 30마일은 걸어가기로 결심하였다.

걸어가는 도중, 중간에 어느 사원에 들러 끼니를 때우고, 다시 어떤 친절한 부부의 도움으로 그 집에서 잠을 잘 수 있었다. 여기서 벵카타라만은 자기가 달고 있던 귀걸이를 그 부부에게 주고 4루피를 받았다. 그 친절한 부부는 4루피 외에도 그에게 여러 가지 먹을 것을 꾸려 주었다. 다시 역으로 나간 벵카타라만은 티루반나말라이로 가는 열차가 그 다음날 아침에 있다는 말을 듣고 그날은 역에서 잔 다음, 다음날 아침, 즉 1896년 9월 1일 집을 떠난 지 3일 만에 꿈에도 그리던 아루나찰라에 이르게 되었다.

나중에 그와 친하던 친구 한 사람이 라마나 마하리쉬를 만났을 때 이렇게 물어본 적이 있다.

「집을 떠난다는 사실을 왜 내게만이라도 알리지 않았나?」

라마나 마하리쉬가 웃으면서 말했다.

「내가 어떻게 그럴 수 있었겠나? 나 자신도 몰랐었는데.」

삼매의 축복

벵카타라만을 그 신비한 힘으로 끌어들인 이 아루나찰라 산에는 옛부터 한 신화가 전해 오고 있었다.

오랜 옛날, 비슈누Vishnu 신과 브라흐마Brahma 신이 서로 자기가 더 위대하다고 다투게 되었다. 그들의 다툼으로 지상에 큰 혼란이 일어나자, 여러 신들이 시바신에게 가서 그들의 다툼을 중재해 달라고 부탁하였다(브라흐마·비슈누·시바는 힌두교의 3대 신으로 각각 창조·유지·파괴의 기능을 담당한다고 한다). 그러자 시바는 비슈누와 브라흐마 앞에 가서 자신의 모습을 거대한 빛기둥으로 변화시킨 뒤, 그 꼭대기나 뿌리를 찾아내는 자가 더 위대하다고 하였다. 그러자 비슈누는 그 빛기둥의 뿌리를 찾아 수퇘지의 모습으로 땅속으로 파고들었으며, 브라흐마는 꼭대기를 찾아 백조의 모습으로 하늘로 날아올랐다. 비슈누는 아무리 깊이 땅속으로 파고들어도 그 빛기둥의 뿌리가 보이지 않자 포기하고 돌아왔는데 브라흐마는 얼마큼 올라가다가 어떤 산에 있는 나무에서 떨어지는 꽃을 보고 그것을 집어와서는 거짓말로 꼭대기에서 따온 것이라고 하였다. 비슈누는 이에 자기의 패배를 인정하였는데, 이때 시바가 나타나서 비슈누가 더 위대하다고 선언하였다. 그러자 브라흐마는 얼굴을 붉히며 자신의 거짓말을 고백하였다.

그 뒤, 그 빛기둥이 바라보기에 너무 눈이 부시자, 시바는 자신의 모습을 바로 이 아루나찰라 산으로 바꾸면서 다음과 같이 선언하였다.

「태양의 빛을 받아 달이 빛나듯이 지상의 모든 신성한

땅은 그 신성함을 이 아루나찰라로부터 받을 것이다. 이곳은 나를 경배하고 깨달음을 얻으려 하는 자들을 돕기 위해 내가 모습을 통해 나타난 유일한 곳이다. 또한 아루나찰라는 옴*om*, 그 자체다. 나는 매년 한 번씩 이 산의 정상에, 평화를 나누어 주는 횃불의 모습으로 나타날 것이다.」

티루반나말라이에는, 이 아루나찰라 산으로 나타난 시바를 상징하는 아루나찰라 신을 모신 사원이 있었다. 티루반나말라이에 도착한 벵카타라만은 곧바로 이 아루나찰레스바라 Arunachaleswara 사원을 찾아갔다. 마치 그가 오기를 기다렸다는 듯, 그 사원의 문은 모두 활짝 열려 있었으며 성소聖所에 이르기까지 아무도 그를 방해하지 않았다. 그는 혼자 성소에 들어가 아루나찰라 신을 상징하는 링가*Linga** 앞에 섰다. 격정이 소용돌이쳤다. 그는 링가를 껴안았다. 그러자 그 불길처럼 소용돌이치던 격정이 가라앉으면서 완전한 엑스터시 속에서 아루나찰라 신과 하나가 되었다. 지복에 가득 찬 결합 속에서 그의 여행은 끝났던 것이다.

얼마나 지났을까? 벵카타라만은 조용히 몸을 일으켜 그 사원을 빠져나왔다. 그러자 옆에서 어떤 사람이 부르더니 머리를 깎지 않겠느냐고 물었다. 그는 고개를 끄덕였다. 이 모두가 아루나찰라 신의 뜻이라고 생각하였다. 머리를 깎은 벵카타라만은 이어 자기가 가지고 있던 남은 돈과 먹을 것들을 모두 던져 버렸다. 또 입고 있던 옷을 찢어 허리에 걸치는 간단한 옷만을 만들어 입고

---

* 절대자를 상징하는 심볼.

나머지는 버렸다. 그리고는 다시 사원으로 향했다.

원래 힌두교의 전통에서는 머리를 깎은 뒤에는 목욕을 하는 것이 상례였다. 벵카타라만이 머리를 깎고 다시 사원에 들어가려 하자 오랫동안 가물었던 그곳에 갑자기 검은 구름이 모이더니 비가 되어 퍼붓기 시작했다. 마치 그를 목욕시키기 위한 비인 것 같았다.

다시 사원에 들어온 벵카타라만은 만타팜Mantapam*의 한쪽 구석에 앉아 삼매에 들었다. 그러나 개구쟁이 어린애들이 돌과 벽돌조각 등을 그에게 던지며 시끄럽게 굴자, 다시 그 밑의 지하실로 내려갔다. 그곳은 일년 내내 햇빛이 들지 않는 곳이었고, 개미·모기·파리·지네 등의 온갖 해충이 우글거리는 곳이었다. 지하실의 한쪽에 자리잡고 앉은 벵카타라만은 깊고 깊은 삼매에 몰입하였다. 외부세계의 모든 것을 잊고 삼매에만 몰입한 그에게는 이미 육체에 대한 의식도 감각도 없었다.

벌레들이 그의 몸에 다가와서 허벅지와 발을 물어뜯어 상처에서 피가 흐르고, 나중에는 이것이 고름과 한데 엉겨서 뒤범벅이 되어 흘러내렸지만 그는 미동도 하지 않았다.

그런 상태로 아무것도 먹지 않은 채 며칠인가가 지나갔다.

어떤 사람이 우연히 이 지하실 입구를 지나가다가 애들이 지하실 안을 들여다보면서 구멍 안쪽으로 돌을 던지는 걸 보게 되었다. 그가 애들을 쫓고 나서 지하실 안으로 들어가 보니 컴컴한 가운데에 한 스와미가 눈을 감고 앉아 있었다. 놀란 그는 즉시 여러 사람들을 데리고 다시 들어가서 그를 깨우려고 소리를 질렀으나

---

*순례자들이 머물러 가는 곳. 돌로 지어져 있으며 지붕이 있음.

전혀 반응이 없었다. 다시 몸을 흔들었지만 마찬가지였다. 깊은 삼매에 들어 있다는 사실을 안 그들이 그의 몸을 딴 곳으로 옮기려고 그를 안아들었을 때, 바닥의 흙과 뒤범벅이 된 그의 수많은 상처에서 피와 고름이 흘러내렸다. 그들은 경악하였다. 어떻게 인간이 이 정도까지 육체를 망각한 깊은 삼매에 들 수 있단 말인가? 그들은 전설에나 나옴직한 요가행자의 모습을 눈 앞에서 보는 듯하였다. 그들은 그를 들고 지하실을 나와 깨끗한 곳으로 옮겨놓았다. 그동안에도 벵카타라만은 깨어나지 않았다. 이 소문이 여러 사람에게 전해지자 사람들이 그를 보기 위해 모여들었다. 그러나 그는 여전히 눈을 감은 채 삼매에서 깨어나지 않았으며, 며칠에 한 번 정도 눈을 뜨곤 하였다. 그러면 사람들은 곁에서 우유나 죽·음료수 같은 것을 준비하고 있다가 그의 입을 벌려서 떠넣어 주곤 하였다. 어떤 때는 며칠이 지나도 눈을 뜨지 않아, 사람들이 일부러 그의 입을 벌린 뒤 입 안으로 음식을 흘려 넣기도 하였다. 그런 상태로 두 달 가량이 지나갔다.

나중에 라마나 마하리쉬는 제자들에게 이런 말을 하였다.

> 내가 티루반나말라이에 도착한 뒤 얼마 동안, 내게는 외부세계에 대한 지각이 전혀 없었다. 삼매에 들어 있다가 간혹 눈을 뜨면 어떤 때는 밝았고 어떤 때는 어두웠다. 내가 시간이 지나고 있다는 사실을 느낀 것은 오직 그것만을 통해서였다.

약 2개월 뒤부터 그는 장소를 이곳 저곳으로 옮기면서 계속 삼매에 들었다. 어떤 때는 꽃밭, 어떤 때는 바나나숲, 또 어떤 때는 차량 보관소 등으로 아루나찰레스바라 사원 경내를 벗어나지 않으면서 그의 삼매는 계속되었다. 그동안에 그의 소문을 듣고 점점 더 많은 사람들이 모여들었으며 그중에는 정기적으로 그를 찾아와, 그의 시중을 드는 사람들도 있었다. 이렇게 주의에 사람이 많아지자 그는 얼마 뒤 아루나찰레스바라 사원을 나와 마을에서 약간 떨어진 구르무르탐Gurumurtam 사원으로 자리를 옮겨서 이곳에서 약 1년 반 정도 머물렀다.

> 사람들은 내가 앉아 있는 곳에 와서는 「저 스와미는 말을 하려고 하지 않는다. 그는 침묵 속에 있다」라고 자기들끼리 말하곤 하였다. 그들이 그렇게 말하는데 내가 굳이 입을 열 필요는 없었다. 그래서 나는 그냥 침묵하고 있었다. 또 그들은 내가 머리카락과 손톱을 기르고 있다고도 하였다. 사실 누가 와서 깎아 주는 사람도 없었고 내 스스로도 뭔가 변화를 일으키고 싶다는 생각이 전혀 없었다.

이 구루루르탐 사원에 있을 때, 그의 최초의 제자라 할 수 있는 팔라니스와미Palaniswami가 그를 찾아왔다. 그는 원래 비나야카Vinayaka라는 신을 숭배하는 사람이었는데 어떤 사람으로부터 벵카타라만의 소문을 듣게 되었다.

「자네, 평생 신상神像만을 섬겨봐야 무슨 소용이 있겠나? 지금 구루무르탐 사원에는 고행을 하는 젊은 스와미가 한 사람 있는데, 아주 깊은 삼매에 들어 있네. 만약 자네가 그를 찾아가서 그의 시중을 든다면 아마 자네에게 많은 도움이 될 것이네.」

이 말을 듣고 벵카타라만을 찾아 구루무르탐 사원에 온 팔라니스와미는 그의 모습을 보는 순간 꼭 자기를 구해 줄 구세주를 만난 것 같은 느낌이 들었다. 그 뒤 팔라니스와미는 벵카타라만을 그림자처럼 따라다녔고, 정오가 되면 꼭 한 컵씩의 식사를 그에게 올렸다.

구루무르탐 사원에 1년 반 정도 머무른 뒤, 벵카타라만은 다시 근처의 망고 과수원으로 자리를 옮겨 그곳에서 약 6개월 정도 머물렀다. 그의 가족들이 그를 찾아와서 집으로 돌아가기를 권유한 것이 바로 이때였다. 마두라이에서 그를 돌보던 그의 삼촌 수바 아이어Subba Iyer는 그때 이미 세상을 떠났고, 그의 동생인 넬리아파 아이어Nelliappa Iyer가 벵카타라만의 소문을 듣고 그를 찾아 그 과수원으로 왔다. 이윽고 과수원에서 벵카타라만을 발견한 넬리아파는 자기 조카의 형편없는 몰골을 보고 큰 충격을 받았다. 그는 벵카타라만에게 그의 고행생활을 방해하지 않을 테니, 제발 자기와 함께 고향으로 돌아가자고 간원하였다. 그러나 삼촌의 간원에 대해 벵카타라만은 그냥 앉아 있는 채로 아무런 반응도 보이지 않았다. 이에 넬리아파는 설득을 포기하고 다시 마두라이로 돌아가서 알라가말Alagammal에게 아들의 소식을 전하였다.

얼마 뒤, 알라가말이 큰아들 나가스와미와 함께 벵카타라만을 찾아왔다. 그녀는 바싹 여윈 몸과 헝클어진 머리에도 불구하고 곧 자기 아들을 알아보았으며 그의 앞에서 눈물을 흘리며 돌아가자고 호소하였다. 나가스와미도 벵카타라만이 집을 떠나기 전, 자신이 그에게 했던 말을 사과하면서 역시 돌아가자고 애원하였다. 그러나 벵카타라만은 역시 묵묵부답이었다. 그들의 이야기를 듣고 있는 것 같지도 않았다. 그들이 열흘 동안이나 그곳에 머물면서 매일같이 그에게 간원했으나 마찬가지였다. 그들이 슬퍼하는 모습을 보다 못한 어떤 사람이 이번에는 종이와 연필을 벵카타라만에게 주면서 이렇게 말했다.

「스와미, 당신의 어머니는 너무도 슬퍼하고 계시오. 부디 글로나마 대답을 주시오. 그대의 침묵을 깨지 않아도 되지 않겠소?」

그러자 벵카타라만은 연필을 잡더니 다음과 같이 썼다.

〈각자의 운명은 자신의 카르마*karma*에 따라 정해져 있습니다. 일어나지 않도록 되어 있는 일은 아무리 애를 써도 일어나지 않으며, 일어나게 되어 있는 일은 아무리 막으려 해도 막을 수 없습니다. 이는 분명한 사실입니다. 따라서 가장 좋은 길은 침묵하는 길 입니다.〉

결국 알라가말과 나가스와미도 발길을 돌리지 않을 수 없었다.

성 아루나찰라

"바다에서 증발되어 하늘로 올라간 물이 다시 비가 되어 땅위에 떨어지고, 흐름을 이루어 바다로 돌아가듯, 근원으로 돌아가지 않는 것이란 없다.

마찬가지로 그대로부터 생겨난 영혼은 도중에 아무리 수많은 소용돌이에 휩싸여도 결국 그대와 다시 결합하지 않을 수 없다.

땅에서 솟구쳐 올라간 새가 공중에서는 쉴 수 없고, 결국 다시 땅으로 돌아와야 하듯이 누구나 다 자기의 길을 되돌아가야 한다.

그리고 한 영혼이 자신의 돌아갈 길을 찾게 될 때, 그는 그대 안으로 녹아들 것이다.

오, 아루나찰라. 그대, 축복의 바다여!"

– 아루나찰라에 바치는 글

"한 외국 사람이 이 산의 가장 신성한 곳에 있는 돌멩이를 하나 얻고 싶다고 편지를 보내온 적이 있다. 그는 이 산 전체가 신성하다는 사실을 모르고 있다. 이 산은 시바 그 자체다. 우리들이 스스로를 육체와 동일시하듯, 시바는 자신과 동일시할 것으로 이 산을 선택했다. 아루나찰라는 산의 모습을 한 순수 지혜. 시바는 자신을 찾고자 하는 사람들에 대한 연민심에서, 눈으로 볼 수 있는 산의 모습으로 자신을 드러낸 것이다. 시바를 찾고자 하는 사람이라면 이 산 가까이에 살므로써 위안을 얻고 인도를 받게 될 것이다."

아루나찰라에 대한 라마나 마하리쉬의 애정과 존경은 대단한 것이었다. 그는 제자들에게 이 아루나찰라가 지구의 심장이며 영적인 중심이라고 말하곤 했다. 이 산에는 오랜 옛날부터 수행자들이 수행하던 동굴이나 움막 등이 곳곳에 있었다.

벵카타라만은 알라가말이 돌아간 지 얼마 뒤인 1899년 2월, 자신의 거처를 아루나찰라 산으로 옮겼다. 처음에는 이곳 저곳의 동굴을 찾아다니며 거처를 옮기다가 비루파크샤 동굴이라는 곳에 거처를 정하고 그곳에서 그 뒤 17년 동안 머물렀다. 여름에는 이곳에 물이 없었기 때문에 망고나무 동굴로 옮겨서 생활하였다.

이제 벵카타라만 자신에게는 아무런 욕망도 남아 있지 않았다. 자기 자신을 완전히 정화하여 진리와 하나가 되어 버린 그가 아직 육체를 가지고 이 세상에 남아 있는 것은, 오직 다른 사람들을 위해서였다. 이런 그에게 서서히 많은 제자가 생겨나서 집단을 이루게 된 것은 너무나도 자연스러운 일이었다. 벵카타라만은 이 때에도 거의 말을 하지 않았다.

새로운 사람이 어떤 문제를 가지고 자신을 찾아오면 그냥 앉은 채, 그 사람을 응시하기만 하였다. 어떤 때는 몇 시간이고 조용히 앉아서 그윽한 연민의 눈길을 보내기만 하였다. 그러면 그를 찾아왔던 사람들은 형언할 수 없는 축복에 휩싸이고, 자신의 내부에서 그동안 쌓여왔던 모든 것이 녹아내리는 걸 느끼면서, 울음을 터뜨리거나 그의 발 밑에 엎드리는 경우가 대부분이었다.

침묵…….

침묵의 가르침이었다. 이 침묵의 가르침은 글이나 말을 통한 가르침보다도 확실하고 강렬한 것이었다. 언어를 통하면 이미 제한되어 버리고 왜곡되어 버리는 진리가, 침묵 속에서는 원형 그대로 보존되면서 전해질 수 있었다. 벵카타라만에게는 침묵의 힘이 있었다. 그는 영적으로 준비가 되어 있는 제자들에게는 침묵을 통해서 그의 내면을 직접적으로 전하고, 그 침묵을 이해하지 못하는 사람들에게만 글을 쓰거나 말을 해서 가르침을 주었다. 실제로 그의 제자들 가운데는 단 몇 시간 동안의 침묵을 통하여 진아를 체험한 자들도 있었다.

내가 처음 브하가반Bhagavan*을 만났을 때, 그는 비루파크샤 동굴 앞에 한결같은 모습으로, 마치 바위처럼 앉아 있었다. 그의 얼굴은 은총과 연민과 넘치는 지혜로 가득 차 있었다. 내가 그의 옆으로 가까이 가자 그는 나를 쳐다 보았다. 그 순간 내 가슴의 문이 활짝 열리면서 그의 내면 의 상태를 그대로 느낄 수 있었다. 나는 그 자리에서 여덟 시간 동안 그대로 서 있었다. 조금도 피로하지 않았으며 완전히 내면으로 몰입하여 지극한 평화를 느꼈다. 그 당시 의 브하가반은 그러한 방식으로 우리의 가슴을 열어 주곤 하였으며 그것은 우리를 변형시켰다. 그에게 질문을 할 필 요는 전혀 없었다. 그냥 바라보는 것으로써 그는 우리를 자신과 같은 상태로 만들어 버렸기 때문이다.

— 마스탄 사히브Mastan Sahib

나는 그의 육체가 인간의 육체가 아니란 걸 느낄 수 있 었다. 그것은 신이 쓰는 도구였다. 아무 동작도 없이 그냥 앉아 있는 시체와 같은 것이었지만 그것으로부터 엄청나 게 신이 방사되고 있었다. 그를 보았을 때의 나의 느낌은 도저히 말로 표현할 수 없다.

가장 감동적인 장면은 어린아이들이었다. 기껏해야 일 곱 살이 될까말까한 어린아이들이 자기들 스스로 산에 기 어 올라와서는 마하리쉬 옆에 앉아 있곤 했다. 이들이 며 칠 동안 계속 찾아와도 마하리쉬는 그애들에게 말 한 마디 하지 않고 거의 쳐다보지도 않았으나, 그들은 놀지도 않고 지극히 만족한 표정으로 그냥 조용히 앉아 있기만 하는 것

---

*원래는 〈전능한 신〉의 뜻. 여기에서는 라마나 마하리쉬를 가리킴.

이었다.

- 험프리F.H. Humphreys(최초의 서양인 제자, 경찰관리)

에카말Echammal이라는 여인은 남편과 두 아이를 연달아 잃고 미칠 듯한 괴로움 속에서 벵카타라만을 찾았다. 그러나 산을 올라온 그녀는 벵카타라만 앞에 그냥 서 있기만 하였다. 아무 말도 하지 않았다. 또 자신의 슬픔을 터뜨리지도 않았다. 꼬박 한 시간이나 서 있더니 그녀는 그냥 산을 내려갔다. 그러나 그녀의 발걸음은 이미 가벼워져 있었다. 그 뒤 그녀는 벵카타라만에게 깊이 귀의하였으며 그에게 먼저 식사를 공양하지 않고는 음식을 입에 대지도 않았다. 또한 그녀의 집은 그의 제자들에게 좋은 안식처가 되었다.

이때의 벵카타라만은 아직 이십대의 청년에 불과하였으나, 그를 따르는 제자들은 다 나이가 많은 사람들이었고 그중에는 지식인들도 많았다.

그 지식인들 중의 한 사람이 가나파티 무니Ganapati Muni였다. 그는 당시 시인이며 학자로서 이름을 날리던 사람이었는데, 10년 이상 나름대로 수행을 해 왔으나 내면의 변화를 느끼지 못하였다. 그러다가 아루나찰라 산에 한 스와미가 있다는 소문을 듣고 벵카타라만을 찾아와서는 그의 발 밑에 엎드렸다.

「저는 거의 모든 책을 다 읽었고 그 중에서 이해하지 못하는 내용은 거의 없습니다. 또 나름대로 최선을 다해 자파를 행해 왔습니다. 그러나 저는 아직도 무엇이 타파스*tapas*인지 모르고 있습니다. 당신의 발 밑에 엎드려 도움을 청합니다. 부디 저를 깨우쳐

타파스의 본질을 알게 해주십시오.」

벵카타라만은 대답하였다.

「〈나〉라는 생각이 어디에서 생기는지를 바라보면 마음은 그것 *that* 안으로 흡수됩니다. 이것이 타파스입니다. 만트라를 반복할 때에도 그 만트라의 소리가 일어나는 근원을 바라보면 마음은 그것 안으로 흡수됩니다. 이것이 타파스입니다.」

이에, 가나파티 무니의 의심은 눈녹듯이 사라졌다. 그것은 단순히 벵카타라만의 말에 의해서라기보다도 그에게서 분출되는 은총과 연민 때문이었다.

팔라니스와미로부터 그의 원래 이름이 벵카타라만이라는 사실을 알게 된 가나파티 무니는 그 이후로 그를 〈브하가반 스리 라마나 마하리쉬Bhagavan Sri Ramana Maharishi〉로 부르자고 제안하였다.

〈브하가반〉은 〈전능한 신〉의 뜻이며, 〈스리〉는 존칭어이고, 〈라마나〉는 〈벵카타라만Venkataraman〉에서 따온 것으로 〈진아에 머무르는 자〉라는 뜻이며, 〈마하리쉬〉는 〈위대한 성취자〉의 의미다.

그래서 이때부터 벵카타라만은 〈라마나 마하리쉬〉로 불리게 되었다.

라마나 마하리쉬의 최초의 서양인 제자인 험프리를 데려온 것도 가나파티 무니였다. 험프리는 라마나를 처음 만났을 때 큰 감동을 받았으며 그때부터 그를 스승으로 모시기로 작정하였다. 험프리가 두 번째 라마나를 찾았을 때 라마나는 그에게 다음과 같

---

*비교적 고행에 가까운 수행.

은 가르침을 주었다.

「나는 과거의 위대한 성직자들이 자신들의 제자들에게 주었던 가르침과 똑같은 가르침을 당신에게 전합니다. 앞으로 명상을 할 때에 〈보는 행위〉나 〈보이는 대상〉이 아닌 〈보는 그것〉에 당신의 모든 주의를 기울이도록 하시오.」

라마나의 가르침은 거의가 이런 식의 제자와의 문답을 통해서 이루어졌으며, 그 내용은 주로 진아의 본질, 그리고 자아탐구에 관한 것이었다.

인간의 모든 괴로움의 원인은 〈진정한 나〉, 즉 〈진아〉를 모르는 데에 있다. 진아는 유일하게 실재하는 실체이면서 모든 것을 다 포함하고 있다. 진아는 〈보이는 대상(객체)〉과는 분리된 〈보는 자(주체)〉만이 아니라 이 둘을 포용하는 제3의 실체이다.

그리고 이 진아의 본질은 실재 – 의식 – 지복이다.

인간의 삶은 세 가지 의식상태로 구성된다. 즉, 깨어 있는 상태, 꿈꾸는 상태, 깊이 잠든 상태가 그것이다. 진아는 이 세 상태를 모두 초월하면서 동시에 어떠한 상태에서나 항상 체험될 수 있는 불변의 실체다.

인간들이 진아를 모르는 이유는 그릇된 동일시同一視 때문이다. 인간들은 〈육체가 나〉라고 생각하고 있으며, 마음, 즉 생각의 세계를 벗어나지 못하고 있다. 이 마음의 세계를 벗어나야만 진아를 깨달을 수 있는데 그 방법에는 두 가지가 있다. 하나는 자아탐구 *Self-enquiry*의 길이고 다른 하나는 헌신의 길이다.

자아탐구의 길은 〈나는 누구인가〉라는 의문을 가지고 그 의문이 일어나는 근원으로 몰입하여 마침내 마음의 세계를 벗어난 진아에 이르는 길이고, 헌신의 길은 자기의 모든 것을 절대자, 즉 신에게 완전히 맡겨 버리고 마음, 즉 에고와는 전혀 타협하지 않음으로써 마음이 사라지도록 하는 길이다.

　라마나는 〈자아탐구〉의 길이 깨달음에 이르는 가장 최고의 길이라고 하면서 대부분의 제자들에게 이 길을 권유하였으며 특별히 이 길을 가기가 어려운 사람들에게만 〈헌신〉의 길을 권유하였다.

　라마나의 이러한 가르침들은 모두 그의 직접적인 체험을 바탕으로 한 것이었다. 그는 아루나찰라 산으로 거처를 옮기기 전, 깨달음과 삼매에 대한 몇 권의 책을 본 적이 있었는데 그 뒤, 그 책들에 나와 있는 경지가 이미 자신이 모두 체험한 것들이라고 말한 적이 있었다.

　동물들도 그의 상태에 동화되어 버리는 것 같았다. 그의 주위에는 늘 원숭이와 다람쥐들이 따라 다녔으며 그의 손에서 먹이를 받아먹곤 하였다. 또 그가 큰 나무 밑에 앉아 있으면, 원숭이들도 그의 앞에서 그와 더불어 삼매에 든 것처럼 가만히 앉아 있었다. 한번은 원숭이 한 마리가 안절부절 못하며 불안해 하자, 라마나가 그 원숭이에게 말했다.

　「네가 정복해야 할 왕국은 어떤 것이냐?」

　그러자 그 원숭이는 다시 조용해졌다.

　어떤 때는 앉아 있는 라마나의 무릎 위로 뱀들이 기어다니기도 하였는데 그는 전혀 여기에 반응을 보이지 않았다. 한 제자가 뱀이 맨살 위를 지나갈 때의 기분이 어떠냐고 묻자 라마나는,「차고 축축하지」라고 대답했다 한다.

1914년 어머니 알라가말이 다른 곳에 다녀서 마두라이로 가던 도중, 티루반나말라이에 들러 라마나를 찾았다. 이때 알라가말은 병에 걸려 몇 주일 동안을 심하게 앓았는데 라마나는 그녀 곁에서 정성을 다해 그녀를 돌보면서 그녀를 위해 아루나찰라에 기원하였다.

병이 치유돼 돌아간 알루가말은 얼마 뒤 다시 라마나에게 돌아왔다. 이번에는 영원히 아들과 같이 있기 위해 돌아온 것이었다. 또 그 뒤에 라마나의 동생인 나가순다람Nagasundaram도 라마나를 찾아왔다. 나가순다람은 뒤에 니란자난다Niranjananda 스와미라 불렸으며 나중에 아쉬람의 형성과 발전에 큰 역할을 담당하였다.

아쉬람*

나는 이곳 저곳을 옮겨 다녔다. 그러나 내가 어디에 가고 싶다거나 어디에 살고 싶어서 그랬던 것은 아니다. 내가 어느 곳엔가 가면 누군가가, 「스와미, 여기에 머무르시지요」라고 말하곤 하였다. 내가 어떤 곳은 좋아하고 어떤 곳은 싫어해서가 아니었다. 나를 이곳에 오도록 한 그 샤크티Shakti**가 모든 일을 하고 있었다. 어떤 움직임이든지 배후에는 항상 그 힘이 있었다. 내게는 아무런 변화도, 아무런 욕망도 없었으며, 나는 아무런 노력도 하지 않았다.

---

* Ashram, 스승과 제자들이 같이 모여 사는 공동체. 절이나 수도원의 원형.
** 에너지, 힘Power, 절대자의 동적動的인 측면.

나는 항상 마찬가지였다.

그의 제자 중에 칸다스와미Kandaswami라는 사람이 있었는데, 라마나를 위해서 아쉬람을 세울 것을 생각하고 아루나찰라 산의 남동쪽 기슭에 한 장소를 물색하여 라마나의 허락을 구했다. 라마나가 이를 허락하자 그는 거의 혼자 힘으로 가시투성이의 서양 배나무 등을 다 정리해 버리고, 그곳을 망고나무와 코코넛나무로 가득 찬 시원하고 아늑한 장소로 탈바꿈시켜 놓았다. 라마나는 칸다스와미의 노고를 기리는 뜻에서 이곳을 스칸드아쉬람 Skandashram이라 명명하고, 이곳에서 1916년부터 1922년까지 머물렀다.

이 기간 동안에 다시 많은 사람들이 라마나의 은총을 찾아 이곳으로 모여들었으며 라마나는 전과 다름없이 이들을 대하고 깨달음의 빛을 밝혀 주었다.

우리가 스칸드아쉬람에 살고 있을 때, 한번은 브하가반과 함께 아쉬람에 들어가는 계단에 앉아 있었다. 그때 어떤 남자가 자기 가족인 듯싶은 사람들과 함께 문 앞에 와서 멈춰서더니 나를 부르는 것이었다. 내가 가까이 가니 그는 자기들이 브하가반에게 가서 그와의 다르샨Darshan*을 가질 수 있겠느냐고 물었다. 나는 놀라서 물었다. 「왜 허락을 받아야 한다고 생각하시오?」 그러자 그 남자가 말

---

* 성인을 친견親見하는 것.

했다. 「저희들은 불가촉 천민입니다.」

　나는 브하가반 쪽을 향하다가 그런 질문을 한다는 것 자체가 그에 대한 불경이라는 생각이 들었다. 그래서 그 남자에게 브하가반에게는 카스트 제도가 전혀 아무런 의미도 없으며 틀림없이 그들을 환영할 것이라고 말해 주었다. 그러자 그들은 브하가반 앞에 가서 모두 엎드렸다. 이를 본 브하가반은 거의 10여 분 동안 그 가족들에게 자애로운 눈길을 보내었다. 내가 본 바로는 브하가반을 찾아온 부유하고 이름 있는 사람들조차 그만큼 자애로운 눈길을 받지는 못했었다.

　　　　　　　　　　　　－ 라마나다사K.S.S. Ramanadasa

　이른 아침이면 라마나는 꼭 스칸드아쉬람 앞에 있는 바위에 앉아 이빨을 닦곤 했다. 이 습관이 겨울철이나 우기에도 계속되자 제자들이 이를 만류하였으나 듣지 않았다. 제자들이 그 이유를 알게 된 것은 상당한 시일이 지난 뒤였다.

　산기슭에 살고 있는 한 늙은 부인이 있었는데, 그녀는 매일 식사 전에 라마나와의 다르샨을 갖기 위하여 스칸드아쉬람에 올라오곤 하였다. 그런데 하루는 그녀가 올라오지 않았다. 다음날 라마나가 그녀에게 올라오지 않은 이유를 물으니, 자신은 전날 아침 라마나가 바위 위에서 이를 닦는 모습을 보면서 다르샨을 가졌으며 앞으로는 자신이 늙고 힘이 없어서 그런 식으로 계속 다르샨을 가질 것이라고 말하였다. 이 말을 들은 라마나는 그 뒤로부터 매일같이 거의 30분 동안씩이나 바위 위에 앉아 있었던 것이다.

라마나는 어머니 알라가말을 보살피고 인도하면서 서서히 세상으로부터 떼어놓았다. 점차 그녀도 힘든 아쉬람의 생활에 자기 자신을 적응시켜 나갔으며 딴 데로 가겠다는 생각은 하지 않게 되었다. 그녀는 혹시 자기가 딴 데 가 있는 동안에 죽음을 맞게 되지 않을까 두려워하면서 반드시 아들의 팔에 안겨 눈을 감으려고 생각하고 있었다.

1922년에 접어들면서 알라가말의 병은 급속히 악화되었다. 5월 19일, 그녀의 최후가 임박했다는 사실이 분명해졌다. 아침 산보를 마친 라마나는 어머니의 방으로 들어가서 하루 종일 그곳에서 나오지 않았다. 점심식사도 그곳에서 했으며 저녁식사가 준비되자 다른 사람들에게는 식사를 하라고 하고는 자신은 식사를 들지 않았다. 저녁이 되자 제자들은 알라가말의 주위에 모여서 베다$Veda$를 봉송하고 찬송가를 불렀다. 그녀의 가슴은 점점 더 심하게 고동치고 숨은 점점 더 가빠졌다. 라마나는 그녀 곁에 바싹 다가앉아서 마지막 한시간 동안을 오른손은 그녀의 가슴에, 왼손은 머리에 올려놓고 있었다. 생명을 연장시키려는 것이 아니라 마음을 가라앉혀 이번의 죽음이 영원한 마하 사마디*Maha Samadhi**가 될 수 있도록 하려는 것이었다. 그녀의 내면에서는 그녀를 또다시 탄생시키려는 그녀의 업력業力과 라마나에게서 나오는 깨달음의 에너지가 서로 싸우고 있었다.

저녁 8시가 되자 그녀의 영혼은 마침내 육체를 떠났다. 그러자 라마나는 빛나는 얼굴로 밝게 웃으며 일어서서는 주위에 모여 있던 제자들에게 그녀가 마침내 자유를 얻었음을 알렸다. 그날 밤

---

*커다란 삼매. 깨달음의 상태에서 육체를 떠나는 것.

라마나는 잠을 자지 않고 밤새 제자들과 같이 경전을 독송하였다. 그녀의 육신은 아루나찰라 산 밑의 남쪽 기슭에 묻혔다.

그 뒤, 니란자난다 스와미는 어머니의 묘 옆에 작은 오두막을 세우고는 매일 이곳에 내려와서 묘를 돌보았다. 하루는 이른 아침 니란자난다 스와미가 그곳에서 라마나에게 줄 음식을 준비하고 있는데 라마나가 그곳에서 내려왔다. 그러자 라마나가 산 아래까지 내려왔다는 소식이 삽시간에 온 마을에 퍼져 여러 사람들이 몰려들었고, 어떤 사람은 늙고 기운 없어 산을 오르지 못하는 자기 어머니를 모시고 오기도 하였다. 사람들이 계속 몰려들어 라마나가 이곳에서 며칠을 보내자 위의 스칸드아쉬람에 있던 제자들도 하나둘 내려오기 시작했다. 그러다가 마침내 마지막 남아 있던 두 사람마저 내려오자 곧 스칸드아쉬람에 도둑이 들어 그곳에 있던 물건들을 몽땅 가져가 버렸다. 이 소식을 들은 라마나는 다시 스칸드아쉬람으로 돌아가지 않고 그냥 그곳에서 눌러 살기로 결정하였다.

제자들이 라마나를 따라서 산을 내려와 모였을 때 그곳에는 오두막 한 채밖에 없었으나, 점차 제자들의 수가 불어나고 여러 곳에서 기부금이 들어옴에 따라 라마나가 거처하는 큰방·사무실·서점·의료실·객실, 그리고 오래 머무르는 손님들을 위한 방갈로 등이 세워졌다. 또 이 건물들의 서쪽에는 수행자들이 머무를 오두막과 토굴 등이 들어섰으며 가축을 위한 우사와 커다란 부엌도 마련되었다. 나중에 이곳은 라마나스라맘Ramanasramam이라고 불리게 되었는데, 이 라마나스라맘의 모든 운영은 라마나의 동생인 니란자난다 스와미가 맡아서 해 나갔으며 라마나는 아

생애 … 65

쉬람이 커가는 과정을 그냥 지켜보면서 점점 많아지는 자신의 가족들을 사랑과 연민으로 조용히 감싸 주었다.

　라마나의 명성은 이미 인도 전역에 널리 퍼져 있었으며 외국에서도 그의 이름을 듣고 그와의 다르샨을 위해서 찾아오는 사람들도 많아졌다. 어떤 때는 그의 주위에 모인 사람들이 수백 명에 이를 정도여서 모두 다 방에 들어가지 못하고 일부는 방 밖에 앉아 있기도 하였다.

　라마나의 생활 모습 중 두드러진 것은 모든 사람과, 나아가서 모든 생명체에 대한 그의 평등한 태도였다.
　그는 평생 허리에 걸치는 간단한 옷 외에는 아무것도 몸에 걸치지 않았으며 늘 제자들이나 신도들과 똑같은 자리에 앉아서 똑같은 식사를 하였다. 누가 그에게 특별한 음식을 가져오거나 보약이라도 만들어서 바치면 그 자리에서 모든 사람에게 골고루 나누어 주도록 하였다.
　산 위에서 살 때와 마찬가지로 그의 주위에는 늘 동물들이 따라 다녔으며 원숭이·다람쥐·암소·개·까마귀·공작 등에 이르기까지 아쉬람 내에서는 모두 완전한 자유를 누렸다.
　그가 거처하던 방의 문은 24시간 항상 누구에게나 개방되어 있었다. 원하는 사람은 누구나 그의 방에 들어가서 그와 함께 앉아 있거나 질문을 할 수 있었다.
　그의 이 평등한 태도는 물건을 훔치러 침입한 도둑들에 대해서도 마찬가지였다.

그것은 1924년 6월 26일, 한밤중의 일이었다. 라마나와 제자들이 깊이 잠들어 있는 방의 창문을 부수고 도둑들이 침입했다. 눈을 뜨고 그들이 도둑이라는 사실을 안 라마나는 원하는 것이 있으면 뭐든 다 가져가라고 말하고는 제자로 하여금 램프를 켜게 해서 도둑들이 쉽게 물건을 찾을 수 있도록 하였다. 그러자 도둑들은 오히려 더 화를 내면서 숨겨둔 돈을 다 내놓으라고 윽박질렀다.

「우리들은 탁발로 살아가는 수행자들이오. 그래서 돈은 없소. 여기서 바라는 것은 아무것이나 다 가져가도 좋소. 우리는 밖에 나가 있겠소.」

그러면서 라마나는 제자들을 이끌고 밖으로 나갔다. 그러자 도둑들은 화를 내면서 몽둥이를 마구 휘둘러 제자들을 때렸다. 그리고 그중 하나가 라마나의 허벅지 위에 떨어졌다.

옆에 있던 한 젊은 제자가 이 광경을 보고는 더 이상 참지 못하고 곁에 있던 쇠막대기를 들고 도둑들에게 덤비려고 하였다. 그러자 라마나는 얼른 그를 만류하였다.

「저들은 저들의 역할을 하도록 내버려 둬라. 우리는 수행자들이다. 우리는 우리의 역할을 포기해서는 안 된다. 만약 어떤 불상사가 생기면 세상은 우리들만을 나무랄 것이다. 이빨이 잘못 혀를 깨물었다고 해서 이빨을 뽑아 버릴 수는 없지 않겠느냐?」

그에게는 자신을 때린 그 도둑도 자신과 다르지 않았던 것이다.

며칠 뒤, 그 도둑들이 경찰에 잡히자 경찰은 그들을 모두 데리고 라마나에게 와서 때린 사람이 누구인지 알려달라고 하였다. 그러자 라마나는 웃으며 대답했다.

「(전생에) 나에게 맞았던 사람을 찾아내면 됩니다. 나를 때린 사람은 바로 그 사람입니다.」
그는 끝내 그 사람을 지목하지 않았다.

비슷한 이야기는 라마나가 산에서 살 때에도 있었다.
어느날, 라마나가 산을 오르다가 덤불 속에 있던 말벌집을 건드렸다. 그러자 말벌들이 달려들어 벌집을 건드린 그의 왼쪽 발과 허벅지에 침을 쏘아댔다. 격렬한 통증을 느끼면서도 라마나는 자신이 평화스럽던 벌집을 건드린 것만을 미안하게 여기면서 왼쪽 다리를 움직이지 않았다. 그러면서 이렇게 말했다.
「너(왼쪽 다리)는 평화롭게 지내던 벌들을 건드렸으니 이 벌을 받아 마땅하다. 벌을 피하지 말라.」

그의 가르침의 방식은 이곳, 라마나스라맘에 있을 때도 마찬가지였다. 침묵을 통해 자신의 상태를 직접 전달함으로써 제자들로 하여금 스스로 내면의 진아를 자각하도록 하는 것이 주를 이루었으며, 침묵을 이해하지 못하는 경우에만 말을 통해 가르쳤다. 라마나와 같이 생활하면서 그의 침묵을 느끼는 것은 마치 연금술과 같은 작용을 하였다. 많은 사람들이 그와의 접촉을 통한 자기 내면의 변형을 고백하고 있다.

나는 그의 모습에서 시선을 뗄 수 없었다. 그에게서 느끼는 그 이상한 느낌이 나를 점점 굳게 사로잡음에 따라 맨 처음 그에게서 완전히 무시당했다고 생각했던 때의 당혹감이 서서히 사라져 갔다. 그러나 내면에서 이러한 고요하고 저항할 수 없는 변화가 일어나고 있다는 사실을 안 것은 그와 대면한 지 한시간 정도가 지나서였다.

　기차를 타고 오면서 그에게 질문하려고 곰곰이 생각해 두었던 문제들이 하나씩 하나씩 사라져 갔다. 그것들을 묻든, 묻지 않든 아무런 상관도 없다는 기분이었으며 지금까지 나를 괴롭혀온 문제들을 굳이 풀려고 하지 않아도 좋을 것 같았다. 조용한 침묵의 강이 내 곁에서 흐르는 듯했고, 거대한 평화가 내 내면으로 뚫고 들어옴에 따라 고민으로 시달려 오던 나의 머리는 점차로 편안한 휴식처에 이르고 있었다.

- 폴 브룬톤Paul Brunton

　한번은 어떤 학자 한 사람이 라마나를 찾아와서 〈동기 없는 행위〉, 즉 〈목적 없는 행위〉란 어떤 것이냐고 물었다. 그런데 라마나로부터는 아무런 대답도 없었다. 잠시 후 라마나가 몇몇 제자들과 함께 산을 올라가자 그 학자도 그의 뒤를 따랐다. 그런데 라마나는 올라가는 도중 가시가 잔뜩 달라붙은 긴 나뭇가지 하나를 발견하고는 그 자리에 앉아서 한가하게 그것을 다듬기 시작하였다. 가시를 쳐내고 마디를 매끄럽게 하는 그 작업은 거의 여섯시간이나 걸렸다. 이윽고 다 만들어진 지팡이를 보고 따라온 사람들은 모두 그 매끄럽고 날씬한 모습을 칭찬하였다. 얼마 있다 산을 내려오는데, 도중에 우연히 어떤 목동을 만나게 되었다. 그는 마침 자기가 가지고 다니던 지팡이를 잃어버려서 찾느라고 어쩔 줄 몰라 하고 있었다. 그것을 보더니 라마나는 자기가 깎아서 가지고 내려오던 그 지팡이를 목동에게 주고는 아무 말 없이 산을 내려갔다. 나중에 그 학자는 그것이 자신의 질문에 대한 라마나의 대답이었다고 다른 사람들에게 말하곤 했다.

라마나는 결코 속세의 생활을 버리고 출가를 해야만 진아를 깨달을 수 있다고 가르치지 않았다. 그는 언제나 세상 속에 살면서도 얼마든지 진아를 깨달을 수 있다고 강조했으며, 진아를 깨닫기 위한 특별한 고행이나 계율 등을 인정하지 않았다. 자기에게 주어진 일들을 처리해 나가면서 주의注意를 내면으로 돌리는 것, 그것이 라마나의 가르침이었다. 라마나는 가끔 부엌에 가서 부엌일을 거들곤 하였는데 그때에도 이렇게 말하곤 했다.
「여러분의 손은 지금 일을 하고 있으나 여러분의 내면은 정지한 채로 있을 수 있습니다. 내면의 전혀 움직이지 않는 것, 그것이 바로 여러분입니다. 그것을 깨달으십시오. 그러면 여러분은 일이 결코 힘들지 않다는 사실을 알게 될 것입니다.」

깨달은 사람들이 다 그렇듯이 라마나에게도 깊은 유머 감각이 있었다. 그것은 자기라는 틀을 벗어나 전체와 하나가 되어버린 사람에게서 자연스럽게 흘러나오는 샘물과 같은 것이었다.

북인도에서 라마나를 찾아온 어떤 남자가 자신도 아쉬람의 일원이 될 수 있겠느냐고 물었다. 그러자 라마나는 웃으며 말했다.
「이 우주가 다 나의 아쉬람일세. 자네도 이 우주의 일부분이 아닌가? 그러므로 자네는 당연히 내 아쉬람의 일원이지. 여기에 왔다고 해서 특별한 혜택을 받지도 않으며 여기에 오지 않았다고 해서 무시되지도 않는다네.」

쿤주Kunju 스와미라는 제자가 라마나를 가까이 모시고 있었는데 그는 라마나의 몸과 머리가 자주 비틀거리거나 흔들리는 것을 보곤 하였다. 그래서 가까운 제자들만이 모인 자리에서 라마나에게 물어보았다.

「브하가반께서는 아직 그렇게 연로하시지 않은데도 머리가 자주 흔들거리고, 또 지팡이에 의지해서 걸어다니실 정도인 이유는 무엇입니까?」

그러자 라마나가 웃으며 대답했다.

「무엇이 이상한가? 커다란 코끼리를 작은 오두막에 매어놓으면 그 오두막이 가만히 있을 수 있겠나? 이것도 마찬가지라네.」

한 신도가 자기 가정의 어지러운 일을 떠나 라마나 곁에 머물고 싶다고 말하자 라마나가 말했다.

「가족을 버리면 어디로 가겠는가? 하늘로 올라가겠는가? 그래도 결국 다시 땅 위로 내려와야 되지 않겠는가? 어디를 가더라도 가족은 항상 있게 마련이네. 나 역시 아무것도 원치 않아서 집을 떠나 여기 와 있지만, 보게, 내 가족은 얼마나 많은가? 아마 내 가족은 자네 가족보다 백 배는 많을 것이네.」

순데라사 아이어라는 제자가, 자신이 일 때문에 다른 마을로 보내지게 되었다는 말을 듣고 라마나에게 와서 불평하였다.

「저는 정말 오랫동안 브하가반과 함께 있었습니다. 그런데 이제 저보고 딴 곳으로 가라니요? 브하가반 곁을 떠나서 어떻게 하라는 말씀입니까?」

라마나가 그에게 물었다.

「그대는 얼마 동안이나 브하가반과 같이 있었는가?」

그가 대답했다.

「40년은 됩니다.」

그러자 라마나는 주위에 모인 사람들을 돌아보며 말했다.

「이 사람은 내 말을 40년 동안 듣고 있었으면서도 이제 와서 브하가반 곁을 떠난다고 말하고 있구나.」*

동물에 대한 그의 사랑은 항상 지극하였으며 사람들에게 대하는 것과 별 차이가 없었다. 그리고 그의 이 사랑에 동물들도 그대로 감응하는 듯하였다.

라마나스라맘 안에 있는 우물가 나무 그루터기에 하루는 까마귀 한 마리가 날아와 앉더니 사흘 동안 그곳에서 움직이지 않았다. 사흘째 되는 날, 라마나가 산보에서 돌아오자 쿤주 스와미는 그 까마귀의 일을 라마나에게 알렸다. 그 말을 듣자마자 라마나는 즉시 자리에서 일어나더니 밖으로 걸어나갔다. 방 안에 있던 사람들은 모두 놀랐다. 왜냐하면 그 시간에는 라마나가 좀처럼 밖에 나가는 일이 없었기 때문이다. 라마나는 까마귀에게 가까이 다가가서 물었다.

「무슨 일이 있느냐?」

그러자 그 까마귀는 천천히 눈을 떴다. 라마나는 제자를 시켜 자신의 물병을 가져오게 해서 한손으로 까마귀를 잡고 부리에 물을 몇 방울 떨어뜨려 주었다. 그러자 까마귀는 곧 라마나의 손 안

---

*브하가반(Bhagavan)은 라마나의 호칭이면서 〈전능한 신〉을 의미하기도 한다. 누가 어디에 있든 〈전능한 신〉으로부터 벗어나지 않는다는 말.

에서 숨을 거두었다.

　라마나는 이 까마귀를 땅에 묻고 그 위에 기념물을 세워 주도록 하였다. 누군가가 그 까마귀는 틀림없이 매우 진화된 영혼이었으며 라마나의 손이 닿기만을 기다리고 있었을 거라고 말하자 라마나도, 「그래, 그런 것 같다」라고 하였다.

　라마나가 사랑했던 동물에 락쉬미Lakshmi라는 암소가 있었다. 그 암소는 라마나와 함께 19년 동안이나 살면서, 매일같이 라마나에게 와서는 자신의 머리를 라마나의 발에 갖다대곤 하였고 그 외에도 보통 암소와는 다른 특이한 행동을 많이 하였다.

　이 락쉬미가 죽음을 맞이하였을 때, 라마나는 어머니의 임종 때와 마찬가지로 락쉬미 옆에 앉아서 오른손은 락쉬미의 가슴에, 왼손은 락쉬미의 머리에 대고 있었다. 락쉬미는 마치 이 세상의 모든 구속에서 벗어나 삼매에 든 것처럼 고요히 누워 있었다. 잠시 밖에 나갔다가 다시 들어온 라마나는 마치 어린애에게 하듯 두 손으로 락쉬미의 얼굴을 받치고는 「오, 락쉬미」하고 불렀다. 그리고는 다시 눈물을 삼키면서 주위 사람들에게 「락쉬미가 있었기 때문에 오늘날 우리 아쉬람이 이 정도로 성장하였다」라고 말하였다.

마하 사마디

　1949년 라마나의 오른쪽 팔목 위에 자그마한 혹이 생기더니 점점 커지기 시작했다. 나중에 그것은 종양으로 밝혀졌으며 몇 번

수술을 했어도 치료되지 않고 점점 악화되기만 하였다.

1949년 12월에 한 네 번째 수술은 상당히 큰 수술이었음에도 불구하고, 라마나는 끝내 마취를 거부하였다. 수술이 끝난 뒤 한 제자가 라마나에게 아프지 않았느냐고 묻자, 「고통조차도 우리의 일부분이다」라고 대답하였다.

이 종양 때문에 심한 고통을 당하면서도 라마나는 여전히 사람들을 맞아들이고 제자들을 가르쳤으며 자신의 병을 걱정하는 사람들을 도리어 위로하였다. 한번은 이런 말을 한 적이 있다.

「육체는 우리에게 나타난 일종의 병이다. 그 근본적인 병에 다른 병이 나타나는 것은 우리에게 오히려 좋은 일이 아니겠는가?」

또 자신의 병을 슬퍼하는 한 제자에게, 「그대는 마치 내가 어디로 가는 것처럼 슬퍼하고 있구나. 내가 어디로 가겠으며 어떻게 가겠느냐? 가고 오는 것은 육체에게나 있는 것이지 어떻게 진아가 그럴 수 있겠느냐?」라고 말했고, 「소가 자기의 뿔에 밧줄이 걸려 있는지 아닌지 잘 모르고, 술취한 사람이 자기 몸 위에 옷이 걸쳐 있는지 아닌지 잘 모르듯이, 깨달은 사람은 자신의 육체가 아직 살아 있는지 죽었는지 잘 알지 못한다」라고도 하였다.

그의 지시대로 그가 세상을 떠나기 직전까지 라마나를 보고 싶은 사람은 누구라도 그를 만날 수 있었으며, 그의 죽음이 임박했다는 소문을 듣고 사람들이 너무 많이 몰려와서 어떤 때는 한 사람당 단 몇 초씩밖에는 그와의 다르샨을 가질 수 없기도 하였다.

그가 세상을 떠나기 이틀 전, 아쉬람을 운영하던 사람들이 그에게 가서, 그가 죽은 뒤 어떻게 아쉬람을 운영했으면 좋겠는가고 물었다.

「저희들에게 지시를 내려 주시면 그것을 잘 지켜 아쉬람이 커

나가도록 하겠습니다.」

그러자 라마나가 이렇게 말했다.

「이 아쉬람을 지금까지 누가 운영해 왔다고 생각하는가? 지금까지 나의 의견이나 지시에 의해서 이 아쉬람이 운영되어 왔다고 생각하는가? 이 아쉬람은 〈그 하나인 전능한 힘one Almighty, the one Power〉에 의해서 운영되어 왔고, 앞으로도 그것이 이 아쉬람을 돌볼 것이다. 그대들은 아쉬람의 운영에 대해 걱정할 필요가 없다.」

이것은 그의 마지막 가르침이었다.

마지막 날, 그는 가까이에 있던 시바난다Sivananda 스와미에게 문득 말했다.

「산토샴Santhosham(나는 기쁘다.)」

시바난다는 깜짝 놀랐다. 그러자 다시 라마나가 설명했다.

「영어에는 〈댕큐Thank you〉라는 말이 있지만, 우리는 그냥 〈산토샴Santhosham〉이라고 한다.」

1950년 4월 14일 금요일 저녁, 제자들은 모두 라마나가 누워있는 방 밖의 베란다에 모여서 〈아루나찰라 - 시바〉를 찬양하는 노래를 부르고 있었다.

그 노래를 듣던 라마나의 눈이 조용히 열렸다. 그는 지극히 평화로운 미소를 지었다. 그의 두 눈에는 기쁨의 눈물이 가득 고여 있었다. 이윽고 깊은 숨이 한 번 있은 다음 더 이상 숨이 계속되지 않았다.

저녁 8시 47분, 그 순간 베란다에 모여 있던 제자들은 방안에

환한 빛이 가득 차 있는 것을 보았다. 그것은 사진기의 플래시만큼이나 밝은 빛이었다. 그들이 놀라움에 말을 잊고 있을 때, 밖에서 「빛이다, 빛이다」라는 소리들이 들렸다.

문득, 밤하늘에 환한 유성이 하나 나타나서는 북쪽 아루나찰라를 향해 떨어지더니 꼭대기 너머로 사라져 버렸다.

● 가르침

진 아

"진아는 곧 지복이다. 진아와 지복은 똑같은 하나다. 그리고 그것만이 실체다.

이 현상계는 생각에 지나지 않으며 우리가 생각에서 벗어날 때, 우리는 진아의 지복을 즐길 수 있게 된다. 그리고 깨달은 사람은 언제나 이 진아와 함께 한다."

진아의 본질

라마나 마하리쉬*Ramana Maharishi*의 가르침의 핵심은 이 우주 삼라만상에 내재하는 유일한 실체에 대한 것이다. 그 실체는 존재하는 모든 것의 진정한 근원이고 본체이며 누구라도 직접 체험할 수 있는 것이다. 그는 그것을 여러 가지 다른 명칭으로 불렀는데 각 명칭은 결국은 하나인 그 실체의 여러 가지 다른 측면들을 나타내고 있다. 그가 그 실체를 표현하기 위해 자주 사용하였던 명칭들과 각 명칭의 의미는 다음과 같다.

1) 진아 : 이는 그가 가장 자주 사용하였던 명칭이다. 그는 감각적으로 또는 생각을 통해 체험하는 자기는 〈진정한 나〉가 아니며 스스로 자기라고 동일시하는 것들을 다 부정한 다음에 남는 순수한 앎이 〈진정한 나〉, 즉 〈진아〉라고 하였다. 이 진아는 개아個我, 즉 개체적 자아와 혼동되어서는 안 된다. 그는 개체적 자아란 본질적으로 존재하지 않으며 마음이 거짓되게 만들어 낸 것이고 〈진정한 나〉를 제대로 체험하지 못하도록 방해하는 것이라고 하였다. 그는 진아는 항상 실재하며 우리가 늘 체험하고 있는 것이지만 그것의 있는 그대로의 모습을 분명하게 알 수 있는 때는 오직 스스로를 한계짓는 경향을 가진 마음이 사라졌을 때뿐이라고 강조하였다. 마음이 영원히 사라져서 진아가 그 모습을 완전히 드러낸 상태가 바로 깨달음Self-realization이다.

2) 실재-의식-지복 : 이는 진아의 세 가지 측면이다. 라마나는 실재하는 것은 오직 진아뿐이며 이 진아는 단순히 〈보이는 대상(객체)〉과 분리된 〈보는 자(주체)〉가 아니라 이 둘을 함께 포함한 순수 의식이라고 하였다. 또 이 진아를 직접적으로 체험하는 상태는 지극한 행복의 상태이기 때문에 이를 지복이라고도 한다. 〈실재 – 의식 – 지복〉이라는 이 세 가지 측면이 따로따로 분리된 속성으로서가 아니라 통합된 전체로서 체험된다. 이 셋을 분리할 수 없는 것은 마치 축축함과 투명함과 유동성이라는 물의 세 가지 속성을 서로 분리할 수 없는 것과 마찬가지다.

3) 신 : 라마나는 우주는 진아의 힘에 의해서 유지된다고 하였다. 유신론자들은 보통 이 힘이 신에게서 기인한다고 보기 때문에 그는 신이라는 단어를 진아와 동의어로서 가끔 사용하였다. 마찬가지로 그는 힌두교에서의 지고至高의 존재인 브라흐만이나

시바를 진아와 같은 의미로 사용하기도 하였다.

　이때 라마나가 말하는 신이란 구체적인 이름과 형상을 가진 신이 아니라 우주를 유지하는 무형의 존재다. 신은 우주의 창조자가 아니며 우주는 신의 본래적인 힘이 나타난 현상일 뿐이다. 따라서 우주로부터 신을 분리할 수는 없지만, 우주가 나타나든 사라지든 신은 그것에 의해 영향을 받지 않는다.

　4) 가슴 *The Heart* : 라마나는 진아에 대해 이야기할 때 〈흐리다얌 *Hridayam*〉이라는 산스크리트 단어를 자주 사용하였다. 그것은 보통 〈가슴〉이라고 번역되지만 좀 더 글자 그대로 번역한다면 〈이것이 중심이다〉가 될 것이다.

　여기에는 두 가지 의미가 내포되어 있다. 라마나는 평소 제자들을 가르칠 때 각자의 영적 수준에 따라 그 가르침의 내용을 달리 하였는데, 이 〈가슴〉이라는 단어를 사용하는 데에서 그의 그와 같은 태도가 잘 나타나 있다. 즉, 진아를 직접 이해할 수 있는 사람들에게는 〈진아〉와 동일한 의미로 〈가슴〉이라는 단어를 사용하였다. 진아에는 안도 없고 밖도 없고 아무런 형태도 위치도 없지만 그러면서도 모든 것의 중심이라는 의미다. 그러나 이를 이해하지 못하고 〈육체가 나〉라는 인식을 벗어나지 못하는 사람에게는 육체에 있어서의 특정 부위, 즉 가슴의 중심으로부터 3.75센티미터 오른쪽에 이 〈가슴〉이 위치하고 있으며 이곳이 인간의 모든 영적 체험의 중심이라고 가르쳤다.

　5) 즈나나 *Jnana* : 라마나는 진아를 체험하고 있는 상태를 때로 즈나나(지혜)라고도 하였다. 이 상태에서는 〈아는 자〉와 〈알려지는 대상〉이 나뉘어 있지 않으며 이 둘이 진아와 분리되어 있지도 않다. 다시 말해 진정한 지혜, 즉 즈나나란 주관적인 〈아는

자)가 그것과는 분리된 어떤 객관적인 대상을 이해하는 것이 아니다. 그것은 주체와 객체가 함께 사라진 상태에서 하나의 실체를 직접적이고 분명하게 체험하는 것이다. 이 상태에 뿌리내린 사람을 즈냐니*Jnani*라고 한다.

6) 투리야*Turiya*와 투리야티타*Turiyatita* : 힌두 철학에서는 깨어 있는 상태, 꿈꾸는 상태, 깊이 잠든 상태의 교대로 나타나는 세 가지 상대적 의식상태를 말하고 있다. 라마나는 이 세 가지 일시적인 상태들이 나타날 수 있도록 하는 이면의 실체가 바로 진아라고 하였다. 이 때문에 그는 때때로 진아를 〈투리야 아바스타 *Turiya avastha*〉, 즉 〈네 번째 상태〉라고 불렀다. 또한 그는 사실은 이 상대적인 네 개의 상태가 모두 실재하지 않으며 오직 하나, 진정한 초월상태만이 실재한다는 사실을 강조하기 위하여 〈네 번째를 넘어서는〉이라는 의미의 〈투리야티타〉라는 단어를 사용하기도 하였다.

7) 그 밖의 용어들 : 진아를 나타내는 세 개의 다른 용어들도 주목할 만하다. 라마나는, 진아는 인간 존재의 본연적 상태라는 사실을 강조하면서 본연적 상태라는 의미인 〈사하자 스티티 *Sahaja sthiti*〉라는 용어와, 진정한 형태 또는 진정한 본성이라는 의미인 〈스와루파*Swarupa*〉라는 용어를 가끔 사용하였다. 또한 그는 진아는 어떠한 것에도 방해받지 않는 평화로움이고 완전한 고요함이며 모든 생각으로부터 벗어난 침묵임을 나타내기 위하여 〈침묵〉이라는 단어를 사용하기도 하였다.

---

* 깨달은 사람.

● 무엇이 실체입니까?

　항상 실재하는 것만이 실체다. 그것은 형태도 이름도 없지만 모든 형태와 이름들의 근간을 이루고 있다. 그것은 제한되어 있는 것들의 근간을 이루지만 스스로는 제한되어 있지 않다. 그것은 속박되어 있지 않다. 그것은 실재하지 않는 것들의 근간을 이루면서 스스로는 실재한다. 실체는 있는 그대로이다. 그것은 존재 그 자체다. 그것은 언어를 넘어서 있으며 〈존재, 비존재〉 등의 표현조차 넘어서 있다.

　실체란 대상에 대해 분별하는 무지無知가 사라진 뒤에 남아 있는 단순한 의식意識이며 그것이 바로 진아다. 실체는 현상계現象界에 구애받지 않으며 아무런 체體(Body)도 가지고 있지 않고 그 안에서 불행이란 찾아볼 수 없다. 이 실체가 외면으로 나타난 모습이 바로 침묵인데, 깨달은 사람들은 그것이 진정한 지혜의 최종적 상태이며 어떠한 것에도 방해받지 않는 상태라고 선언하고 있다.

● [순수한] 앎이란 무엇입니까? 또 인간은 어떻게 그것을 얻어서 어떻게 키워 나가야 합니까?

　그대가 바로 [순수한] 앎이다. [순수한] 앎은 그대의 다른 이름이다. 그대 자신이 바로 [순수한] 앎이기 때문에 그것을 얻거나 키워 나가야 할 필요가 없다. 그대는 단지 진아가 아닌 것들을 진아로 오인하지만 않으면 된다. 그렇게 하면 그때에 [순수한] 앎만이 남으며 그것이 바로 진아다.

🌑 제가 바로 [순수한] 앎이라면 지금 당장 여기서 진아를 깨닫지 못하는 이유는 무엇입니까?

이원성二元性이란 본래 존재하지 않는다. 그러나 그대가 현재 가지고 있는 앎은 에고에서 기인하는 것이며 따라서 상대적인 것이다. 그 〈상대적인 앎〉에서는 주체와 객체가 나누어져 있지만 〈진아의 앎〉은 절대적이며 그것은 주체와 객체를 초월해 있다.

기억이란 것도 마찬가지로 상대적이며 기억되는 객체와 기억하는 주체가 있어야 한다. 이원성이 사라진다면 누가 누구를 기억하겠는가?

진아는 항상 존재한다. 누구나 진아를 알고자 하는데, 자기 자신을 알기 위하여 무슨 도움이 필요하단 말인가? 사람들은 진아를 뭔가 새로운 것으로 보고자 하지만 그것은 영원하며 항상 똑같은 상태로 남아 있다. 사람들은 진아를 마치 번개불과 같은 걸로 보고자 하지만 어떻게 그것이 그럴 수 있겠는가? 그것은 밝음도 아니고 어둠도 아니며 그저 있는 그대로일 뿐이다. 그것은 결코 정의될 수 없으며 가장 훌륭한 정의가 있다면 〈나는 나로서의 나〉라는 정의일 것이다. 어떤 경전에서는 진아가 사람의 엄지손가락 만하다는 둥, 머리털의 끄트머리만하다는 둥, 전깃불의 번쩍임과 같다는 둥, 굉장히 크다는 둥, 가장 작은 것보다도 작다는 둥 하고 말하지만 사실은 거기에는 아무런 근거도 없다. 진아는 그냥 실재할 뿐이며, 실재한다, 실재하지 않는다 라는 등의 분별과는 다르다. 또한 그것은 지혜이지만 지혜다, 무지다 하는 분별과는 다르다. 도대체 어떻게 그것을 정의할 수 있단 말인가? 그것은 그냥 실재할 뿐.

● 진아를 깨닫게 되면 무엇을 보게 됩니까?

보는 것도, 보이는 것도 없이 그냥 존재할 뿐이다. 깨달음의 상태란 뭔가 새로운 것을 얻거나 멀리 떨어져 있는 어떤 목표에 도달하는 것이 아니라, 그대가 지금 존재하고 또 항상 존재하여 왔던 그 상태로 그냥 존재하는 것이다. 그대는 다만 진실 아닌 것을 진실로 고집하지만 않으면 된다. 그때 그대는 진아를 진아로서 깨닫게 될 것이다. 어느 단계에 이르면 그대는 그토록 분명한 진아를 발견하려고 애썼던 그대 자신에 대해서 웃음을 터뜨릴 것이다.

깨달음의 상태는 〈보는 자〉와 〈보이는 대상〉을 초월해 있다. 지금 이 모든 것을 보고 있는 그 〈보는 자〉가 사라지고 진아만이 남게 된다.

● 어떻게 하면 직접적인 체험을 통해서 그것을 알 수 있습니까?

진아에 대해서 〈안다〉는 표현을 쓸 때 거기에는 두 개의 진아, 즉 〈아는 진아〉와 〈알려지는 진아〉가 있게 되며 또한 〈아는 과정〉이 있게 된다. 우리가 깨달음이라고 부르는 상태는 그냥 있는 그대로 존재하는 상태이지 무엇을 안다거나 무엇이 되는 상태가 아니다. 깨닫게 되면 항상 하나인 채로 있고, 항상 하나인 채로 있어왔던 바로 그것이 된다. 그 상태를 묘사할 수는 없으며 다만 그 상태로 될 수 있을 뿐이다.

● 선생님께서는 때때로 진아는 곧 침묵이라고 말씀하십니다. 그 이유는 무엇입니까?

진아 안에서 살고 있는 사람에게는 생각해야 할 것은 아무것도 없으며 남아 있는 것이라고는 침묵뿐이기 때문이다.

● 무엇이 침묵입니까?

언어와 생각을 초월한 상태가 침묵이며 존재 그 자체가 침묵이다. 어떻게 언어로써 침묵을 설명할 수 있겠는가? 〈나(에고)〉라는 생각이 조금도 일어나지 않고 오직 진아만이 존재하는 상태가 침묵이라고 성인들은 말씀하셨다. 침묵만이 진실하고 완전한 앎이며 그 외의 모든 앎들은 보잘것없고 하찮은 앎에 불과하다. 기억하라, 현상계의 수많은 차별상들은 진실되지 않다. 그것들은 진아의 표면에 나타난 허상에 불과하다.

● 이 세상에는 헤아릴 수 없이 많은 자아들의 육체를 가지고 존재하고 있습니다. 그런데 어떻게 진아만이 유일한 실체라고 말할 수 있겠습니까?

〈육체가 나〉라는 생각을 인정하면 무수한 자아들이 있게 되지만, 이 생각이 사라졌을 때 진아가 나타난다. 그리고 그 상태에서는 진아와 분리된 것은 아무것도 없기 때문에 진아만이 유일한 실체라고 하는 것이다.

진아의 본질적인 측면에서 보면 육체는 결코 실재하지 않으며,

착각의 힘에 의해 왜곡된 마음의 외향적인 측면에서 볼 때만 육체가 실재하는 것처럼 보인다. 따라서 진아가 육체의 주인이라고 보는 것은 그릇된 견해다. 이 세상은 육체를 통해 존재하고, 육체는 마음을 통해 존재하며, 마음은 의식으로 인해 존재한다. 그리고 이 의식은 실체 없이는 존재하지 않는다.

자기 자신의 내면에서 진아를 간파해 버린 깨달은 사람에게 있어서는 진아 외에는 더 이상 알아야 할 것이 없다. 왜? 육체를 〈나〉와 동일시하던 에고가 사라져 버리고, 그는 형태 없는 존재, 즉 의식이 되었기 때문이다.

깨달은 사람은 자신이 곧 진아라는 사실을 알며 진아 외에는 육체나 그 밖의 아무것도 실재하지 않는다는 사실을 안다. 이와 같은 사람에게 육체가 있고 없음이 무슨 차이가 있겠는가?

〈깨닫는다〉고 말하는 것도 잘못이다. 무엇을 깨닫는다는 말인가? 진아는 항상 있는 그대로이다. 우리는 결코 우리가 가지고 있지 않던 새로운 것을 만들어 내거나 획득하는 것이 아니다. 예를 들어 우물을 파면 구멍이 생기는데 그 구멍 속의 공간은 우리가 만든 것이 아니다. 우리는 그곳에서 공간을 채우고 있던 흙을 옮겼을 뿐이다. 그 공간은 그때, 거기에 있었으며 지금도 역시 그곳에 있다. 마찬가지로 우리는 우리들의 내면에 쌓여 있는 오래되고 낡은 축적물을 밖으로 던져내기만 하면 된다. 그것들이 모두 떨어져 나갔을 때, 진아만이 홀로 빛날 것이다.

● 어떻게 해야 자유를 얻을 수 있습니까?

자유는 바로 우리들의 본성이다. 우리가 곧 자유다. 우리가 자유를 희구하고 있다는 사실 자체가, 모든 구속으로부터 벗어난 자유로움이 우리의 진정한 본성이라는 사실을 보여 주고 있다. 자유란 새롭게 얻어지는 것이 아니다. 우리는 단지 우리가 구속되어 있다는 그릇된 생각을 없애기만 하면 되며, 그렇게 할 때 거기에는 아무런 욕망도, 아무런 생각도 없게 되지만, 자유롭고자 하는 욕망을 가지는 한은 스스로 구속되게 된다.

● 진아를 깨달은 사람에게는 깨어 있는 상태, 꿈꾸는 상태, 깊이 잠든 상태의 세 가지 상태가 없다는 말이 있습니다. 그것이 사실입니까?

그들에게 세 가지 상태가 없다고 그대로 하여금 말하게 하는 그것은 무엇인가? 〈나는 꿈을 꾸었다〉〈나는 깊이 잠들어 있었다〉〈나는 지금 깨어 있다〉라는 말들을 함에 있어서 그대는 그 세 가지 상태 모두에서 〈그대〉가 존재한다는 사실을 인정해야 하며 그렇게 볼 때 〈그대〉는 항상 존재한다는 사실이 분명해진다. 그대는 지금 깨어 있는 상태에 있으며, 꿈꾸는 상태에서는 지금의 이 상태가 가려지고, 깊은 잠을 잘 때는 꿈꾸는 상태가 사라진다. 그러나 그대는 그때나 지금이나 항상 존재한다. 세 가지 상태는 나타났다가 사라져 가지만, 그대는 항상 존재한다. 이것은 마치 영화와 같다. 스크린은 항상 존재하지만 여러 가지 화면들은 스크린 위에 나타났다가는 사라져 버린다. 스크린에는 아무것도 남아 있지 않는다. 스크린은 스크린으로서만 남는다. 마찬가지로 그대는 그 세 가지 상태 모두에서 그대 자신의 진아로서 남는다. 그대가 이 사실을 이해한다면, 스크린 위에 나타났던 화면들이 시간과 더불어 사라져 버리듯이, 그 세 가지 상태들은 그대를 괴롭히지 않을 것이다. 스크린 위에는 때로 수많은 파도가 출렁이는 거대한 바다가 나타났다가는 사라지고, 또 어떤 때는 큰불이 일어났다가 사라지지만, 스크린은 어느 경우에나 그냥 거기에 남아 있다. 스크린은 결코 물어 젖거나 불에 타지 않는다. 어떤 화면도 스크린에 영향을 미치지는 못한다. 마찬가지로 깨어 있는 동안, 꿈꾸는 동안, 잠자는 동안에 그대에게 일어나는 일들은 그대에게 아무런 영향도 끼치지 못하며 그대는 항상 그대 자신의 진아로서 남아 있다.

● 그 세 가지 상태가 그것들을 경험하고 있는 사람에게 아무런 영향도 끼치지 못한다는 말씀입니까?

바로 그렇다. 그 상태들은 나타났다가는 사라져 버리며 진아는 결코 그것들에 의해 방해받지 않는다. 진아에게는 한가지 상태만이 있다.

● 그럼 진아를 깨달은 사람은 이 세상 속에서 단순히 한 주시자注視者로서 남게 된다는 말씀입니까?

다른 예로, 무대 위에 켜 있는 등불의 예를 들어보자. 연극이 진행되는 동안 등불은 항상 그곳에 켜져 있으면서 모든 배우와 모든 관객들을 차별하지 않고 고루 비추어 준다. 또한 그 등불은 연극이 진행되는 동안은 물론이고 연극이 시작되기 전이나 연극이 끝난 뒤에도 항상 그곳에 켜져 있다. 마찬가지로 내면의 등불인 진아도 그 자신은 늘지도 줄지도 않으면서 에고에게나, 지성에게나, 기억·마음에게도 빛을 보내 주고 있다. 깊이 잠든 상태에서는 에고에 대한 느낌이 전혀 없는데, 이때에도 진아는 어디에도 치우침이 없이 계속 스스로 빛을 발하고 있다.

사실, 진아가 주시자라는 생각은 마음속에서 일어난 생각일 뿐이며 그것은 진아에 있어서 절대적인 진리는 아니다. 〈주시자〉는 〈주시되는 대상〉에 대해서 상대적이다. 〈주시자〉나 〈주시되는 대상〉은 모두 마음에서 만들어진 것일 뿐이다.

● 이 세 가지 상태들 중, 어느 상태가 네 번째 상태 투리야에 가장 가깝습니까? 또 세 가지 상태와 네 번째 상태와의 실질적인 관계는 어떻습니까?

사실은 단 한가지 상태만이 실재하며, 다른 세 가지 상태들은 실재하지 않는다. 그것들은 그냥 나타났다가는 사라진다. 그것들은 실재하지 않기 때문에 어느 것이 어느 정도로 실체에 더 가깝다는 말은 할 수가 없다. 아마 이렇게는 말할 수 있을 것이다. 의식이 유일한 실체이며, 의식에 깨어 있음이 더해지면 깨어 있는 상태이고, 의식에 잠이 더해지면 자는 상태이며, 의식에 꿈이 더해지면 꿈꾸는 상태이다. 의식은 바로 그 위에 화면들이 나타났다가는 사라져 버리는 스크린과 같으며, 스크린이 실체이고 화면들은 스크린 위에 나타난 그림자에 불과하다. 오랜 습관으로 인하여 세 가지 상태를 실재적인 상태로 생각하기 때문에 본질적인 상태를 네 번째라고 부르고 있으나 사실은 네 번째 상태란 있을 수 없고 한 가지 상태만 있을 뿐이다.

꿈꾸는 상태와 깨어 있는 상태의 차이점은, 전자는 짧고 후자는 길다는 점뿐이다. 둘은 모두 마음의 산물이다. 깨어 있는 상태가 길기 때문에 우리는 그 상태가 우리의 실재적인 상태라고 생각하고 있으나, 사실은 우리의 본질적인 상태는 항상 그냥 그대로 존재하면서 세 가지 상태에 대해서는 아무것도 모르는 네 번째 상태, 투리야이다. 우리가 이 사실을 알게 되면 네 번째 상태라는 표현도 상대적인 표현이기 때문에 적합하지 않으며 투리야티타, 즉 초월적인 상태라고 부르는 편이 더 적절하다.

● 그렇다면 왜 이 세 가지 상태들은 본질적인 상태, 즉 진아라는 스크린 위에 나타났다 사라지곤 하는 것입니까?

그 질문을 하는 자는 누구인가? 이 상태들이 나타났다가 사라진다고 진아가 말하고 있는가? 그렇게 말하는 자는 〈보는 자〉이며 〈보는 자〉와 〈보이는 대상〉이 마음을 구성한다. 그 마음이 어디 있는지 찾아보라. 그러면 마음은 진아 속으로 사라져 버리고, 거기에는 〈보는 자〉도 〈보이는 대상〉도 없다. 따라서 〈그것들은 나타나지도 않고 사라지지도 않는다〉라고 대답하는 것이 그대의 질문에 대한 올바른 해답이 될 것이다. 진아만이 항상 그대로 남아 있다. 세 가지 상태가 존재한다고 생각하는 것은 진아에 대한 탐구가 없었기 때문이며 올바른 탐구가 이루어질 때, 그 세 가지는 더 이상 존재하지 않게 된다. 아무리 설명을 많이 해주어도 스스로 깨달음을 얻어서, 자신이 명백한 진실에 너무도 눈멀어 있었다는 사실에 놀라기 전에는 분명하게 이해되지는 않을 것이다.

●마음과 진아의 차이는 무엇입니까?

아무런 차이도 없다. 마음이 내부로 향하면 곧 진아요, 외부로 향하면 에고와 이 모든 현상계가 된다. 같은 솜으로 만들어진 여러 가지 옷들을 우리는 서로 다른 이름으로 부르며, 금으로 만들어진 여러 가지 장신구들을 서로 다른 이름으로 부르지만, 그것들은 결국 같은 솜이며 같은 금이다. 마찬가지로 실체는 오직 하나이며, 그 외는 다만 이름이고 모습일 뿐이다.

마음은 진아와 따로 떨어져서 존재하지 않는다. 즉, 마음에는 독립되어 있는 실체가 없다. 진아는 마음 없이 존재하지만 마음은 결코 진아 없이는 존재할 수 없다.

●브라흐만은 실재 – 의식 – 지복이라는 말이 있는데 그것은 무엇을 의미합니까?

바로 그렇다. 실체만이 실재*Sat*하며 그것을 브라흐만이라고 한다. 또 이 실체의 빛이 의식*Chit*이며 실체의 본질이 지복*Ananda*이다. 이 셋을 함께 실재 – 의식 – 지복이라고 한다.

●우리의 본질이 행복 또는 지복이라고 하는 이유는 어떤 의미에서입니까?

진아의 본질이 바로 행복이다. 진아는 완전한 행복 이외의 아무 것도 아니다. 오직 행복만이 존재한다. 이 사실을 깨달아 진아 안에 머물면서 영원히 지복을 누리도록 하라.

만약 인간의 행복이 외부적인 원인이나 재산 등에 의해서 좌우 된다면 재산이 많을수록 행복해지고 적을수록 불행해져야 할 것 이며 재산이 하나도 없다면 그의 행복은 제로가 되어야 할 것이 다. 과연 그러한가? 그대의 경험은 이러한 견해에 부합하는가?

사람은 깊이 잠들었을 때 아무런 재산도, 그의 육체조차도 소유하고 있지 않다. 그런데 불행해지기는커녕 매우 행복감을 느끼며 누구나 다 깊이 잠들고 싶어한다. 결국 행복이란 인간 속에 내재해 있으며 결코 외부적인 원인에 의해서 생기지 않는다. 그 무한한 행복의 창고를 열기 위해서는 결국 진아를 깨달아야 한다.

● 선생님께서는 가슴을 의식이 자리하고 있는 곳으로, 또 진아와 동일한 것으로 말씀하십니다. 가슴이 의미하는 바는 정확히 무엇입니까?

신, 진아, 가슴, 의식이 자리하고 있는 곳 등 무슨 이름으로 부르든 마찬가지다. 가장 중요한 점은 가슴은 존재의 핵심이며 중심이고 그것 없이는 어떤 다른 것도 존재할 수 없다는 점이다. 가슴은 물질적인 것이 아닌 영적인 것이다. 가슴을 뜻하는 〈흐리다얌Hridayam〉이라는 말은 〈이것이 중심이다〉란 뜻이다. 가슴으로부터 생각이 일어나고 가슴 위에 생각이 머무르며 가슴속으로 생각이 사라진다. 이 생각들이 마음을 이루는 내용물이며 이것들이 현상계를 만들어 낸다. 가슴은 모든 것의 중심이다.

● 어떻게 하면 가슴을 깨달을 수 있습니까?

단 한순간이라도 진아를 체험하고 있지 않은 사람은 없다. 그대가 바로 진아이며, 진아가 곧 가슴이다.

깨달음과 무지

라마나 마하리쉬는 영적인 길을 가는 구도자들을 세 가지 수준으로 분류할 수 있다고 말하였다. 가장 높은 수준의 구도자들은 진아의 참된 본질에 대해서 듣는 순간 바로 진아를 깨달으며, 다음 수준의 구도자들은 진아의 본질에 대한 깨달음이 확고해지기까지에는 약간의 시간이 걸리고, 가장 낮은 수준의 구도자들은 진아를 깨닫기 위해서 몇 년, 또는 몇십 년 동안의 집중적인 수행이 필요하다고 하였다. 라마나는 세 가지 서로 다른 수준을 설명하기 위해서 연소燃燒의 비유를 들곤 했다. 화약은 금방 불이 붙지만, 숯은 불을 붙이는 데 약간의 시간이 걸리고, 젖은 석탄에 불을 붙이기 위해서는 말리는 시간과 가열하는 시간이 많이 걸린다는 것이다.

맨 윗수준과 중간 수준에 있는 구도자들에게 라마나는 진아만이 유일하게 실재하며, 우리들이 우리들 자신에 대해서 가지고 있는 그릇된 생각들로부터 벗어나기만 하면 직접적으로, 또한 의식을 가진 상태에서 분명히 진아를 체험할 수 있다고 가르쳤다. 그는 이 그릇된 생각들을 한데 묶어서 〈진아 아닌 것 Not-Self〉이라고 불렀다. 이 〈진아 아닌 것〉이란 진아에 대한 올바른 체험을 가리는 그릇된 생각들과 착각들이 가공적으로 결합되어 있는 집합체이다. 이들 중에서 가장 근본적인 착각은 진아가 육체와 마음에 제한되어 있다는 생각이다. 자신은 특정한 육체를 가진 특정한 개체라는 이러한 생각을 벗어나기만 하면, 모든 그릇된 생각들은 한꺼번에 무너져 버리고, 대신 진아에 대한 의식적이면서 영원한 깨달음이 나타난다.

이 수준의 가르침에서 노력이라든가 수행이라는 문제는 제기되지 않는다. 단지, 진아란 추구해야 할 목표가 아니라 〈진아 아닌 것〉에 대한 제한적인 생각들이 떨어져 나가기만 하면 스스로 드러나는 [순수한] 앎이라는 사실을 이해하기만 하면 된다.

● 저는 어떻게 하면 깨달을 수 있습니까?

깨달음이란 새롭게 얻어지는 어떤 것이 아니다. 깨달음은 항상 존재하고 있으며, 다만 〈나는 아직 깨닫지 못했다〉라는 생각을 버리기만 하면 된다. 진아가 존재하지 않는 순간이란 없다. 깨닫지 못했다는 느낌이나 의심이 남아 있는 한, 그것들을 제거하려는 시도가 계속되어야 하며, 그것들은 〈진아 아닌 것〉을 진아와 잘못 동일시하기 때문에 생겨난다. 〈진아 아닌 것〉이 사라지면 진아만이 남는다. 놓여 있는 물건들을 치우기만 하면 빈 공간은 그냥 나타난다. 그 빈 공간은 다른 곳으로부터 가져온 것이 아니다.

● 깨달음은 바사나Vasana(정신적 경향성傾向性, 즉 습기習氣)를 극복하지 않고서는 불가능하다고 하는데 어떻게 하면 깨달음의 상태에 이를 수 있습니까?

그대는 지금 그 상태에 있다.

● 그 말씀은 진아에만 집중하고 있으면 바사나들이 나타나자마자 사라질 거라는 의미입니까?

그대가 있는 그대로 머물러 있으면 그것들은 스스로 사라질 것이다.

● 어떻게 하면 진아에 도달할 수 있습니까?

진아에 도달한다는 그런 것은 없다. 만약 진아에 도달해야 한다면 진아는 지금, 여기에 존재하고 있지 않다는 의미이며 획득해야 할 대상이라는 의미다. 새롭게 획득한 것은 결국 잃어버리게 된다. 따라서 그것은 영원하지 않으며 영원하지 않은 것은 추구할 만한 가치가 없다. 진아는 획득되어지는 것이 아니다. 그대가 진아다. 그대는 이미 그것이다.

진정, 그대는 그대의 지복에 가득 찬 상태를 모르고 있다. 무지함에 계속 나타나서 지복이라는 본질을 가진 순수한 진아 위에 막을 드리우고 있다. 이 무지의 막을 제거하기만 하면 된다. 무지란 진아를 육체, 또는 마음과 동일시하는 것이며 이 그릇된 동일시가 사라지면 진아만이 남게 된다.

따라서 깨달음은 누구에게나 가능하다. 그것은 구도자들을 차별하지 않는다. 〈과연 깨달을 수 있을까〉 하는 의심과 〈나는 아직 깨닫지 못했다〉라는 생각이 바로 장애다. 그 장애로부터 벗어나도록 하라.

●해탈에 이르는 데에는 어느 정도의 시간이 걸립니까?

해탈이란 미래에 얻어지는 것이 아니다. 그것은 지금, 여기에 영원히 존재하고 있다.

●말씀은 옳습니다. 그러나 저는 지금 해탈을 체험하고 있지 않습니다.

그 체험이란 지금 여기에 있다. 아무도 자기 자신의 진아를 부정할 수는 없다.

●그것은 진아가 항상 실재하는 실체라는 말씀이지만, 실체가 곧 행복이라고 할 수는 없지 않습니까?

실체가 행복이며 행복이 실체다. 해탈Mukti이라는 말은 매우 혼동을 일으킨다. 왜 해탈을 추구해야 한단 말인가? 사람들은 뭔가 구속이 있고 그래서 자유를 찾게 된다고 믿고 있다. 그러나 진정 구속이란 없으며 자유만이 있을 뿐이다. 왜 억지로 이름을 만들어 내서 그 이름을 추구하고 있는가?

●맞습니다. 그러나 저희들은 아직 모르고 있습니다.

바로 그 무지만 없애면 된다. 해탈이란 구속으로부터 벗어난다는 의미이며 그것은 현재 구속이 존재한다는 사실을 암시한다. 그러나 사실은 구속이란 없으며 따라서 해탈도 없다.

❋ 우주의식의 섬광을 체험했다고 말하는 서양 사람들이 있습니다. 그들의 체험은 어떤 것입니까?

그 체험은 번뜩 나타났다가는 그냥 사라져 버린다. 시작이 있는 것에는 반드시 끝이 있다. 항상 존재하고 있는 의식을 깨달았을 때에만 그 깨달음이 영원하며, 그 의식은 진정 언제나 우리들 안에 존재하고 있다. 자기 자신이 존재하고 있다는 사실을 부정하는 사람은 없다. 깊이 잠들었을 때는 아무것도 모르다가 깨어나면 다시 정신을 차리지만, 깊이 잠든 사람이나 깨어난 사람은 같은 사람이며 그 사람 자체에는 아무런 변화도 없다. 깨어 있을 때는 자신의 육체에 대한 의식이 있으나 깊이 잠들었을 때는 이 육체에 대한 의식이 없으므로 차이점은 육체에 대한 의식이 있느냐 없느냐 하는 데에 있을 뿐, 본래의 의식 자체에 있어서는 아무런 차이도 없다.

육체와 육체에 대한 의식은 같이 나타났다가는 같이 사라진다. 깊은 잠을 자는 동안에는 아무런 제약이 없으나 깨어 있을 때는 제약이 있으며 이러한 제약이 바로 구속이다. 문제는 바로 〈육체가 곧 나〉라는 느낌이며, 이 그릇된 〈나〉라는 느낌이 사라져야 한다. 진정한 〈나〉는 항상 존재한다. 그것은 지금 여기에 있다. 그것은 새롭게 나타나지도 않으며 다시 사라지지도 않는다. 실체라면 영원히 지속되어야 하며 새롭게 나타나는 것이라면 결국 사라질 것이다. 깊이 잠든 때와 깨어 있을 때를 비교해 보라. 전자에서는 육체가 사라졌다가 후자에서 다시 나타난다. 따라서 육체는 실체가 아니다.

자기 자신이 존재하고 있지 않다고 말하는 사람은 없다. 〈육체가 곧 나)라는 그릇된 생각이 모든 불행의 원인이며 이 그릇된 생각이 사라지면 깨달음이 드러난다. 깨달음이란 새로운 어떤 것을 얻는 것도 아니고 질이 변화하는 것도 아니다. 모든 그릇된 것들이 사라지면 깨달음이 자연히 드러날 뿐이다.

궁극적인 진리란 지극히 단순하다. 그것은 원래의 상태로 존재하는 것일 뿐이며 이 이상 다른 말은 필요하지 않다.

🌀 깨어 있을 때보다 깊은 잠을 잘 때가 순수 의식에 더 가깝습니까?

잠든 상태, 꿈꾸는 상태, 깨어 있는 상태는 진아 위에 나타나는 단순한 현상일 뿐이다. 그대는 단 한순간이라도 진아와 분리되어서 존재할 수 있겠는가? 만약 그럴 수 있다면 그런 질문도 가능할 것이다.

🌀 흔히들 그런 말을 하고 있지 않습니까?

그 질문은, 〈저는 깨어 있을 때보다 잠들어 있을 때에 저 자신에게 더 가깝습니까?〉라고 묻는 것과 같다. 진아는 순수 의식이며 단 한순간도 진아와 분리되어서 존재할 수 있는 사람은 없다. 이원성이 존재한다면 그런 질문이 가능하겠지만 순수 의식상태에서는 이원성은 존재하지 않는다.

똑같은 사람이 잠을 자고, 꿈을 꾸고 깨어난다. 그런데 깨어 있는 상태는 아름답고 재미있는 것들로 가득 차 있지만, 잠든 상태는 그렇지 않기 때문에 잠든 상태는 둔한 상태라고 말하는 사람들이 있다. 자, 더 나아가기 전에 이 점을 분명히 해 보자. 그대는 자는 동안에도 그대가 존재한다는 사실을 인정하는가?

🌑 예, 그렇습니다.

그때의 그대와 지금 깨어 있는 상태에서의 그대는 같은 사람이라고 생각하는가?

🌑 예, 그렇습니다.

그렇다면 잠든 상태와 깨어 있는 상태간에는 연속성이 있다. 그 연속성은 무엇인가? 그것은 어쨌든 존재하고 있다는 사실이다.
또한 두 가지 상태간에는 차이점이 있다. 그 차이점은 무엇인가? 깨어 있는 상태에서는 육체를 위시한 여러 사물들이 나타나지만 잠든 상태에서는 사라진다는 점이다.

🌑 잠들어 있을 때는 아무것도 모릅니다.

그렇다. 잠들어 있을 때는 육체나 이 세상에 대해서 알지 못한다. 그러나 지금 그대가 〈저는 잠들어 있을 때는 아무것도 모릅니다〉라고 말하기 위해서는 잠자는 동안에도 그대가 존재해야 한다. 지금 그렇게 말하고 있는 사람은 누구인가? 그 사람은 깨어 있는 사람이며, 자는 사람이라면 그런 말을 할 수가 없다. 결국 지금 진아를 육체와 동일시하고 있는 바로 그 사람이 자는 동안에는 아무것도 모른다고 말하고 있다.

그대는 그대 자신이 육체라고 생각하기 때문에 깨어 있는 상태는 아름답고 재미있는 것들로 가득 차 있지만 잠든 상태는 그렇지 않다고 말하게 된다. 그러나 질실은 어떠한가? 세 가지 상태 모두에서 연속되는 것은 그대의 존재뿐이며, 특정한 인식이나 대상은 그렇지 않다.

● 그렇습니다.

연속되는 것은 영원하며 연속되지 않는 것은 일시적이다.

● 그렇습니다.

따라서 그대의 존재 자체, 즉 실체는 영원하지만 육체와 이 세상은 그렇지 않다. 그것들은 영원하며 변하지 않는 〈실재 - 의식〉의 스크린 위를 스쳐 지나가는 화면일 뿐이다.

● 자신의 절대적 실체를 깨닫는다는 일은 저같이 평범한 사람에게 있어서는 거의 불가능하지 않을까요?

포기한다는 것은 어리석은 일이다. 그대가 알고자 원하는 진아는 진정 그대 자신이다. 그대가 자신에 대한 무지로 인하여 슬퍼하는 것은 〈바보 열 사람〉이라는 우화에서 바보들이 서로 한 사람이 없어졌다고 생각하면서 슬퍼하는 것과 같다.

열 명의 바보가 배를 타고 강을 건넜다. 건넌 다음 숫자를 확인하기 위해서 그중 한명이 수를 세어보니 아홉 명뿐이었다. 놀라서 옆의 바보에게 세어보게 했더니 역시 아홉 명뿐이었다. 결국 열명이 다 세어보았으나 아홉 명뿐이었다. 모두 자기 자신은 세지 않았던 것이다. 그 열 명의 바보들은 한 사람이 없어졌다고 슬퍼하면서 눈물을 흘리고 있었다.

지나가던 행인이 이를 보고 그 바보들에게 말했다. 「자 이제부터 내가 한 사람씩 세면서 그 사람에게 나뭇가지 하나씩을 주겠소. 어떻게 되나 봅시다.」 그 행인이 아홉 명의 바보에게 아홉 개의 나뭇가지를 하나씩 주고 났을 때, 한 명이 남아 있었다. 그는 열 번째 나뭇가지를 남은 바보에게 주면서 말했다. 「자, 이번이 열 번째입니다. 여러분들은 친구를 잃어버리지 않았습니다.」 바보들은 그것을 보고 그때서야 눈물을 거두고 기뻐하면서 그 행인에게 감사하다고 인사를 했다.

이 우화와 마찬가지다. 열 번째 사람을 어디서 새로 데려왔는가? 정말 그를 잃어버렸었던가? 그 열 번째 사람이 실제로는 거기에 계속 있었다는 사실을 앎으로써 그들이 새로운 사실을 알게 되었는가? 그들이 슬퍼하게 된 원인은 진짜로 한 사람을 잃어버렸기 때문이 아니다. 그것은 그들의 무지 때문이었다.

그대의 경우도 마찬가지다. 진실로 그대가 슬퍼하거나 불행을 느껴야 할 아무런 이유도 없다. 그대는 그대의 무한한 본성에 스스로 제한을 가한 다음, 자신이 제한되어 있는 존재라고 생각하면서 슬퍼하고, 그 존재하지도 않는 제한을 벗어나기 위해서 이런저런 수행을 하고 있다. 그러나 이미 제한되어 있다고 생각해 놓고 수행을 한다면 그 수행이 그대로 하여금 그 제한을 벗어나게 하는 데에 무슨 도움이 되겠는가?

다시 말하거니와 그대는 무한하며 순수한 진아라는 사실을 알아라. 그대는 항상 진아이며 그 이외의 아무것도 아니다. 그러므로 그대가 진아에 대해 무지한 것은 정말 무지해서가 아니다. 그대의 무지는 〈바보 열 사람〉의 우화에서처럼 가공적인 무지일 뿐이다. 그대에게 슬픔을 가져오는 것은 바로 이 무지다.

진정한 지혜란 그대를 새로운 존재로 변화시키는 그런 것이 아니다. 그것은 다만 그대의 무지를 제거할 뿐이다. 또한 그대의 본성에 지복이 더해지는 것도 아니다. 지복은 이미 그대의 본성이며, 영원하고 변하지 않는 그 본성이 그대에게 드러날 뿐이다.

슬픔을 없애는 유일한 길은 진아를 알고 진아가 되는 길이다. 왜 그대에게 그것이 불가능하겠는가?

- 선생님께서 아무리 말씀해 주셔도 저희들은 아직 이해할 수 없습니다.

사람들은 이토록 충만해 있는 진아를 모른다고 말한다. 내가 어떻게 할 수 있겠는가? 그것은 마치 지금 이곳 라마나스라맘에 있는 사람이, 라마나스라맘에 가는 데에는 어떤 길들이 있으며 그 중 어느 길이 가장 가까운 길인지를 모른다고 하는 것과 마찬가지다. 그대는 다만 〈육체가 곧 나〉라는 생각과 〈진아 아닌 것〉에 대한 생각을 버리기만 하면 된다.

- 그럼, 에고란 무엇입니까? 그것은 진아와 어떤 관계가 있습니까?

진아가 영원한 반면, 에고는 일시적으로 나타났다가 사라진다. 그대는 실제로는 진아임에도 불구하고 그릇되게 자신을 에고와 동일시하고 있다.

🌼 어떻게 해서 그런 착각이 생깁니까?

그런 착각이 과연 존재하는지부터 살펴보라.

🌼 에고를 진아로 승화시켜야 합니까?

에고는 전혀 존재하지 않는다.

🌼 그러면 그것이 왜 저희들에게 문제를 일으킵니까?

누구에게 문제를 일으킨단 말인가? 그 문제라는 것도 상상에 의한 것이다. 괴로움이다, 즐거움이다 하는 것들은 모두 에고적인 견지에서만 존재한다.

🌼 이 세상은 왜 이렇게 무지에 휩싸여 있습니까?

그대 자신부터 걱정하라. 세상은 세상이 알아서 하도록 하고, 그대는 그대 자신부터 바라보라. 그대가 육체일 때, 거대한 이 세상도 존재하지만, 그대가 진아일 때는 오직 진아만이 유일하게 존재한다.

●그렇게 하면 그 개인에게는 좋겠지만 나머지는 어떻게 됩니까?

먼저 그렇게 해 보고, 그리고 나서 그 질문이 그후에도 일어나는지를 살펴보라.

●진아를 알기가 너무 어렵습니다. 이렇게 어렵게 만들어 놓은 신의 유희가 너무 잔인하군요.

진아를 안다는 것은 진아가 되는 것이며, 곧 자기 자신의 실체로 돌아감을 의미한다. 자기의 눈을 스스로 바라보지는 못해도 자기 눈이 있다는 사실을 부정할 수는 없듯이, 자신의 존재를 부정할 수는 없다. 문제는 거울을 앞에 놓고 자신의 눈을 바라보는 식으로 진아를 객관화시키려고 하는 데에 있다. 그대는 너무 객관화시키는 데에만 익숙해져서 그대 자신을 모르게 되어 버렸다. 왜냐하면 진아는 결코 객관화될 수 없기 때문이다. 진아를 아는 자는 누구인가? 스스로의 지각 능력이 없는 육체가 진아를 알 수 있는가? 그대는 늘 〈나〉에 대해 이야기하고 〈나〉에 대해서 생각하면서도 〈나〉에 대해서 질문을 받으면 모른다고 대답한다. 그대는 스스로가 진아이면서, 어떻게 하면 진아를 알 수 있겠느냐고 묻는다. 그렇다면 어디에 신의 유희가 있으며 어디에 잔인성이 있는가? 사람들이 이처럼 진아를 모르고 있기 때문에 경전에서는 마야*Maya*(幻)니, 릴라*Leela*(遊戱)니 하고 말하는 것이다.

●저의 깨달음이 다른 사람들에게 도움이 됩니까?

물론이다. 그것이 가장 큰 도움이다. 그러나 그때에는 도움을 받을 다른 사람들이란 존재하지 않는다. 깨달은 사람에게는 오직 진아만이 보인다. 마치 금을 취급하는 사람에게는 금으로 만든 여러 가지 다양한 보석들이 그냥 금으로만 보이는 것과 마찬가지다. 그대가 자신을 육체와 동일시하면 여러 가지 모습과 현상들이 존재하지만 그대가 그대의 육체를 초월하게 되면 그대의 육체의식과 함께 다른 것들도 사라져 버린다.

🌸 나무 같은 식물들도 마찬가지입니까?

그것들은 진아로부터 분리되어서 존재하는가? 한번 탐구해 보라. 그대는 그대가 그것들을 보고 있다고 생각한다. 그런데 그 생각은 진아로부터 나온다. 그 생각이 어디로부터 나오는지 찾아보라. 그러면 더 이상 생각은 일어나지 않고 진아만이 남게 될 것이다.

🌸 이론적으로는 이해가 됩니다만 그것들은 여전히 존재하고 있습니다.

영화의 예를 들어보자, 만약 영화를 보고 있는 관중을 스크린 위에 비춰지도록 만들어 놓으면 보는 자와 보이는 대상이 모두 스크린 위에 놓이게 될 것이다. 이를 그대 자신에게 적용해 보라. 진아는 스크린이며 진아가 에고(보는 자)를 만들어 내고 그 에고로 인하여 이 현상계(보이는 대상) 또는 그대가 지금 묻고 있는 나무 등이 나타난다. 실제로 이것들은 모두 진아다. 만약 그대가 진아를 보게 되면 그대에게는 언제 어디서나 모든 것이 똑같을 것이다. 오직 진아만이 존재한다.

● 저는 아직 이론적으로밖에는 이해할 수 없지만 말씀하신 내용은 간단하고 아름다우면서도 분명한 것 같습니다.

〈나는 깨닫지 못했다〉는 생각이 장애다. 우리의 진정한 본성은 자유다. 우리는 항상 자유로운데도 불구하고 스스로 구속되어 있다고 상상하면서 자유로워지기 위해 애쓰며 발버둥치고 있다. 우리가 본래 자유롭다는 사실은 깨달은 다음에야 이해할 수 있을 것이다. 우리가 이미 도달해 있는 상태에 도달하기 위해서 미친 듯이 발버둥쳤다는 사실에 놀랄 것이다. 예를 들어보자. 어떤 사람이 이 홀 안에서 잠이 들어 꿈을 꾼다. 그는 세계 일주를 떠나서 산을 넘고 물을 건너 때론 사막, 때론 바다를 지나 많은 나라를 거치고 고생고생하다가 이곳, 이 아쉬람에 이르러 이 홀 안으로 걸어 들어온다. 바로 그 순간 그는 잠에서 깨어나 사실은 자신이 원래 있었던 위치에서 한걸음도 움직이지 않았었다는 사실을 알게 된다. 그는 고생고생하면서 이 홀로 돌아왔던 것이 아니라 항상 홀 안에 있었던 것이다.

「본래 자유로우면서도 왜 저희들은 항상 구속되어 있다고 생각하는 것입니까?」라고 묻는다면 나는 이렇게 대답할 것이다. 「항상 홀 안에 있으면서 왜 그대들은 세계 일주를 떠나 산을 넘고 물을 건너 고생고생하면서 헤맨다고 생각하는가? 그것은 모두 마음이며 마야이다.」

● 그렇다면 깨닫지 못한 사람에게는 불행하게도 왜 이러한 무지가 일어납니까?

깨닫지 못한 사람은 가슴, 그 자체는 모르는 채, 가슴에서 일어나는 순수 의식의 빛이 반사된 것에 불과한 마음만을 보기 때문이다. 왜? 마음이 밖으로만 향해 있어서 그 근원을 찾지 못했기 때문이다.

● 깨닫지 못한 사람으로 하여금 가슴에서 일어나는 순수 의식의 무한하고 차별 없는 빛을 보지 못하도록 하는 것은 무엇입니까?

병 안에 있는 물은 무한한 태양빛을 좁은 병 안에서만 반사한다. 바사나, 즉 개개인의 잠재적인 마음의 경향성이 병과 같은 역할을 하여 순수 의식의 무한한 빛을 나름대로 반사하며, 이 반사하는 형태가 바로 마음이라는 현상이다. 깨닫지 못한 사람은 빛 자체는 보지 못하고 반사광만을 봄으로써 자신이 제한된 개체라는 그릇된 믿음에 빠져들게 된다.

● 이와 같은 진리의 말씀을 들었으면서도 계속 깨닫지 못하는 이유는 무엇입니까?

바사나가 완전히 사라지지 않았기 때문이다. 그것이 있는 한, 의심과 혼동은 남는다. 그것을 없애기 위해서 모든 노력이 경주되어야 하며 그 뿌리를 잘라 버려야 한다. 그 과정은 스승 *Guru*의 가르침에 의해서 진행된다. 스승은 제자에게 길을 가르쳐 주며, 제자로 하여금 스스로 무지란 존재하지 않는다는 사실을 알 수 있게 한다. 우선 진리를 들어야 하며, 그 다음 진리를 되새겨 보고 진리에 대해서 명상해야 한다. 이 두 단계의 과정을 통해 마음의 경향성은 점차 뿌리가 뽑히고 무력하게 된다.

● 그 과정이 몇 년은 걸리겠군요?

왜 몇 년인가? 시간이라는 관념은 그대의 마음속에만 존재할 뿐, 진아에게는 존재하지 않는다. 에고가 나타나는 데에 따라서 시간도 하나의 관념으로서 나타난다. 그러나 그대는 시간과 공간을 초월해 있는 진아다. 그대는 시간과 공간 없이도 존재한다. 그대가 얼마 뒤에 깨닫게 되리라는 말은 지금은 깨닫고 있지 않다는 의미다. 만약 현재 이 순간에 깨달음이 존재하지 않는다면 미래의 어떤 순간에 다시 깨달음이 존재하지 않을 수도 있다는 의미가 된다. 시간은 무한하기 때문이다. 그렇다면 깨달음은 영원하지 않다. 그러나 이는 진실이 아니다. 깨달음이 영원하지 않다는 생각은 그릇된 생각이다. 깨달음은 진실로 변화될 수 없는 영원한 상태다.

● 그렇지만 저는 그 사실을 시간이라는 과정을 통해서 이해하고 있습니다.

그대는 이미 그것이다. 시간과 공간은 진아에게 아무런 영향도 끼칠 수 없다. 그것들은 그대의 안에 있다. 마찬가지로 그대가 그대 주위에서 바라보는 모든 것은 그대 안에 있다.

● 모든 경전들은 다 스승의 인도가 필요하다고 말하고 있습니다.

스승들은 결국 내가 지금 그대에게 하고 있는 말을 할 것이다. 스승은 그대가 이미 갖고 있지 않은 어떤 것을 그대에게 주지는 않는다. 자신이 이미 갖고 있지 않은 것을 새롭게 얻을 수는 없다. 또 새롭게 얻는 것이라면 결국 잃게 되며 항상 존재하는 것만이 영원히 남는다.

깨달은 사람

라마나 마하리쉬를 찾아온 많은 사람들은 깨달음의 상태란 과연 어떠한 것이고 깨달은 사람은 자기 자신과 주위 사물을 어떻게 경험하는지에 대해서 대단한 호기심을 느끼고 있었다. 그 사람들이 이 문제에 대해서 라마나에게 제기했던 많은 질문들은, 그들이 이 문제에 대해서 가지고 있던 별난 생각들을 잘 반영하고 있는데, 그 질문들을 대략 다음의 네 가지로 분류할 수 있다.
1) 깨달은 사람은 개체로서의 의식 없이 어떻게 살아나갈 수 있는가?
2) 깨닫지 못한 사람들이 볼 때는 깨달은 사람도 이 세상 속에서 어떠한 활동을 하고 있는데, 어떻게 「아무것도 하지 않는다(라마나는 가끔 이런 표현을 썼다.)」라고 말할 수 있는가?

3) 그는 현상계를 어떻게 지각하는가? 현상계에 대한 지각 자체가 있는가?

4) 깨달은 사람의 순수 의식은 깨어 있을 때, 꿈꿀 때, 잠잘 때에 각각 경험하는 육체와 마음에 대한 의식과 어떠한 관계가 있는가?

위와 같은 질문들의 배후에는 진아를 체험하고 있는 어떤 개체적 자아가 존재한다는 믿음이 숨어 있다. 이 믿음은 그릇된 것이다. 이는 깨닫지 못한 사람들이 깨달은 사람의 체험을 나름대로 이해하기 위해서 설정해 놓은 정신적인 틀에 불과하다. 〈깨달은 사람〉이라는 말을 사용한다는 것조차도 이런 그릇된 믿음을 나타내고 있다. 왜냐하면 이 말은 글자 그대로 보면 진아, 곧 실체를 깨달은 〈개아〉라는 의미이기 때문이다. 깨닫지 못한 사람들은 이 세상에는 실체를 깨닫고자 하는 구도자들과 실체를 깨달은 사람들이 같이 존재한다고 생각하기 때문에 이와 같은 표현을 사용하지만 진실은 그렇지 않다. 진아에는 깨달은 사람도 깨닫지 못한 사람도 없으며 오직 깨달음만이 있을 뿐이다.

라마나는 이 점에 대해서 직접 간접으로 여러 번 설명하였으나 그 의미를 개념적으로나마 이해한 사람은 거의 없었다. 그래서 라마나는 질문하는 사람들이 가지고 있는 생각에 어느 정도 맞추어 주면서 대답해 나가는 방법을 취했다. 즉, 그는 질문하는 사람들이 깨달은 사람과 깨닫지 못한 사람을 구별하는 근본 입장을 어느 정도 받아들이면서 깨달은 사람의 입장과 깨달은 상태의 상황들을 설명하려고 하였다.

● 자유로운 사람(깨달은 사람)과 구속되어 있는 사람(깨닫지

못한 사람)의 차이는 무엇입니까?

보통 사람들은 가슴속에 있는 자기 자신은 모르는 채 머리 속에서만 살고 있지만, 깨달은 사람은 가슴속에서 살고 있다. 그는 이곳 저곳 돌아다니고 여러 사람과 사물들에 접하면서도 그것들이 자신의 가슴속에서 진아로서 체험된 유일한 지고의 실체, 즉 브라흐만으로부터 분리되어 있지 않다는 사실을 알고 있다.

◉ 보통 사람들은 어떻습니까?

보통 사람들은 자신들의 밖에 있는 사물들만을 본다. 그들은 현상계와 분리되어 있으며 자신과 현상계를 유지하고 있는 내면의 깊은 진리와도 분리되어 있다. 그러나 깨달은 사람은 자신과 현상계의 배후에는 유일한 지고의 실체가 있다는 사실을 알고 있다. 그는 영원하지 않고 변하기 쉬운 만물 속에서 영원하면서도 변하지 않는 유일한 실체가 있다는 사실을 알고 있다.

◉ 그렇다면 깨달은 사람에게 있어서는 〈나라는 생각〉이 어떻게 작용합니까?

깨달은 사람에게 있어서 〈나라는 생각〉은 전혀 작용하지 않는다. 깨달은 사람의 본성은 가슴, 그 자체이며 분별 없는 순수한 의식과 동일하기 때문이다.

◉ 깨달은 사람에게도 욕망이 있습니까?

보통 사람들의 마음은 활동성과 비활동성이라는 두 가지 기질로 구성되어 있으며 따라서 그것은 이기적인 욕망과 나약함으로 가득차 있다. 그러나 깨달은 사람의 마음은 순수한 조화를 이루고 특정한 틀이 없으며 미묘한 지혜의 흐름 안에서 작용한다. 그는 그와 같은 마음을 통해서 세상과 접촉하기 때문에 그의 욕망도 역시 순수하다.

✿ 저는 깨달은 사람이 현상계를 지각하는 관점에 대해서 알고 싶습니다. 깨달은 뒤에도 현상계는 계속 지각됩니까?

그대는 왜 현상계와 깨달은 뒤에 현상계가 어떻게 지각될 것인지에 대해서 신경을 쓰는가? 우선 진아를 깨달아라. 현상계가 지각되든 지각되지 않든 그것이 무슨 상관인가? 깊이 잠든 동안에 현상계를 지각하지 못하는 사실에 대해서 연구해 봤자, 그대가 얻는 것은 없다. 깨어 있는 동안에 현상계를 지각한다는 사실에 대해서도 마찬가지다. 깨달은 사람에게나 깨닫지 못한 사람에게나 현상계에 대한 지각의 문제는 중요하지 않다. 누구나 현상계를 바라보지만 바라보는 관점은 서로 다르다.

✿ 바라보는 관점의 차이란 어떤 것입니까?

깨달은 사람은 현상계를 바라볼 때 보이는 모든 것의 근본인 진아를 보지만, 깨닫지 못한 사람은 현상계를 보든 안 보든 자신의 진정한 존재, 즉 진아는 모르고 있다.
영화 스크린 위에 비치는 움직이는 화면들을 예로 들어보자.

영화가 시작되기 전에 그대 앞에는 스크린밖에 없다. 그 스크린 위에 나타나는 화면을 통해 그대는 영화를 관람하며, 각 화면들은 겉으로 보기에는 실재하는 듯이 보인다. 그러나 다가가서 그것들을 잡아보려 하면 잡히는 것은 화면들을 받치고 있는 스크린뿐이다. 영화가 끝난 뒤 화면들이 사라지면 무엇이 남는가? 다시 스크린이 남는다.

　진아도 마찬가지다. 그것만이 실재하며 화면들은 나타났다가 사라진다. 그대가 진아를 놓치지 않는다면 화면들의 겉모습에 속지도 않을 것이며, 화면들이 나타나든 사라지든 전혀 중요하게 여기지 않을 것이다. 깨닫지 못한 사람들은 진아를 모르기 때문에 현상계가 실재한다고 생각하는데, 이는 마치 스크린은 모르는 채, 화면들이 스크린과 분리되어서 존재하는 것으로 여기고 화면만을 보는 사람과 같다. 스크린이 없으면 화면이 나타날 수 없는 것처럼, 보는 자 없이는 보이는 대상이 있을 수 없다는 사실을 알게 되면 결코 속지 않을 것이다. 깨달은 사람은 스크린과 화면들이 모두 진아일 뿐이라는 사실을 안다. 진아는 화면들과 더불어 나타날 수도 있고, 화면들 없이 드러나지 않은 채로 있을 수도 있다. 깨달은 사람에게 있어서는 진아가 어떤 형태로 나타나든 상관이 없다. 그는 항상 진아이기 때문이다. 그러나 깨닫지 못한 사람은 깨달은 사람이 어떤 행위를 하는 걸 보면 혼란스러워진다.

　● 선생님께서는 이 현상계를 자신의 중요한 일부분으로 보십니까? 어떻게 현상계를 보십니까?

　진아만이 실재할 뿐 다른 아무것도 실재하지는 않는데, 무지로 인하여 구분이 생긴다. 그 구분이란 ①같은 종류 ②다른 종류 ③일부분의 세 가지다. 현상계는 진아와 비슷한 다른 진아가 아니다. 현상계는 진아와 다르지 않지만 진아의 일부분도 아니다.

● 현상계가 진아 위에 반영되어 나타나는 것은 아닙니까?

그러기 위해서는 대상과 상像이 있어야 하는데 진아에는 이러한 차별이 없다.

● 깨달은 사람도 꿈을 꿉니까?

그렇다. 꿈을 꾼다. 그러나 그는 그것이 꿈이라는 사실을 자각하며, 마찬가지로 깨어 있는 상태 역시 꿈이라는 사실을 안다. 그 둘을 첫번째 꿈, 두 번째 꿈이라고 부를 수도 있다. 깨달은 사람은 지고의 실체인 네 번째 상태 투리야에 뿌리 내리고 있기 때문에 나머지 세 가지 상태를 네 번째 상태 위에 나타나는 화면으로서, 집착하지 않고 바라볼 뿐이다.

● 그렇다면 깨달은 사람에게 있어서는 세 가지 마음의 상태 간에 아무런 차별도 없습니까?

마음 자체가 의식의 빛 속에 녹아서 사라져 버렸는데 무슨 차별이 있을 수 있겠는가? 그러나 깨닫지 못한 사람은 이를 이해하지 못한다. 왜냐하면 깨닫지 못한 사람에게 있어서 실체의 기준은 깨어 있는 상태지만 깨달은 사람에게 있어서의 기준은 실체 그 자체이기 때문이다. 순수한 의식인 실체는 본래 영원하며 따라서 세 가지 상태 모두에서 똑같이 유지된다. 실체와 하나가 된 사람에게는 마음도 마음의 세 가지 상태도 없으며 따라서 내향성도 외향성도 없다.

그는 항상 깨어 있는 상태다. 그는 영원한 진아에 대해서 깨어 있기 때문이다. 또한 그는 항상 꿈꾸는 상태다. 그에게 있어서 세상이란 되풀이되어 나타나는 꿈일 따름이기 때문이다. 동시에 그는 항상 잠자는 상태다. 그에게는 언제나 〈육체가 나〉라는 생각이 없기 때문이다.

● 깨달은 사람에게는 〈육체는 나〉라는 생각이 없다고요? 그러면 예컨대 선생님께서는 벌레에 물렸을 때 감각이 없습니까?

감각도 있고 〈육체가 나〉라는 생각도 있다. 그 생각 자체는 누구에게나 있으나 차이가 있다. 깨닫지 못한 사람은 〈육체만이 나〉라고 생각하는 반면, 깨달은 사람은 〈모든 것이 나(진아)이며 모든 것이 브라흐만〉이라는 사실을 알고 있다. 그래서 고통이 있어도 그냥 내버려 둔다. 그것 역시 진아의 부분이며 진아는 완전하기 때문이다.

인간은 〈육체만이 나〉라는 생각을 넘어섰을 때 깨닫게 된다. 그 생각이 없으면 행위라든가 행위자라는 생각이 있을 수 없다. 따라서 깨달은 사람에게는 카르마가 없다. 바꾸어 말하면 그는 아무런 행위도 하지 않는다. 이는 깨달은 사람이 체험하는 바이며 이러한 체험이 없다면 그는 깨달은 사람이 아니다.

🌑 제가 보기에는 선생님께서는 여러 가지 일을 하고 계십니다. 그런데 어떻게 아무런 행위도 하지 않는다고 말씀하실 수 있습니까?

라디오는 노래도 하고 말도 한다. 그러나 그 안을 열어보면 그 안에는 아무도 없다. 마찬가지로 나의 존재란 헝공과 같다. 이 육체를 통해서 라디오처럼 말을 하지만 내부에는 아무런 행위자가 없다.

🌑 매우 이해하기 어렵습니다. 좀더 자세히 말씀해 주시겠습니까?

살아가는 데에는 마음이 필요함에도 불구하고 깨달은 사람은 어떻게 마음 없이 살아가고 행위할 수 있는지에 대한 여러 가지 설명들이 많은 책 속에 나와 있다. 도자기 만드는 물레는 도공이 도자기를 다 만들고 나서 더 이상 돌리지 않아도 얼마 동안은 계속 돌아간다. 마찬가지로 선풍기는 스위치를 끈 다음에도 얼마 동안은 계속 돌아간다. 육체를 형성하게끔 한 과거의 카르마가 육체로 하여금 필요한 행위들을 하도록 만든다. 그러나 깨달은 사람은 자신이 행위자라는 생각 없이 그 행위들을 해 나간다. 어떻게 이런 일이 가능할 수 있는지를 이해하기는 어렵다. 보통 이렇게 설명하기도 한다. 잠자는 아이를 깨워서 먹을 것을 먹이면 아이는 그때에는 받아먹지만 다음날 일어나서는 기억하지 못한다. 깨달은 사람의 행위도 이와 같다. 이런 설명들은 깨달은 사람을 위해서 하는 설명이 아니라는 점에 유의하라. 그는 이미 진실을 알고 있으며 아무런 의심도 없다. 그는 자신이 육체가 아니라는 사실을 알고 있으며 따라서 육체가 어떤 행위를 하고 있더라도 자신은 아무런 행위도 하고 있지 않음을 알고 있다. 앞의 설명들은 깨달은 사람을 그의 육체와 동일시하여 바라볼 수밖에 없는 사람들을 위해서 하게 되는 것이다.

● 깨달음의 충격이 너무 커서 육체가 그 충격을 견딜 수 없다는 말이 있습니다만······.

깨달은 사람이 깨달은 뒤에도 계속 육체를 가질 수 있느냐 하는 점에 대해서는 학파에 따라 여러 가지 대립되는 견해들이 있으며, 그중에는 깨달음에 도달하는 즉시 육체를 떠나게 된다는 견해도 있다. 그러나 이는 어리석은 생각이다. 만약 진아를 깨닫는 즉시 육체를 떠나야 한다면 진아나 깨달음의 상태에 관한 여러 가지 가르침들이 어떻게 다른 사람들에게 전해질 수 있겠는가? 또한 그것이 사실이라면 우리들에게 책을 통해서 자신들의 깨달음의 열매를 전해 주었던 많은 사람들이 결코 깨달은 사람일 수 없다는 의미가 된다. 왜냐하면 그들은 깨달은 뒤에도 계속 살아 있었기 때문이다. 또, 행위를 계속하는 한 그 사람은 결코 깨달은 사람일 수가 없다면, 깨달은 뒤에 여러 가지 일을 했던 위대한 성인들도 깨닫지 못한 사람으로 여겨져야 될 뿐 아니라 여러 신들, 나아가서 이스와라Iswara조차도 깨닫지 못했다는 말이 될 것이다. 왜냐하면 이스와라는 계속 세상을 돌보고 있기 때문이다. 깨달은 사람은 어떠한 행위도 할 수 있으며 또 매우 잘할 수 있다. 그는 자신과 행위를 동일시하지도 않으며 자신이 행위자라고 생각하지도 않는다. 어떠한 힘이 그의 육체를 통해서 작용하며, 행위가 이루어지도록 그의 육체를 사용할 뿐이다.

● 깨달은 사람이 죄를 지을 가능성이 있습니까?

깨닫지 못한 사람은 깨달은 사람과 그의 육체를 동일시한다. 그는 진아를 모르고 자신의 육체를 진아로 오인하기 때문에 그와 같은 잘못을 깨달은 사람의 상태에까지 적용한다. 그래서 깨달은 사람도 육체적인 틀에 의해서 인식한다.

또한 깨닫지 못한 사람은 자신이 행위자가 아님에도 불구하고 자신을 행위자라고 생각하고, 육체의 행위를 자신의 행위로 생각하기 때문에 깨달은 사람의 육체가 움직이고 있을 때에 깨달은 사람도 마찬가지로 행위하고 있다고 생각한다. 그러나 깨달은 사람 자신은 진리를 알고 있으며 혼란에 빠지지도 않는다. 깨달은 사람의 상태는 깨닫지 못한 사람에 의해서 결정될 수 없고 따라서 그 질문은 깨닫지 못한 사람에게만 문제가 될 뿐, 깨달은 사람에게는 그런 질문이 생기지도 않는다. 만약 그대가 행위자라면 그대는 그대 행위의 본질을 결정해야 할 것이다. 진아는 결코 행위자가 될 수 없다. 누가 행위자인지 찾아보라. 그러면 진아가 드러날 것이다.

● 결국 이런 말씀이군요. 깨달은 사람을 보아도 그를 이해할 수 없다. 그의 육체를 보는 것이지 그의 깨달음을 보는 것이 아니기 때문이다. 따라서 깨달은 사람을 알기 위해서는 자신이 깨달아야 한다.

깨달은 사람은 누구도 깨닫지 못한 사람으로 보지 않는다. 그의 눈으로 볼 때는 누구나 다 깨달은 사람이다. 무지한 상태에 있는 사람이 자신의 무지를 깨달은 사람에게 적용시켜 그를 행위자로서 착각하지만, 깨달은 사람은 어느 것도 진아와 분리된 것으로는 보지 않는다. 진아는 항상 빛을 발하는 순수한 깨달음일 뿐이다. 따라서 깨달은 사람의 눈에는 깨닫지 못한 사람이란 없다. 예를 들어보자. 두 친구가 나란히 누워서 잠이 들었다. 한 친구는 두 사람이 같이 여행을 떠나서 이상야릇한 여러 가지 경험을 하는 꿈을 꾸었다. 그는 잠에서 깨어나자 옆의 친구에게 자신의 꿈을 대충 설명하고 그렇지 않았느냐고 물었다. 옆의 친구는 웃음을 터뜨리며 그것은 그의 꿈일 뿐, 자신과는 아무 상관도 없는 일이라고 말하였다. 자신의 착각을 깨달은 사람에게 적용하려는 깨닫지 못한 사람의 생각이 꼭 이와 같다.

● 선생님께서는 깨달은 사람도 행위를 할 수 있으며, 사람들을 대하고 일을 처리해 나갈 수 있다고 말씀하셨습니다. 저는 이제 거기에 대해서는 의심이 없습니다. 그런데 또한 선생님께서는 깨달은 사람은 전혀 분별하지 않으며, 그에게는 모든 것이 하나이고 그는 항상 의식 안에서 존재한다고 말씀하셨습니다. 만약 그렇다면 분명히 서로 다른 점이 있는 여러 사람들과 사물들을 그는 어떻게 대하고 처리해 나갑니까?

그는 그런 차이들을 다만 외양으로써만 보며 또한 그것들이 자신과 하나인 그 진실한 실체와 분리되어 있지 않다고 본다.

● 그러나 제가 보기에는 깨달은 사람이 보통 사람보다 차이점들을 더 잘 알아내고, 더 잘 표현하는 것 같습니다. 저한테 설탕이 달고 소금이 쓰듯이 그도 역시 그렇게 느끼는 것 같습니다. 사실상 모든 형태, 모든 소리, 모든 맛을 보통 사람들과 똑같이 그도 지각하지 않습니까? 그렇다면 어떻게 그것들이 단순히 외양이라고만 할 수 있겠습니까? 그것들도 역시 그의 생활 경험의 일부분을 이루지 않습니까?

나는 평등성이 깨달음의 진정한 표시라고 말했었다. 평등성이란 말에는 차이가 있다는 의미가 포함되어 있다. 깨달은 사람은 여러 가지 차이점들 속에서 단일성을 보며, 나는 그것을 평등성이라고 부른다. 평등성이란 차이점들을 무시한다는 의미가 아니다. 그대가 깨닫게 되면 그대는 그런 차이점들이 매우 피상적이고 실재적이지 않으며 영원하지도 않다는 사실을 알게 되고, 또한 그런 모든 외양들 속에 있는 본질적인 것은 하나의 진리이며 실체라는 사실을 알게 된다. 그것을 나는 단일성이라고 부른다. 그대는 방금 형태·소리·맛 등에 대해서 언급했다. 깨달은 사람도 차이를 안다. 그러나 그는 항상 그것들 모두의 안에 있는 하나의 실체를 지각하고 경험한다. 그에게 편견이 없는 이유가 이 때문이다. 그가 돌아다니든, 이야기를 하든, 무얼 하든간에 그는 항상 하나의 실체 안에서 존재한다. 그에게 있어서는 그 하나의 지고의 실체로부터 분리되어 있는 것은 아무것도 없다.

● 깨달은 사람은 모든 것을 절대적인 평등성을 가지고 대한다는 말씀이십니까?

그렇다. 깨달은 사람은 실체, 즉 진리를 알기 때문에 어떤 상태, 어떤 조건에서도 마찬가지다. 음식을 먹거나, 산보를 하거나, 휴식을 하는 등의 일상생활 속에서도 깨달은 사람은 오직 다른 사람들을 위해서 행위한다. 자기 자신을 위해서는 단 하나의 행위도 하지 않는다. 깨달은 사람은 자신에 대한 욕심 없이 다른 사람들을 위해서 행위하며 그 행위로 인하여 자신은 아무런 영향도 받지 않는다. 그는 우는 사람들과 함께 울고, 웃는 사람과 함께 웃으며, 노는 사람과는 같이 놀고, 노래하는 사람과는 내내 함께 노래 부른다. 그가 무엇을 잃어버리겠는가? 그는 마치 깨끗한 맑은 거울과 같다. 거울은 비추는 대로 반사하지만 거울 자체는 비추는 대상에 의해서 영향받지 않는다. 마찬가지로 깨달은 사람도 자신의 행위에 의해서 영향받지 않는다. 반면 스스로 행위자라고 생각하는 깨닫지 못한 사람들은 세상에 도움이 되기 위해서는 무슨 노래를 부르며 어떤 행위를 해야 할지, 어떻게 하는 것이 경전과 일치되고 또 자신에게 이익이 되는 것인지 스스로 결정해야만 한다.

● 사데하 무크타 *Sadeha mukta*(육체 안에 있으면서도 자유로운 경지)와 비데하 무크타 *Videha mukta*(죽은 뒤에 자유로운 경지)가 있다는 말들을 합니다만……

자유란 존재하지 않는다. 그런데 어디에 그런 것들이 있단 말인가?

● 힌두 경전에서는 자유에 대해서 말하고 있지 않습니까?

자유는 진아와 같은 말이다. 사데하 무크타니, 비데하 무크타니 하는 말은 모두 무지한 사람들을 위해서 하는 말이며 깨달은 사람은 자유도 구속도 의식하지 않는다. 구속이나 자유 또는 자유로운 정도에 관한 말들은 모두 깨닫지 못한 사람의 무지를 떨쳐내기 위한 말이며 진실은 오직 자유 그 자체만이 있을 뿐이다.

● 선생님의 입장에서는 맞겠지만 저희들에게는 어떻습니까?

〈나〉다 〈너〉다 하는 구별이 깨달음에 장애가 된다.

● 선생님께서는 전에 이런 말씀을 하셨습니다. 「자유로워진 사람은 진실로 자신이 하고자 하는 대로 할 수 있으며 육체를 떠나고 나면 절대의 세계에 이르러서, 죽음을 피하지 못하는 이런 삶으로는 다시 돌아오지 않는다.」 이 말씀은 깨달은 사람은 이 차원에서는 다시 태어나지 않지만 그가 하고자만 하면 다른 차원에서 계속 활동할 수 있다는 느낌을 줍니다.

아니다. 내 말뜻은 그렇지 않았다.

● 또 어떤 인도 철학자는 그의 책 속에서 상카라Sankara*를 인용하면서 깨달은 사람은 죽은 뒤에도 빛의 체로 남아서

---

*8세기 인도에서 활약했던 힌두 철학의 대가. 인도 육파철학六派哲學 중의 베단타 Vedanta 학파에 속하며, 특히 불이일원론不二一元論을 주장하였다.

모든 인류가 자유로워질 때까지 그 상태를 유지하기 때문에 비데하 무크티 같은 것은 없다고 말하고 있습니다.

그것은 상카라의 견해일 리가 없다. 그는 자유로워진 사람은 육체가 사라진 뒤에 〈물 속에 떨어진 물〉〈기름 속에 떨어진 기름〉처럼 된다고 말한 적이 있다. 그것은 구속도 자유도 없는 상태다. 다른 체를 갖는다는 것은 그 체가 아무리 특이하다 해도 실체 위에 베일을 가린다는 의미이며 그것은 구속이다. 그러나 자유는 절대적이다.

● 깨달은 사람도 두 가지 차원에서 살고 있다고 해야 하지 않을까요? 깨달은 사람도 우리와 같이 이 현상계 속에서 활동하며, 우리가 보는 여러 가지 대상을 봅니다. 그가 대상을 보지 않는 것 같지는 않습니다. 예컨대 그가 길을 걷다가 길 위에 의자나 테이블이 있는 것을 보면 그것을 피해 돌아갑니다. 따라서 깨달은 사람은 진아를 보는 동시에 이 현상계의 여러 가지 대상도 아울러 본다는 사실을 인정해야 되지 않을까요?

그대는 깨달은 사람이 길을 걷고, 장애물을 보고 그것을 피한다는 등의 말을 했다. 그 모든 것이 누구의 시각을 통해서인가? 깨달은 사람의 시각을 통해서인가? 아니면 그대의 시각을 통해서인가? 깨달은 사람은 진아만을 보며 모든 것이 다 진아 안에 있다.

◉그런 자연스러운 상태를 분명하게 납득할 수 있는 예를 들어 주십시오.

예컨대 그대는 거울과 거울에 비친 상을 동시에 본다. 그대는 거울이 실체이며 거울에 나타난 상은 단순한 반영일 뿐이라는 사실을 알고 있다. 거울을 보기 위해서 거울에 비친 상을 보지 않아야 할 필요가 있는가?

◉영적으로 위대한 사람인지 아닌지 어떻게 가려낼 수 있습니까? 미친 사람처럼 행동하는 사람도 있다고 하던데요.

깨달은 사람의 마음은 깨달은 사람만이 알 수 있다. 깨달은 사람을 이해하기 위해서는 자신이 먼저 깨달아야 한다. 그러나 그를 둘러싸고 있는 평화로움을 통해서 그의 위대함을 느낄 수는 있다. 그의 말이나 행동·겉모습 등은 그의 위대함을 나타내는 표시가 아니다. 왜냐하면 그것들은 대개 보통 사람들의 이해의 범위를 초월해 있기 때문이다.

◉경전에서 깨달은 사람들은 어린이와 같다고 말하는 이유는 무엇입니까?

어떤 의미에서 어린이와 깨달은 사람은 흡사하다. 어린이들은 어떤 상황이 계속되는 동안에만 그 상황에 대해서 관심을 가지며, 상황이 지나가 버리면 거기에 대해서 더 이상 생각하지 않는다. 따라서 상황이 어린이들에게 어떤 인상을 남기지도 않으며 어린이들이 그 상황에 의해서 정신적으로 영향을 받지도 않는다. 깨달은 사람의 경우도 마찬가지다.

● 선생님은 깨달으신 분입니다. 선생님께서는 제가 언제 깨달을지 아실 것입니다. 제가 언제 깨닫겠습니까?

내가 깨달은 사람이라면 나에게는 진아 외에는 아무것도 없으며 따라서 깨달은 사람도 깨닫지 못한 사람도 없다. 또 만약 깨달은 사람이 아니라면 나는 그대와 별로 다를 바가 없으며 그대보다 많이 아는 것도 없을 것이다. 따라서 어떤 경우에나 나는 그대의 질문에 해답을 제시할 수가 없다. 어떤 사람들은 이곳에 와서 자기 자신들에 대해서는 묻지 않고 이런 것들을 묻는다. 「깨달은 사람도 현상계를 지각합니까?」 「깨달은 사람도 카르마에 의해서 영향을 받습니까?」 「육체를 떠난 다음의 자유는 어떤 것입니까?」 「육체를 떠난 뒤에야 자유로울 수 있습니까, 아니면 육체를 가지고서도 자유로울 수 있습니까?」 「깨달은 사람의 육체는 빛 속으로 녹아 들어가 버립니까, 아니면 다른 방법으로 시야에서 사라집니까?」

그들의 질문은 끝이 없다. 왜 쓸데없는 질문들로 자신을 괴롭히는가? 그 질문들에 대한 해답을 얻음으로써 자유를 얻게 되는가? 그래서 나는 그들에게 이렇게 말한다. 「자유에 대해서 언급하지 말고, 우선 구속이 존재하는지부터 살펴보라. 가장 먼저, 그대 자신을 바라보라.」

탐구와 복종

"〈내가 존재한다〉라는 느낌은 누구에게나 자명하고 사라지지 않는 느낌이다. 그 외의 어느 것도 〈내가 존재한다〉라는 느낌처럼 자명하지는 않다. 사람들이 자명하다고 하는, 소위 감각기관을 통한 느낌은 결코 자명하지 않다. 진아만이 자명하다. 따라서 자아를 탐구Enquiry하여 진아가 되는 길만이 우리가 나아가야 할 유일한 길이다. 진아만이 실체다."

"헌신Devotion이란 바로 자기 자신을 아는 것이다."

"자세히 살펴보면 절대적인 헌신과 지혜는 본질적으로 하나다. 둘 중 어떤 하나가 다른 하나의 수단이라고 말하는 것은 그 둘의 본질을 모르기 때문이다. 지혜의 길과 헌신의 길은 서로 연관되어 있다는 사실을 알아라. 그리고 서로 떼어놓을 수 없는 이 두 길을 분별하지 말고 그냥 따르도록 하라."

자아탐구 - 이론

라마나 마하리쉬는 육체와 마음을 통해서 작용하고 있는 개체적 자아가 실재한다는 생각을 버리기만 하면 바로 깨달을 수 있다고 강조하였다. 그의 제자들 중 영적으로 진화된 몇몇 제자들은 쉽게 그와 같이 할 수 있었으나, 대부분의 제자들은 수행을 통하지 않고서는 오랜 시간에 걸쳐 뿌리 깊이 배어 있는 습관을 일순간에 버리기가 어려웠다. 라마나는 이와 같은 어려움을 감지하고, 깨달음에 쉽게 이를 수 있는 방법에 대하여 질문받을 때면 언제나 스스로 자아탐구라고 부르는 방법을 권하였다. 이 방법은 그의 실천적인 가르침의 주춧돌을 이루는 것이며, 이하 세 장을 통해서 자세히 설명될 것이다.

우선 방법 자체를 설명하기 전에 마음의 본질에 대한 라마나의 견해를 설명할 필요가 있다. 왜냐하면 직접적인 체험을 통해서 마음이 실재하지 않는다는 사실을 발견하는 데에 자아탐구의 목표가 있기 때문이다. 라마나에 따르면 육체와 마음의 모든 의식적 행위의 이면에는 그 행위를 하고 있는 〈나〉가 있다는 은연중의 가정이 있다. 즉, 〈나는 생각한다〉〈나는 기억한다〉〈나는 이러한 행위를 하고 있다〉라는 등의 생각 속에는 그와 같은 행위에 대해서 책임을 지는 〈나〉가 가정되어 있다. 라마나는 이를 아함 브리티 *Aham Vritti*〈나라는 생각〉라고 하였다.

그는 개체성(개인)에 대한 관념을 바로 이 〈나라는 생각〉이 여러 가지 형태로 드러난 것일 뿐이라고 강조하였다. 그는 개체성을 마음과 같은 것으로 보고 마음을 〈나라는 생각〉과 같은 것으로 보았기 때문에, 그에 의한다면 개체성의 느낌이 사라진다는 것은 곧 마음과 〈나라는 생각〉이 사라짐을 의미한다. 깨달은 다음에는 생각하는 자도 행위자도 없으며 개체성에 대한 인식도 없다고 강조했던 이유가 이 때문이다.

그는 또 진아만이 유일한 실체라고 강조하였으며 〈나라는 생각〉은 실체가 없는 그릇된 가정에 불과하다고 하였다. 그는 〈나라는 생각〉이 나타날 수 있는 것은 대상과의 동일시를 통해서만이 가능하다고 설명하였다. 그의 설명에 따르면 어떤 생각이 일어나면 〈나라는 생각〉이 그 생각의 주인처럼 나타나서 〈내가 생각한다〉〈내가 믿는다〉〈내가 원한다〉〈내가 행위하고 있다〉라는 식이 되지만 사실은 동일시할 대상 없이 독립적으로 존재하는 〈나라는 생각〉은 없다. 〈나라는 생각〉이 마치 실체인 것처럼 계속 나타나는 이유는 끊임없는 동일시가 계속되고 있기 때문이다. 이 모든 동일시의 밑바닥에는 육체의 소유자 또는 육체와 동일체로서의 〈나〉가 있다는 가정이 깔려 있다. 〈육체가 나다〉라는 생각이 모든 그릇된 동일시의 근본적인 뿌리이며 이 동일시를 해소하는 것이 자아탐구의 가장 중요한 목표다.

● 마음이란 무엇입니까?

마음은 〈나라는 생각〉 이외의 아무것도 아니다. 마음과 에고는 똑같으며 지성·기억 등의 정신적 속성도 역시 마음이다. 또한 개체적 영혼이라는 것도 마음과 다르지 않다.

● 그러면 저희들은 어떻게 마음의 본성, 즉 마음을 일으키는 본체를 알 수 있습니까?

여러 가지 생각들을 가치에 따라 순서를 매겨볼 때 〈나라는 생각〉이 가장 중요하며 개체성(개인)에 대한 생각도 다른 모든 생각의 뿌리 내지는 줄기에 해당된다. 왜냐하면 모든 생각은 〈어떤 개인〉의 생각으로서 일어나며 에고와 떨어져서 독립적으로 일어나지는 않기 때문이다. 이 에고가 생각과 행위를 전개시킨다. 2인칭이나 3인칭은 1인칭 없이는 나타나지 않으며 1인칭이 나타난 다음에야 나타나기 때문에, 이들은 결국 같이 나타났다가 같이 사라진다. 그러면 〈나〉의 궁극적인 원인을 추적해 보자.

어디로부터 이 〈나〉가 일어나는가? 그것을 내면에서 찾아보면 그것은 사라진다. 이는 현명한 추적 방법이다. 마음이 스스로의 본성을 계속 규명해 들어가면 결국 마음과 같은 것은 존재하지 않는다는 사실이 드러난다. 이는 가장 직접적인 방법이다. 마음이란 생각의 집합에 불과하며, 〈나라는 생각〉이 모든 생각의 뿌리이기 때문에 마음은 결국 〈나라는 생각〉일 뿐이다.

〈나라는 생각〉의 탄생이 곧 한 개인의 탄생이며 〈나라는 생각〉의 죽음이 그 개인의 죽음이다. 또 〈나라는 생각〉이 일어난 다음에 육체와의 그릇된 동일시가 시작된다. 〈나라는 생각〉을 없애라. 〈나라는 생각〉이 있는 한 고통이 있으며 그것이 없을 때 고통도 없다.

● 알겠습니다. 그런데 〈나라는 생각〉에 집중하려고 하면 다른 생각들이 일어나서 저를 방해합니다.

그것들이 누구의 생각인지 살펴보라. 그러면 그것들은 사라질 것이다. 그 생각들은 〈나라는 생각〉을 근거로 하고 있으며, 〈나라는 생각〉에 몰두하면 사라져 버린다.

● 자아탐구를 하는 것도 역시 에고인데, 어떻게 자아탐구를 통하여 에고의 비실재성을 드러낼 수 있겠습니까?

〈나라는 생각〉이 일어나는 근원으로 파고 들어가면 현상적인 에고의 존재는 초월된다.

● 그러나 〈나라는 생각〉은 에고가 나타나는 세 가지 형태 중의 하나가 아닙니까? 요가 경전에서는 에고가 세 가지 형태를 가지고 있다고 말합니다만…….

그렇다. 에고는 세 가지 체를 가지고 있다고 적혀 있다. 그러나 그것은 단지 분석적으로 설명하기 위해서 나누어 놓은 것일 뿐이다. 만약 에고의 형태에 따라서 자아탐구의 방법이 달라져야 한다면 자아탐구는 거의 불가능하게 될 것이다. 왜냐하면 에고를 형태별로 따지면 사실 그 수는 매우 많기 때문이다. 따라서 자아탐구를 위해서는 에고가 단 하나의 형태, 즉 〈나라는 생각〉의 형태만을 가지고 있다는 기초 위에서 진행해 나가야 한다.

● 그러나 그 방법은 깨달음을 위해서는 적절하지 않을 듯한데요.

〈나라는 생각〉을 추적해 들어가는 방법으로 자아탐구를 하는 것은 마치 개가 주인의 냄새에 의해서 주인을 따라가는 것과 같다. 설사 주인이 멀리 낯선 곳에 가 있다 하더라도 개에게는 절대적으로 확실한 단서이며 그 밖의 주인의 키라든가 옷이라든가는 중요하지 않다. 냄새에 의존하는 한, 개는 결코 헤매지 않고 주인을 찾아갈 수 있으며 마침내 주인을 발견하게 된다.

● 마음의 속성에는 여러 가지가 있습니다. 그런데 왜 진아를 직접 깨닫기 위해서 〈나라는 생각〉의 근원을 파고 들어가야만 합니까?

〈나라는 생각〉은 마음의 다른 속성들과는 달라서 마음의 속성이라고 할 수도 없다. 왜냐하면 상호간에 본질적인 연관관계가 없는 마음의 다른 속성들과는 달리 〈나라는 생각〉은 마음의 모든 속성들과 본질적으로, 그리고 똑같이 연관되어 있기 때문이다. 다른 속성들은 〈나라는 생각〉 없이 있을 수 없지만, 〈나라는 생각〉은 다른 속성들 없이도 스스로 존재할 수 있다. 따라서 〈나라는 생각〉은 근본적으로 마음의 다른 속성들과는 다르다.

그러므로 〈나라는 생각〉의 근원을 찾는 것은 단순히 에고의 여러 형태 중 한가지 형태만의 뿌리를 찾는 것이 아니고 〈나라는 생각〉이 일어나는 근원 그 자체를 찾는 것이다.

● 우리의 목표는 조건화되어 있지 않은 순수한 진아를 깨닫는 것이고, 또 그 진아는 결코 에고에 의존하고 있지 않습니다. 그런데 〈나라는 생각〉의 형태를 가진 에고에 대해 탐구하는 것이 무슨 소용이 있겠습니까?

기능적인 면에서 본다면 에고는 유일한 한가지 특성을 가지고 있다. 즉, 에고는 순수한 의식인 진아와 스스로의 지각 능력이 없는 수동적인 육체 사이에서 매듭과 같은 기능을 한다. 그대가 〈나라는 생각〉의 근원을 계속 파고 들어가다 보면 그대는 에고의 본질적인 의식의 측면에 이르게 된다. 그리하여 결국 진아의 순수한 의식에 도달하게 되는 것이다.

그대는 순수한 〈나〉와 〈나라는 생각〉을 구별해야 한다. 후자는 단순히 하나의 생각이기 때문에 주관과 객관을 나누며, 자고, 깨고, 먹고, 생각하고, 죽어서는 다시 태어난다. 그러나 순수한 〈나〉는 순수한 실체이며 영원한 실체이고 무지와 망상으로부터 벗어나 있다. 만약 그대가 아무런 생각 없이 그대의 실체로서만, 즉 〈나〉로서만 머무를 수 있다면 〈나라는 생각〉은 사라질 것이며 망상은 영원히 소멸될 것이다. 영화를 볼 때, 매우 희미한 빛 속에서나 어둠 속에서는 화면들을 볼 수 있지만 빛이 환하게 들어오면 화면들을 볼 수 없게 된다. 지고의 아트만이 환하게 빛나는 속에서는 모든 대상이 사라진다.

● 그것이 초월적인 상태로군요.

아니다. 누가 무엇을 초월한단 말인가? 진아만이 실재할 뿐이다.

● 진아는 마음을 초월해 있다고 하면서 또 깨달음은 마음을 통해서 가능하다고 합니다. 예컨대 〈마음은 그것을 생각할 수 없다. 그리고 오직 마음만이 그것을 깨달을 수 있다〉라

는 식입니다. 이는 모순이 아닙니까?

〈죽은 마음〉을 통해서 아트만을 깨달을 수 있다. 이 〈죽은 마음〉이란 생각이 없는 마음이요, 내부로 향해진 마음이다. 그때 마음은 마음의 근원을 보며 그 근원(진아)이 된다. 이는 주관이 객관을 지각하는 것과는 다르다.

방이 어두울 때는 사물을 분간하기 위해 등불이 필요하지만 태양이 떠오르면 등불은 필요치 않다. 또 태양을 보기 위해서는 등불을 켤 필요가 없이 환히 빛나는 태양 쪽으로 눈을 돌리기만 하면 된다.

마음의 경우도 마찬가지다. 현상계를 보기 위해서는 마음의 반사된 빛이 필요하지만 가슴을 보기 위해서라면 마음을 가슴 쪽으로 향하게만 하면 된다. 그러면 마음은 스스로를 잃어버리고 가슴이 밝게 빛난다.

마음의 본성은 바로 [순수한] 앎, 또는 의식이다. 에고가 마음을 지배할 때는 마음은 생각하고 따지며 느끼는 작용을 하지만 에고에 의해서 지배되지 않는 우주적 마음cosmic mind은 모든 것을 그 안에 포함하며, 순수하게 각성상태만을 유지할 뿐이다.

진아의 지고한 의식 안에서 마음이 사라지게 되면, 좋아하고 싫어하는 힘(여기에는 행위를 일으키는 힘과 사물을 분별하는 힘이 포함된다)과 더불어 나타났던 여러 가지 힘들이 완전히 사라지며, 그것들이 자신의 의식 속에 나타났던 비실재적인 환상이었음을 알게 된다. 생각과 망각의 작용을 하는 순수하지 못한 마음이 바로 탄생과 죽음의 순환인 윤회이며, 생각과 망각의 작용이 사라진 상태의 진실한 〈나〉만이 순수한 자유다. 순수한 〈나〉에는 탄생과 죽음의 원인이 되는 〈진아에 대한 망각〉이 없다.

● 어떻게 에고를 없앨 수 있습니까?

우선 에고를 찾아보라. 그리고 나서 어떻게 없앨 수 있는지를 물어보라. 그 질문을 하는 자는 누구인가? 그것이 에고다. 그런 질문은 에고를 키우는 길이지 결코 에고를 없애는 길이 아니다. 그러나 에고를 찾아보면 그대는 에고가 실재하지 않는다는 사실을 알게 되며 그것이 에고를 없애는 길이다.

● 어떻게 하면 깨달을 수 있습니까?

마치 불에서 불꽃이 일어나듯 절대적인 진아로부터 불꽃이 나타나는데 그것을 에고라 한다. 무지한 사람에게 나타난 에고는 나타나는 순간, 자신을 어떤 대상과 동일시한다. 에고가 대상과 연관되지 않고 독립적으로 남아 있을 수는 없다. 그 연관이 바로 무지이며 그 연관을 파괴하는 것이 우리들의 목표다. 대상과 연관지으려는 에고의 습성이 사라지면 에고는 순수한 채로 남으며 근원으로 녹아 들어간다. 육체와의 그릇된 동일시가 바로 〈육체가 나〉라는 생각이며 우선 이 생각이 사라져야 한다.

순수한 〈나〉는 두 가지 마음상태, 또는 두 가지 생각 사이의 틈에서 체험된다. 에고는 끊임없이 계속 어떤 대상과 연관을 맺으려는 경향을 가지고 있으며, 에고가 모든 대상 또는 생각과 단절되었을 때에만 그것의 진정한 본질을 발견할 수 있다.

형태가 없는 이 유령 같은 에고는 형태와 연관을 맺음으로써 존재하고, 형태와 연관을 맺음으로써 지속되며, 연관 맺은 형태들로 인하여 점점 커진다. 또, 한 형태와의 연관이 끊어지면 다른 형태와 다시 연관을 맺는데, 찾으려고 하면 도망가 버린다.

에고, 즉 1인칭이 〈육체가 나〉라는 형태로 존재하는 한 2인칭, 3인칭도 존재하지만, 1인칭을 자세히 살펴봄으로써 1인칭이 사라지면 2인칭, 3인칭도 따라서 사라지고, 밝게 빛나는 진아가 드러난다.

〈피와 살로 이루어진 이 육체가 나다〉라는 생각의 실 위에 다른 생각들이 꿰어져 있다. 따라서 관심을 내부로 돌려 〈이 나는 어디에 있는가〉를 탐구하게 되면 모든 생각(〈나라는 생각〉을 포함한)이 사라지고 진아가 자연히 드러날 것이다.

● 어떻게 자아탐구를 해야 합니까? 무엇에 대해서 명상해야 합니까?

명상Dhyana을 하는 데에는 명상을 할 대상(객관)이 있어야 하는 반면, 자아탐구에 있어서는 대상은 없고 오직 주관만이 존재한다. 명상과 자아탐구는 이 점에서 다르다.

● 명상도 깨달음에 이르게 하는 효과적인 과정 중의 하나가 아닙니까?

명상이란 한 대상에 대한 집중이므로, 여러 가지 생각들을 멀리하고 마음을 한 생각에 고정시키는 데에는 도움이 되지만 깨달음을 위해서는 그것마저 사라져야 한다. 깨달음이란 새롭게 얻는 것이 아니라 항상 존재하는 것이지만 생각의 막에 의해 가려져 있다. 따라서 우리가 이 막을 제거하기만 하면 깨달음은 스스로 드러난다.

길을 찾는 구도자들에게 명상을 하라고 권유하면 대부분은 이 권유에 만족하여 돌아가지만 그중 소수는 다시 돌아와서 묻는다. 「대상에 대해서 명상하는 나는 누구입니까?」 이런 사람에게는 진아를 찾으라고 말해야 한다. 이것이 마지막 단계이며 바로 자아탐구다.

● 자아탐구는 명상하지 않는 상태에서도 가능합니까?

가장 효과적인 수행법인 자아탐구를 제쳐둔다면 마음을 가라앉히는 어떤 다른 방법이 있다 하더라도 소용이 없다. 다른 방법으로 마음을 가라앉게 만들면 마음은 가라앉은 것 같다가도 다시 일어난다. 자아탐구만이 그대의 조건화되지 않은, 있는 그대로의 절대적인 실체를 깨달을 수 있는 가장 확실하고 직접적인 방법이다.

● 왜 자아탐구만이 직접적인 방법이라고 하십니까?

자아탐구를 제외한 다른 모든 수행법에서는 그 수행을 하는 수단으로서의 마음을 인정하며, 마음이 없이는 불가능하다. 그러면 에고는 수행의 여러 가지 단계에서 미묘한 형태로 계속 남게 되며 결코 사라지지 않는다.

🌸 그러나 다른 수행법을 통해서도 에고를 잘 파악할 수 있습니다.

자아탐구 이외의 다른 수행법으로 에고 또는 마음을 없애려는 시도는 마치 도둑이 경찰관임을 가장해서 도둑, 즉 자기 자신을 잡으려는 것과 같다. 자아탐구만이 에고도 마음도 실재하지 않는다는 진리를 드러나게 할 수 있으며 수행자로 하여금 순수하고 분별 없고 절대적인 진아를 깨닫게 할 수 있다.

일단 진아를 깨달으면, 더 이상 알아야 할 것은 아무것도 없다. 왜냐하면 진아는 완전한 지복이며 모든 것이기 때문이다.

🌸 자아탐구가 다른 방법보다 더 직접적인 이유는 무엇입니까?

자기 자신의 진아에 대한 집중만이 〈육체가 나〉라는 망상에 사로잡힌 사람으로 하여금 끝없는 윤회의 바다를 건널 수 있게 하는 뗏목이다.

에고가 없는 상태가 바로 실체이다. 에고의 뿌리를 찾음으로써 에고를 없애라. 에고는 실체가 아니기 때문에 그것은 자동적으로 사라질 것이며 실체가 스스로 드러날 것이다. 이것이 직접적인 방법이다. 반면 다른 방법들은 에고를 유지함으로써 가능하다. 다른 방법에서는 수많은 의심이 생기고 〈나는 누구인가〉라는 영원한 질문은 끝까지 남는다. 그러나 자아탐구에 있어서는 처음부터 그 마지막 질문을 가지고 시작하며 다른 어떤 수행법도 필요로 하지 않는다.

우리가 실체 그 자체이면서 다시 실체에 이르려 한다는 이 사실보다 더 큰 신비는 없다. 우리는 실체를 가리는 뭔가가 있으며, 실체에 이르기 위해서는 그것을 없애야 한다고 생각하고 있다. 우스운 일이다. 그대가 그대의 지나간 노력에 대해서 웃음을 터뜨릴 날이 올 것이다. 그대가 웃게 될 그날에 존재할 그것이 마찬가지로 지금 여기에도 존재하고 있다.

자아탐구 - 실천

라마나 마하리쉬는 자아탐구를 처음 시작하는 사람들에게 〈나〉라는 내면의 느낌에 주의를 기울이고, 가능한 한 그 느낌을 유지하도록 하라고 하였다. 또, 딴 생각에 의해서 주의가 분산되면 그렇다고 아는 순간 다시 〈나〉에 대해서 주의를 기울이라고 하였다. 그는 이러한 과정에 도움이 되도록 하기 위해서 스스로에게 〈나는 누구인가〉라든가 〈이 나는 어디로부터 나오는가〉라는 질문을 하도록 하였다. 그러나 어쨌든 궁극적인 목표는 육체와 마음의 모든 행위에 대해서 책임을 지고 있다는 생각이 드는 이 〈나〉에 대해서 끊임없이 주의를 집중하도록 하는 것이다.

실행의 초기단계에서는 〈나〉라는 느낌에 주의를 기울이는 것이 하나의 생각 또는 지각의 형태를 띤 정신적 행위가 되지만 점점 더 그 실행이 깊어짐에 따라 그것은 주관적으로 경험되는 〈나〉라는 느낌이 되고, 이 느낌과 다른 생각들 또는 대상들과의 연결이 끊어지는 순간, 그것은 사라진다. 이때 개체성이 잠시 정지된 상태의 체험을 하게 된다.

이 체험이 처음에는 간헐적으로 나타나다가 실행을 되풀이함에 따라 점점 더 자주 나타나고 오래 유지되게 된다. 자아탐구가 이정도 수준에 이르면 더 이상 개인적인 노력이 불가능한 각성상태가 나타난다. 노력을 계속하던 〈나〉가 일시적으로 사라져 버리기 때문이다. 이 단계는 〈나라는 생각〉이 주기적으로 다시 나타나기 때문에 깨달음은 아니지만 수행의 최고단계다.

이와 같은 상태를 계속 체험하게 되면 〈나라는 생각〉을 일으키던 바사나(정신적 경향성)들은 점점 약해지고 사라지며, 그것들의 힘이 어느 정도까지 약해지면 진아의 힘이 남아 있는 찌꺼기들을 완전히 씻어내 버림으로써 〈나라는 생각〉이 다시는 일어나지 않게 되는데, 이것이 바로 최후의 그리고 불변의 깨달음의 상태다.

〈나라는 생각〉에 대해서 주의를 기울이는 이 수행방법은 억압적으로 마음을 조절하는 방법보다 우수한 방법이다. 이는 어떤 대상에 집중하는 것도 아니고, 생각을 억압하는 것도 아니며 그저 마음이 일어나는 근원을 주시하는 것이다. 수행의 초기단계에서는 여러 가지 생각들로부터 생각하는 자기에게로 주의를 돌리는 노력이 반드시 필요하지만 일단 〈나〉라는 느낌에 대한 주시가 확립되기만 하면 더 이상의 노력은 오히려 방해가 된다. 그때부터는 행위의 과정이라기보다는 존재의 과정이며, 노력의 과정이라기보다는 무위의 과정이다.

궁극에 가서 진아를 발견하는 것은 어떤 행위를 통해서가 아니라 존재 자체를 통해서이다.

자아탐구를 명상과 같이 어떤 장소, 어떤 시간에만 행하는 것으로 생각해서는 안 된다. 그것은 깨어 있는 동안 내내, 무슨 일을 하는 동안이라도 계속되어야 한다. 라마나는 각자가 하는 일과 자아탐구의 수행 사이에 어떠한 갈등도 없다고 보았으며, 실제로 약간만 해 보면 어떠한 상황하에서도 계속할 수 있을 것이라고 강조하였다. 그는 초보자들의 경우에는 정기적으로 시간을 내서 하는 것이 도움이 된다고 말하기는 했어도 결코 오랫동안 앉아만 있는 방식은 권유하지 않았으며 그를 찾아온 사람들이 자신들의 세속적인 생활을 버리고 자아탐구에만 몰두하는 생활을 하고자 하였을 때, 결코 찬성하지 않았다.

● 선생님께서는 진아를 찾음으로써 진아를 깨달을 수 있다고 말씀하십니다. 이 〈찾음〉이란 어떤 것입니까?

그대는 마음이다, 아니 그대는 자신을 마음이라고 생각한다. 마음은 생각 이외의 아무것도 아니다. 그런데 모든 생각의 이면에는 〈나〉라는 일반적인 생각이 있다. 이 〈나라는 생각〉을 첫번째 생각이라고 해 보자. 이 〈나라는 생각〉에 달려들어서 그것을 의심해 보고 그것이 정말 무엇인지를 찾아보라. 이 의심이 그대를 강하게 사로잡으면, 그대는 다른 생각들은 할 수가 없다.

● 말씀하신 대로 저 자신, 즉 〈나라는 생각〉에 몰두하노라면 다른 생각들이 나타났다가는 사라져 갑니다. 그러면 저는 다시 저에게 〈나는 누구인가〉라고 물어보는데, 그러면 아무런 대답도 나오지 않습니다. 이렇게 하는 것이 제대로 수행하는 것입니까?

사람들이 흔히 그런 실수들을 한다. 그대가 진아에 대해서 진지하게 의심을 가지고 추구해 들어가면, 〈나라는 생각〉은 사라지고 깊은 곳에서 우러나온 어떤 다른 것이 그대를 사로잡는데, 그것은 〈나는 누구인가〉라는 질문을 했던 그 〈나〉가 아니다. 이미 변화된 나이다.

❋ 그 〈어떤 다른 것〉이란 무엇입니까?

그것은 진아, 곧 〈나〉의 본체다. 그것은 에고가 아니며 지고의 실체, 그 자체다.

❋ 선생님께서는 수행의 초기단계에서는 다른 생각들을 물리쳐야 한다고 가끔 말씀하셨습니다. 그런데 생각에는 끝이 없습니다. 한 생각을 물리치면 또 다른 생각이 나타나고 …… 도대체 끝이 없는 것 같습니다.

나는 생각들을 계속 물리쳐야 한다고는 말하지 않았다. 그대 자신, 즉 〈나라는 생각〉에 몰입하라. 그대의 관심이 그 한가지 생각에만 집중하게 되면 다른 생각들은 자동적으로 물러나고 사라질 것이다.

❋ 그렇다면 생각들을 물리칠 필요가 없다는 말씀이십니까?

그럴 필요가 없다. 또 그대는 생각이 일어날 때마다 계속 물리치려고 하면 그 과정이 끝이 없으리라고 생각하고 있는데, 사실은 그렇지 않다. 거기에는 끝이 있다. 그대가 주의를 게을리하지 않고 생각이 일어날 때마다 그 생각을 물리치려는 꾸준한 노력을 계속하다 보면 그대는 점점 더 깊이 그대의 내면으로 들어가게 되며, 어느 정도 단계에 이르면 생각을 물리치려고 노력할 필요가 없어진다.

● 그렇다면 노력하지 않고, 또 긴장하지 않고도 가능하다는 말씀이군요.

그뿐만이 아니다. 어떤 단계를 넘어서면 노력한다는 것 자체가 불가능해진다.

● 좀더 자세히 알고 싶습니다. 그러면 전혀 노력하지 않으려고 해야 합니까?

지금의 그대 같은 상태로는 노력 없이는 불가능하지만, 그대가 좀더 깊어지게 되면 그대는 어떠한 노력도 할 수 없게 된다.
 자아탐구를 통하여 마음이 내면으로, 즉 〈나라는 생각〉의 근원으로 향하게 되면 바사나가 소멸된다. 진아의 빛이 바사나 위에 비치어 반사되는 현상이 바로 우리가 마음이라고 부르는 그것이기 때문에 바사나가 사라지면 마음도 역시 유일한 실체, 즉 진아의 빛 속으로 흡수되어 사라져 버린다.
 이것이 바로 구도자들이 알아야 할 핵심이다. 그리고 구도자에게 진정으로 요구되는 것은 〈나라는 생각〉의 근원을 향한, 열의에 차고 집중된 탐구의 자세다.

●처음으로 시작하는 사람은 어떻게 이 수행을 해야 합니까?

마음은 〈나는 누구인가〉라는 탐구를 통해서만 사라진다. 장작불을 지피던 막대기가 장작불이 다 타버릴 때쯤에는 스스로도 거의 다 타버리듯이 〈나는 누구인가〉라는 생각도 모든 다른 생각들을 사라지게 한 다음 스스로도 사라져 버린다. 다른 생각이 일어나면 그 생각을 계속 이으려 하지 말고 〈이 생각이 누구에게 일어나는가〉라고 물어라. 아무리 많은 생각이 일어나도 상관없다. 생각이 일어나는 바로 그 순간에 놓치지 않고 〈이 생각이 누구에게 일어나는가〉라고 물으면 〈나에게〉라는 대답이 나올 것이다. 그때 다시 〈나는 누구인가〉라고 물으면 마음은 마음의 근원(진아)으로 돌려지게 되고 일어났던 생각은 가라앉을 것이다. 이를 계속 반복하면, 근원에서 벗어나지 않고 그냥 머무르려는 마음의 힘이 증가한다.

오랜 세월에 걸쳐 계속 쌓여온 밖으로 향하려는 마음의 습성이 마치 바다의 파도처럼 끊임없이 일어나겠지만, 자신의 본성에 대한 탐구가 강렬해짐에 따라, 그것들은 모두 사라질 것이다. 〈과연 마음의 모든 습성들이 사라지고 진아로서만 남을 수가 있을까〉라는 의심조차도 하지 말고 더욱 끈질기게 자신에 대한 주의를 게을리하지 않아야 한다.

밖으로 향하려는 마음의 습성이 남아 있는 한 〈나는 누구인가〉라는 질문이 필요하다. 어떤 생각이 일어나면, 바로 그 순간 이 질문을 함으로써 그 생각을 없애야 한다. 비본질적인 것에 주의를 기울이지 않음이 바로 무집착 또는 무욕이며, 진아를 떠나지 않음이 지혜다. 따라서 이 둘(무욕과 지혜)은 같다. 진주를 캐는 사람이 허리에 돌을 달고 바닷속으로 들어가서 바다 밑에 있는 진주를 캐오듯이 무욕의 자세로 자신의 내면으로 깊이 들어가는 사람은 진아라는 진주를 얻을 수 있다. 진아에 이를 때까지 어떠한 장애에도 불구하고 자신의 진실한 본성을 잊지 않으려고만 한다면 그것으로 충분할 것이다.

〈구속되어 있는 이 나는 누구인가〉라고 물음으로써 자신의 본성을 알게 되면 그것이 곧 자유다. 마음을 진아에만 계속 고정시키는 것이 자아탐구이며, 스스로를 실재 – 의식 – 지복인 절대자 *Brahman*이라고 생각하는 것이 명상이다.

● 요기 *yogi**들은 진리를 발견하려면 속세를 떠나서 속세와는 격리된 숲속으로 들어가야 한다고 말합니다만…….

일하는 생활을 포기할 필요는 없다. 매일 한두 시간만 자아탐구에 집중하면 그대는 일을 하면서도 계속할 수 있다. 한두 시간이라도 올바르게 집중하면, 그 집중할 때의 의식상태가 일하는 동안에도 계속 유지된다.

● 그렇게 하면 어떤 결과가 나옵니까?

그렇게 계속하다 보면 그대는 사람·일·사물들을 대하는 그대의 태도가 점차로 바뀌는 것을 발견하게 된다. 그대의 행위는 자연히 집중할 때의 의식상태를 반영하게 된다.

---

* 요가 *yoga* 수행자.

❋ 그러면 선생님께서는 요기들과는 생각을 달리하시는군요.

인간은 자기 자신을 이 세상에 얽매이게 하는 개인적인 이기심을 버려야 한다. 그릇된 자아를 버리는 것이 진정한 출가다.

❋ 세속적인 삶을 꾸려나가면서 어떻게 이기적으로 되지 않을 수가 있습니까?

일과 지혜 사이에는 아무런 마찰도 없다.

❋ 지금까지 해 오던 직업적인 일을 계속하면서도 깨달을 수 있다는 말씀이십니까?

물론이다. 그러나 일을 계속하면서 자아탐구를 하는 경우 그 사람은 일을 계속해 나가는 자기가 옛날의 자기와는 다르다는 사실을 알 것이다. 왜냐하면 의식이 점차 변화되어 결국 이기적인 자아를 넘어서는 지점에 이를 것이기 때문이다.

❋ 일에 계속 종사하다 보면, 명상할 시간은 거의 없습니다.

명상할 시간을 때로 낸다는 것은 아주 초보자에게나 해당되는 말이다. 영적으로 진화하고 있는 사람이라면 일을 하든 하지 않든, 깊은 지복을 누리기 시작할 것이다. 그의 손은 세상에 물들어 있으나, 그의 내면은 홀로 있다.

● 그러면 선생님께서는 요가의 길은 가르치지 않으십니까?

요기들은 목동이 막대기로 소를 몰고 가듯이 마음을 목적지로 몰고 가려 하지만, 나의 방법으로는 한 움큼의 풀을 내밀면서 소를 살살 몰고간다.

● 어떻게 하면 그렇게 됩니까?

그대는 스스로에게 〈나는 누구인가〉라고 물어야 한다. 이 의문이 결국 마음 뒤에 가려져 있던 뭔가를 발견하게 해 줄 것이다. 이 큰 문제를 해결하면 그대는 다른 모든 문제도 풀게 될 것이다.

● 〈나〉를 찾아보았지만 아무것도 보이지 않습니다.

그대는 그대 자신과 육체를 동일시하는 데에 익숙해졌고 눈으로 보는 대상에만 익숙해졌기 때문에 아무것도 보이지 않는다고 말하고 있다. 보이는 것은 무엇이고, 보는 자는 누구이며, 어떻게 보는가? 오직 하나의 의식만이 있을 뿐인데 그것이 〈나라는 생각〉으로 나타나서 육체와 자신을 동일시하고, 눈을 통해 스스로를 투사하여 주위의 사물들을 보는 것이다. 인간은 깨어 있는 상태만을 기준으로 해서 그 상태와는 다른 뭔가를 보고자 기대한다. 또한 오감을 통해서 받아들인 것만을 확실하다고 인정한다. 인간은 결코 보는 자, 보이는 대상, 보는 과정이 모두 단 하나의 의식, 즉 진아의 현현顯現이라는 사실을 받아들이지 않는다. 진아가 반드시 눈으로 볼 수 있는 것이어야 한다는 환상을 벗어나기 위해서는 자아 탐구가 필요하다. 진실로 눈으로 볼 수 있는 것이란 아무것도 없다. 그대는 지금 〈그대〉를 어떻게 느끼고 있는가? 그대는 그대 자신이 존재한다는 사실을 확인하기 위해서 거울을 앞에 두고 보아야 하는가? 거울이 없어도 그대는 〈그대〉의 존재를 확신하고 있다.

● 생각의 근원을 탐구해 들어가다 보면 〈나〉에 대한 지각이 있습니다. 그러나 그것만으로 만족할 수는 없는 것 같습니다.

바로 그렇다. 〈나〉에 대한 지각은 형태, 즉 육체와 연관되어 있다. 순수한 진아와는 아무것도 연관되어서는 안 된다. 진아는 연관되어 있지 않은 순수한 실체이며 그 진아의 빛 속에서 육체와 에고가 반짝인다. 모든 생각을 가라앉히면 순수한 의식이 남는다.

잠에서 막 깨어난 뒤, 아직 외부 세계를 인식하기 직전의 순간에 순수한 〈나〉가 있다. 자지도 말고 어떤 생각에 끌려가지도 말고 그 순간에 머무르라. 그 순간을 확고하게 포착할 수 있다면 외부 세계가 보여도 상관이 없다. 보는 자는 현상에 의해 영향받지 않고 남는다.

에고란 무엇인가? 탐구해 보라. 육체는 지각 능력이 없으며 따라서 에고라고 할 수 없다. 진아는 순수한 의식이며 이원적이지 않다. 따라서 진아도 에고라고 할 수 없다. 그렇다면 무엇이 에고인가? 그것은 지각 능력이 없는 육체와 진아 사이를 중개하는 어떤 것이다. 찾아보면 그것은 유령처럼 사라진다. 어떤 사람이 밤에 자기 옆에 그림자가 비친 것을 보고 유령이라고 생각하였다. 그러다가 자세히 보니 유령은 실재하지 않고 자신이 유령이라고 생각했던 것은 나무의 그림자였다는 사실을 알게 되었다. 만약 그가 자세히 보지 않았더라면 그 유령은 그를 공포에 떨게 했을 것이다. 자세히 보기만 하면 유령은 사라진다. 유령은 거기에 있지 않았다. 에고도 마찬가지다. 에고는 육체와 순수 의식을 연결하지만 결코 실재하지 않는다. 자세히 들여다보지 않는 한 그것은 계속 문제를 일으키지만 자세히 찾아보면 그것이 실재하지 않는다는 사실을 알게 된다.

● 저는 〈나는 누구인가〉라는 탐구를 하려고 하면 어느새 잠이 들어 버립니다. 저는 어떻게 해야 합니까?

깨어 있는 동안 탐구를 계속하면 그것으로써 충분하다. 그리고 만약 잠이 들 때까지 계속 탐구한다면 그 탐구는 자는 동안에도 계속될 것이다. 그러면 깨어나는 즉시 다시 탐구를 시작하라.

● 어떻게 하면 평화를 얻을 수 있습니까? 저는 자아탐구를 통해서는 평화를 얻을 것 같지 않습니다.

평화란 그대의 본래의 상태이며, 그 본래의 상태를 방해하는 것이 마음이다. 그대가 평화를 체험해 보지 않았다면, 그것은 그대가 마음속에서만 자아탐구를 했음을 의미한다. 마음이 무엇인가를 탐구해 보라. 그러면 마음은 사라질 것이다. 생각과 따로 분리되어 있는 마음이란 없다. 그럼에도 불구하고 그대는 생각을 일으키는 어떤 것이 있으리라고 가정하고 그것에 마음이라는 이름을 붙인다. 그것이 무엇인지를 엄밀히 조사해 보면 그대는 마음 같은 것은 존재하지 않는다는 사실을 발견한다. 마음이 이와 같은 식으로 사라지면 그대는 영원한 평화를 깨닫는다.

- 저는 〈나〉가 일어나는 근원에 대해서 탐구하다 보면 더 이상 나아갈 수 없는 고요한 마음상태에 도달합니다. 아무런 생각도 일어나지 않고 텅 빈 상태만이 있습니다. 은은한 빛이 충만하고 저는 그것이 육체가 아닌 상태의 저 자신이라고 느낍니다. 저는 육체나 다른 형상들을 인식하지도, 보지도 않습니다. 그 체험은 거의 30분 정도 지속되며 제게 기쁨을 줍니다. 영원한 행복(자유 또는 구원, 뭐라고 불러도 좋지만)을 얻기 위해서는 이와 같은 경험이 몇 시간, 며칠 또는 몇 달 동안 지속되도록 계속 수행해 나가기만 하면 됩니까?

그것은 구원이 아니다. 그와 같은 상태를 〈마노라야 Manolaya〉, 즉 〈일시적으로 생각이 가라앉은 상태〉라고 한다. 마노라야는 일시적으로 생각의 움직임을 정지시킨 집중을 의미한다. 이 집중상태가 끝나면 바로 여러 가지 생각들이 그전처럼 밀려든다. 이와 같이 일시적으로 마음이 가라앉은 상태가 설사 1천 년 동안 계속 된다 할지라도 그것은 결코 탄생과 죽음으로부터의 자유라고 불려지는 상태, 즉 생각이 완전히 끊어진 상태로 이끌지는 못한다. 따라서 수행자는 정신을 바짝 차리고 이런 체험을 하는 자가 누구인지, 그 즐거움을 아는 자가 누구인지 내면에서

탐구해야 한다. 이런 탐구를 하지 않으면 그는 오랫동안의 황홀경이나 깊은 수면상태에 빠질 것이다. 수행을 해 나가는 도중 이 단계에서 적절한 인도가 없음으로 해서 많은 사람들이 그릇된 자유에 속아 그 상태에서 벗어나지 못했고, 오직 소수만이 가까스로 무사히 목표에 도달하였다.

이 점을 잘 보여 주고 있는 이야기가 있다. 어떤 요기가 갠지스 강가에서 몇 년 동안 고행을 계속하고 있었다. 그는 높은 단계의 집중상태에 이르게 되자 그 상태를 오랜 기간 동안 계속 유지하는 것이 자유에 이르는 길이라고 믿고 수행을 계속하였다. 어느 날, 깊은 집중상태에 들어가기 전, 그는 갈증을 느끼고 제자에게 갠지스 강에서 마실 물을 떠오라고 하였다. 그러나 그 제자가 물을 가지고 돌아오기도 전에 그는 깊은 수면 상태에 빠져 몇 년 동안을 계속 그 상태로 남아 있었다. 그동안에 수없이 많은 물이 갠지스강을 통해 흘러갔으며 강의 지형마저 변해 버렸다. 몇 년이 지난 뒤 그는 이 상태에서 깨어났는데, 깨어나자마자 「물, 물」하고 소리쳤다. 그러나 그의 제자도 갠지스 강도 보이지 않았다.

그가 깨어나서 맨 먼저 요구한 것이 물이었다. 왜냐하면 깊은 집중상태에 들어가기 전, 그의 마음의 가장 겉층에 있었던 생각이 물이었고 집중이 아무리 깊고 오래 계속되었다 하더라도 그는 그의 생각들을 일시적으로 가라앉힐 수 있었을 뿐이기 때문이다. 그가 다시 의식을 회복하자 가장 겉층에 있던 그 생각이 강력한 속도와 힘을 가지고 터져나왔다. 명상에 들어가기 직전에 가졌던 생각이 이런 식이라면 그 이전에 가졌던 생각들도 마찬가지로 남아 있으리라는 것은 의심할 여지가 없다. 생각이 완전히 끊어진 상태를 자유라고 할 때, 그는 과연 자유를 얻었다고 할 수 있겠는가?

구도자들 중에서도 일시적으로 마음이 가라앉은 이 상태 *Manolaya*와 영원히 생각이 끊어진 상태*Manonasa*의 차이점을 이해하는 사람은 드물다. 마노라야에서는 생각의 물결들이 일시적으로 잠잠해지는데, 설사 그 기간이 1천 년 동안 지속된다 하더라도 일시적으로 가라앉은 생각들은 마노라야가 끝나자마자 다시 일어난다. 따라서 구도자는 자신의 영적 진화과정을 주의 깊게 지켜봐야 한다. 그리고 생각이 가라앉는 이러한 상태에 빠져서는 안 된다. 이 상태를 체험하면 즉시 의식을 회복해서 이 고요함을 경험하는 자가 누구인지를 내면에서 탐구해야 한다. 다른 생각이 침범하지 못하도록 해야 하는 동시에 이와 같은 깊은 수면상태, 혹은 자기 최면상태에 빠져서도 안 된다. 이 상태는 목표를 향해서 나아가고 있다는 표시가 되기도 하지만, 진정한 자유와 깊은 수면상태의 어느 길로나 갈 수 있는 분기점이기도 하다. 쉽고, 직접적이며, 가장 빠른 지름길은 자아탐구의 방법이다. 자아탐구를 통하여 생각들은 점점 깊어지고, 근원에 이르게 되며 그 근원 속으로 녹아들게 된다. 그때 그대는 내면으로부터의 반응을 느끼게 될 것이며 모든 생각들이 일시에, 그리고 영원히 사라짐으로써 그대가 그곳에서 휴식하고 있음을 발견할 것이다.

🌀 이 〈나라는 생각〉이 저로부터 일어나는 것은 틀림없는데 진아는 모르겠습니다.

그대는 아직 정신적인 개념의 단계를 벗어나지 못하고 있다. 그대는 지금 그대 자신을 〈그릇된 나〉, 즉 〈나라는 생각〉과 동일시하고 있다. 이 〈나라는 생각〉은 떠올랐다 가라앉았다 하지만 〈진정한 나〉는 떠오르지도 가라앉지도 않는다. 그대의 실체에는 단절이 있을 수 없다. 잠을 잤던 그대가 지금은 깨어 있으며 지금 있는 불행이 깊은 잠 속에서는 없다. 지금 이 차이를 느끼고 있는 그것은 무엇인가? 그대가 깊이 잠든 동안에는 〈나라는 생각〉이 없으나 지금은 있다. 〈진정한 나〉는 겉으로 드러나지 않으나 〈그릇된 나〉는 스스로를 드러내고 있다. 이 〈그릇된 나〉가 그대의 올바른 지혜에 방해가 된다. 이 〈그릇된 나〉가 어디에서 일어나는지 찾아보라. 그러면 그것은 사라질 것이다. 그때 그대는 오직 그대 자체로서, 다시 말하면 절대적인 실체로서 존재할 것이다.

● 어떻게 그렇게 됩니까? 저는 아직 그 정도까지 되지 않습니다.

〈나라는 생각〉의 근원을 찾기만 하면 된다. 우주가 존재하는 것은 〈나라는 생각〉 때문이며, 그 생각이 사라지면 불행 역시 사라진다. 또한 그 근원을 찾아야만 〈그릇된 나〉도 사라진다.

사람들은 가끔 어떻게 하면 마음을 조절할 수 있겠는가를 묻는다. 나는 그들에게 이렇게 말한다. 「나에게 마음을 보여 주시오. 그러면 어떻게 하는지를 알려 주겠소.」 마음은 생각들이 모인 다발과 같은 것인데, 마음을 없애려는 생각이나 욕망을 가지고서 어떻게 마음을 없앨 수 있겠는가? 생각과 욕망은 마음을 구성하는 중요한 일부분이며 새로운 생각이 일어남에 따라 마음은 점점 더 비대해진다. 따라서 마음으로써 마음을 없애려는 시도는 어리석다. 유일한 방법은 마음의 근원을 찾아서 내면으로 파고드는 방법이다. 그러면 마음은 스스로 사라질 것이다. 요가에서는 마음의 조절을 가르치지만 나는 자아탐구에 대해서 이야기하며 이것이 실제적인 방법이다. 깊이 잠들었을 때, 기절했을 때, 단식할 때 등에는 마음이 일어나지 않고 가라앉지만 그때가 지나가면 다시 생각들이 일어난다. 이럴진대 그런 상태들이 무슨 소용이 있겠는가? 이처럼 〈마음의 조절mind control〉이란 별 소용이 없으며 지속적인 효과가 없다.

그렇다면 어떻게 해야 지속적인 효과가 있을 수 있겠는가? 불행의 원인을 찾아야 한다. 불행은 대상이 존재하기 때문에 생기며 대상이 없으면 그 대상에 상응하는 생각도 없고 따라서 불행도 사라진다. 그렇다면 그 다음 문제는 〈어떻게 하면 대상이 사라지느냐〉이다. 여러 경전과 성인들은 대상은 실체가 아니라고 말한다. 과연 그런지 탐구해 보고 그 말의 진위를 확인해 보라. 결국 객관 세계는 주관적 의식 안에 존재한다는 결론이 나올 것이다. 이처럼 진아는 현상계 속에 스며 있고 현상계를 포함하고 있는 유일한 실체다. 진아에게는 이원성이 없기 때문에 그대의 평화를 방해하는 어떠한 생각도 일어나지 않을 것이다.

진정한 수행이란 그대가 생각에 의해서 방해를 받을 때마다 진아 쪽으로 물러나는 것이다. 그것은 마음을 집중하는 것이 아니고, 마음을 파괴하는 것도 아니며 다만 진아 쪽으로 물러나는 것이다.

● 어째서 집중이 효과가 없습니까?

마음에게 마음을 없애라고 하는 것은 도둑을 경찰로 임명하는 것과 같다. 그는 도둑을 잡는 척하겠지만 결국 아무런 이득도 없을 것이다. 그대는 마음을 내면으로 돌려서 어디에서 마음이 일어나는지를 찾아야 하며 그러면 마음은 사라질 것이다.

● 마음을 내면으로 돌린다면 여전히 마음을 사용하고 있지 않습니까?

물론 우리는 마음을 사용하고 있다. 마음을 통해서만 마음을 없앨 수 있다는 사실은 아미 잘 알려져 있고 인정된 사실이다. 마음은 외부로 향하면 생각과 대상을 낳지만 내면으로 향하면 스스로 진아가 된다.

● 아직 잘 모르겠습니다. 제가 지금 알고 있는 〈나〉는 〈그릇된 나〉라고 말씀하셨는데, 어떻게 그 〈그릇된 나〉를 없앨 수 있습니까?

〈그릇된 나〉를 없앨 필요는 없다. 어떻게 〈나〉가 〈나〉를 없앨 수 있겠는가? 〈나〉의 근원을 찾아 그 근원에 머무르기만 하면 된다. 그대는 거기까지만 노력을 통해서 갈 수 있으며 그 이상은 저절로 일이 진행될 것이다. 거기에서부터는 그대가 할 수 있는 일은 없다. 어떠한 노력도 할 수 없다.

● 진아가 항상 지금, 여기에 있다는데, 왜 저는 그렇게 느끼지 못합니까?

느끼지 못한다고 말하는 자는 누구인가? 〈진정한 나〉인가, 〈그릇된 나〉인가? 자세히 살펴보면 그것은 〈그릇된 나〉라는 사실을 알게 된다. 그 〈그릇된 나〉가 장애물이며 〈진정한 나〉가 드러나기 위해서는 그 〈그릇된 나〉가 없어져야 한다. 〈나는 아직 깨닫지 못했다〉라는 느낌이 깨달음에 대한 장애물이다. 사실은 이미 깨달아 있으며 더 이상 깨달을 것은 아무것도 없다. 그렇지 않다면 깨달음은 새로운 것이 될 것이다. 지금까지 없었던 것이라면 새로 생겨야 하며, 새로 생기는 것이라면 결국 또 없어질 것이다. 깨달음이 영원하지 않다면 추구할 만한 가치가 없다. 따라서 우리가 추구하는 것은 새로 생기는 것이 아니라, 본래 영원하지만 단지 장애물에 가려서 아직 모르고 있는 것일 뿐이다. 단지 장애물만 제거하면 된다. 그리고 그 장애물이란 바로 무지다. 무지만 제거하면 모든 일이 잘 될 것이다.

● 탐구의 과정이 잘 진행되고 있는지의 여부를 어떻게 알 수 있습니까?

생각이 일어나지 않는 정도가 얼마만큼 깨달음에 접근했는지의 척도이지만, 깨달음 자체는 진보가 없이 항상 마찬가지다. 진아는 항상 깨달음 속에 머물러 있다.

● 아침 저녁으로 잠깐 동안만 자아탐구를 해도 충분합니까? 아니면 글을 쓰거나 걸으면서도 계속해야 합니까?

그대의 진정한 본성은 무엇인가? 글쓰는 것인가, 걷는 것인가?

아니면 존재하는 것인가? 변화될 수 없는 유일한 실체는 그대의 존재다. 그 순수한 존재의 상태를 깨달을 때까지 그대는 탐구를 계속해야 한다. 일단 그대가 그 안에 안주하게 되면 더 이상의 괴로움은 없을 것이다. 생각이 일어나는 한, 즉 그대가 〈나는 걷고 있다〉 또는 〈나는 글을 쓰고 있다〉라고 생각하는 한, 누가 그것을 하고 있는지를 탐구하라.

● 선생님께서는 말씀하시는 그 방법은 분명히 직접적인 방법이지만 매우 어렵습니다. 도대체 어떻게 시작해야 좋을지를 모르겠습니다. 〈나는 누구인가, 나는 누구인가〉라고 계속 주문처럼 묻다 보면 곧 따분해집니다. 다른 명상 방법에서는 처음 시작하는 예비단계가 있고 점차로 한 걸음 한 걸음 나아가는 과정이 있는데 선생님께서 말씀하신 방법에는 이런 것이 없습니다. 곧 바로 진아를 탐구해 들어가는 것은 직접적이기는 하지만 어렵습니다.

그대는 스스로 그것이 직접적인 방법이라고 인정하고 있다. 그것은 직접적이면서 동시에 쉬운 방법이다. 내면의 본질과는 멀리 떨어진 다른 것들에 대한 추구도 그다지 어렵지 않은데 자신의 진아에 대한 추구가 왜 어렵겠는가? 그대는 어디에서부터 시작해야 되는지를 묻고 있는데 시작도 끝도 없다. 바로 그대 자신이 시작이며 끝이다. 만약 그대는 여기 있는데 진아는 딴 곳에 있다면 그대는 그 진아에 도달해야 하며 어떻게 출발해서, 어떻게 여행하고, 어떻게 도착해야 하는지에 대해서 설명을 들어야 할 것이다. 만약 그대가 지금 라마나스라맘에 있으면서 〈나는 라마나스라맘에 가고 싶다. 어떻게 출발해서 어떻게 도착해야 되는가?〉라고 묻는다면 뭐라고 말해 줄 수 있겠는가? 진아에 대한 탐구가 바로 이와 같다. 그대는 항상 진아이며 그 이외의 아무것도 아니다. 그대는 〈나는 누구인가〉라는 질문이 주문처럼 된다고 말했다. 〈나는 누구인가, 나는 누구인가〉라고 계속 묻기만 하라는 의미가 아니다. 그렇게 해서는 생각들이 쉽게 사라지지 않는다. 그대 자신에게 〈나는 누구인가〉라고 물음으로써 그대는 모든 생각들의 뿌리인 〈나라는 생각〉이 일어나는, 그대의 내면으로 집중하게 된다. 진아는 그대의 밖에 있지 않고 안에 있기 때문에 그대는 밖으로 향하지 말고 안으로 몰입해야 한다. 그대 자신에게 향하는 것보다 더 쉬운 것이 어디 있겠는가? 그런데도 어떤 사람들에게는 이 방법이 쉽지 않게 보이고, 또 별로 호소력이 없을 수도 있으며 그래서 아직까지 여러 가지 다른 방법들을 가르쳐 왔던 것이다. 어떤 방법이든 그 방법이 가장 쉽고 가장 좋다는 사람들이 있게 마련이지만 어떤 사람들에게는 자아탐구의 방법만이 호소력이 있기도 하다. 그들은 말한다. 「당신은 내게 이런 것을 알고, 저런 것을 보라고 하지만, 아는 자는 누구이며 보는 자는 누구입니까?」

어떤 방법을 택하더라도 행위자는 있게 된다. 없을 수가 없다. 그 행위자가 누구인지를 발견해야 한다. 그때까지는 수행이 끝날 수가 없다. 따라서 결국 누구나 〈나는 누구인가〉를 발견해야 한다.

그대는 처음 시작하는 예비단계가 없다고 불평했다. 진아에게는 시작도 끝도 없다. 그대는 스스로를 육체와 동일시하고 있으며 진아가 육체를 가지고 있는 것으로, 즉 한계를 가지고 있는 것으로 생각하고 있다. 거기에서 모든 문제가 생긴다. 진아를 육체와, 또는 어떤 형태나 한계와 동일시하지만 않으면 된다. 그러면 그대는 그대 자신이 항상 진아였고, 항상 진아라는 사실을 알게 된다.

복종

개체적 자아를 초월하는 수단으로 신에 대한 복종을 강조하는 종교들이 많다. 라마나 마하리쉬도 이 방법의 타당성을 인정하였으며 이 방법이 자아탐구의 방법과 마찬가지의 효과가 있다고 말하기도 하였다. 전통적으로 복종의 길은 복종하는 자가 복종받는 신에 대해 헌신하는 이원적인 길로 알려져 있으나, 라마나에게 있어서는 이러한 이원적 행위는 2차적인 중요성밖에 가지지 못한다. 대신에 그는 진정한 복종이란 신과 인간 사이의 주 – 객 관계를 초월한다고 가르쳤다. 왜냐하면 진정한 복종이란 신과 분리되어서 신에게 복종하는 그 사람이 사라졌을 때에만 성공적으로 이루어지기 때문이다. 이 목표를 달성하기 위해서 그는 두 가지의 수행 방법을 제자들에게 권하였다.

1) 자기는 신과 분리되어 있다고 느끼는 그 사람이 사라질 때까지 〈나르는 생각〉에 몰입하는 방법.

2) 자기 일생의 모든 책임을 완전히 신, 또는 진아에게 맡겨 버리는 방법. 이러한 자아복종이 효과적으로 이루어지기 위해서는 자기 자신의 의지나 욕망을 갖지 말아야 하며, 신과 따로 떨어져서 독립적으로 행위할 수 있는 개체적 자아가 실재한다는 생각으

로부터 완전히 벗어나야 한다.

첫번째 방법은 표현 방법만 약간 다를 뿐, 분명히 자아탐구의 방법이다. 라마나는 복종과 탐구는 다른 이름을 가진 똑같은 과정이라고 말하곤 했으며 그 두 가지 방법을 통해서만 깨달음에 이를 수 있다고 하였다. 그는 자신의 제자들이 복종의 길을 가는 것을 결코 반대하지는 않았으나 신과의 어떠한 이원적 관계(헌신자·숭배자·하인 등등)도 모두 환상이라는 사실을 일깨워 주었다. 오직 신만이 실재하기 때문이다. 그는 진정한 헌신이란 신과의 모든 이원적 관계가 사라진 상태에서, 있는 그대로의 자기로 남아 있는 것이라고 하였다.

자기 일생의 모든 책임을 신에게 맡겨 버리는 두 번째 방법은 사실 자아탐구와 다르지 않다. 왜냐하면 그 방법도 결국 〈나라는 생각〉을 없애 버리려 하는 방법이기 때문이다. 이 방법을 따르는 데 있어서는 어떤 행위를 하더라도 그 행위를 일으키는 〈나〉는 없으며 오직 신만이 실재한다는 끊임없는 지각이 있어야 한다. 또한 어떤 생각이나 행위에 대한 책임을 자기가 지려고 한다는 사실을 알아차리면, 바로 그 순간 그 마음을 거두어들여서 신 안에 고정시켜야만 한다. 이는 자아탐구의 과정에서 자신에 대한 주시를 놓쳤음을 알아차린 순간, 새롭게 주의를 환기하는 것과 유사하다. 결국 두 방법 모두 목표는 〈나라는 생각〉을 고립시켜서 그 생각을 근원적으로 없애려는 데에 있다.

라마나는 신에 대한 자발적이고 완전한 자아복종이 대부분의 사람들에게 불가능한 목표라는 사실을 인정하고, 이 길을 가려는 제자들에게 자아탐구의 방법에서와는 달리 우선 예비적인 훈련을 하도록 충고하였다. 이 예비적인 훈련이란 신이나 스승의 이름을 계속 외우거나, 또는 형상을 마음속으로 그림으로써, 신이나 스승에 대해 명상하는 방법이다. 그는 사랑과 헌신의 자세로 규칙적으로 이 훈련을 하면 마음이 자연히 명상하는 대상 속으로 흡수된다고 말하였다.

일단 이렇게 되면 완전한 복종이 훨씬 쉬워진다. 끊임없이 신에 대해 명상하고 있으면 마음이 다른 대상과는 동일시되지 않고, 오직 신만이 실재한다는 신념이 강화된다. 또한 이 훈련은 신(진아)으로부터 힘과 은총이 흐르게 하여 〈나라는 생각〉의 힘을 약화시키고, 바사나를 파괴한다. 결국 〈나라는 생각〉이 상당히 감소되며, 조금만 자아를 주시하면 그 〈나라는 생각〉이 일시적으로 가슴속으로 가라앉도록 할 수 있다.

자아탐구에 있어서와 마찬가지로 궁극적인 깨달음은 신의 힘에 의해 자동적으로 이루어진다. 밖으로 향하려는 마음의 습성들이 거듭되는 실체에 대한 체험 속으로 용해되면, 신이 〈나라는 생각〉의 흔적들을 완전히 없애 버려 다시는 일어나지 않도록 한다. 이런 현상은 전혀 아무런 조건 없이 자아복종이 이루어질 때에만 가능하다. 어떤 영광을 위해서나, 깨달음에 대한 욕망으로서 자아복종을 한다면, 그것은 부분적인 복종일 수밖에 없으며 〈나라는 생각〉이 교묘하게 변형된 모습에 불과하다.

● 무조건적인 복종이란 무엇입니까?

무조건적으로 복종하게 되면 〈질문하는 자〉가 사라질 것이다. 깨달음으로 가는 길에는 두 가지가 있다. 〈나〉라는 근본적인 생각에 몰입함으로써 모든 생각들이 사라지도록 하는 것이 그중 하나이고, 〈더 큰 힘〉에게 무조건적으로 복종하는 것이 다른 하나이다.

● 전체적이고 완전한 복종을 하기 위해서는 자유나 신에 대해서 조차도 욕망을 갖지 않아야 합니까?

완전한 복종을 하기 위해서는 그대 자신의 욕망이 전혀 없어야 한다. 그대는 신이 주는 것이면 무엇에나 만족해야 하는데, 이 말은 곧 그대 자신의 욕망이 전혀 없어야 한다는 의미다.

● 저에게는 그 방법이 맞는 것 같습니다. 어떻게 하면 완전한 복종에 이를 수 있는지 그 과정을 알고 싶습니다.

두 가지 길이 있다. 하나는 〈나〉의 근원을 찾아 그 근원 속으로 몰입하는 길이고, 다른 하나는 〈나는 내 힘으로 어찌할 수가 없고 신만이 전능하기 때문에 내 자신을 그에게 완전히 던질 수밖에 없다〉라고 느끼는 길이다. 이 두 번째 길을 가다 보면 오직 신만이 실재하며 에고는 아무것도 아니라는 확신이 점차로 강해진다.

결국, 이 두 가지 길은 같은 목표에 이르게 한다. 완전한 복종은 지혜, 또는 자유의 다른 이름이다.

● 저에게는 복종의 길이 더 쉬운 듯합니다. 저는 그 길을 가고 싶습니다.

그대가 어떤 길을 가더라도 그대는 유일한 실체 안에서 그대 자신을 잊어버려야만 한다. 복종이 완전해지려면 그대는 〈신만이 모든 것〉이라는 단계에 도달해야 한다.

그 상태는 지혜를 통해서 도달한 상태와 다르지 않다. 복종의 길은 쉬운 것처럼 보인다. 왜냐하면 사람들은 〈나는 복종한다〉라고 말하면서 자신들의 짐을 신에게 맡겨놓고 나면, 자신들이 하고 싶은 대로 자유롭게 할 수 있으리라고 생각하기 때문이다. 그러나 사실은 그대가 복종한 다음에 그대에게는 좋아함도 싫어함도 있어서는 안 된다. 그대의 의지는 전혀 없어야 하며, 신의 의지가 그 자리를 대신해야 한다. 이러한 과정을 통해 에고가 사라진 상태는 지혜의 길을 통해 도달한 상태와 다르지 않다. 따라서 어떤 길을 가더라도 그대는 결국 실체에 도달해야 한다.

● 에고를 없애는 가장 좋은 방법은 무엇입니까?

각자에게 가장 쉽게 보이고 가장 가슴에 와닿는 방법이 가장 좋은 방법이다. 모든 길은 결국 에고가 진아 속으로 사라져 버린 똑같은 상태에 이르게 한다.

● 신은 구도자가 구도의 길을 갈 수 있는 능력을 키워 주지는 않습니까?

그것은 신에게 맡겨라. 무조건적으로 신에게 복종하라. 둘 중의 한 길을 가야 한다. 그대가 자신의 무능력을 인정하고 〈더 큰 힘〉이 그대를 도와 주기를 바란다면 복종하라. 아니면 불행의 뿌리를 찾아 내면으로 들어가서 진아 속으로 몰입하라. 어떤 길을 가든지 그대는 불행으로부터 벗어날 것이다. 신은 복종한 사람을 결코 저버리지 않는다.

● 복종한 다음에도 마음이 산란한 이유는 무엇입니까?

그 질문을 하는 마음은 복종한 마음인가?

● 세상을 살아가는 저희들로서는 저희들 앞에 닥치는 여러 가지 괴로움을 어떻게 극복해야 될지 모르는 때가 많습니다. 그래서 신에게 기도를 드리지만 여전히 괴로움은 남아 있습니다. 어떻게 해야 합니까?

신을 완전히 믿어라.

● 복종합니다. 그러나 아무런 도움도 받지 못합니다.

만약 그대가 완전히 복종했다면 그대는 신의 의지에 따라 살 수 있어야 하며 그대를 만족시켜 주지 못한다고 불평해서는 안 된다. 겉으로 보이는 것과는 다른 결과를 낳는 상황도 있다. 때로는 괴로움이 인간을 신에 대한 믿음으로 이끌기도 한다.

● 그러나 저희들은 세속적인 생활인들입니다. 저희들에게는 처자식들이 있고 친구가 있으며 친척이 있습니다. 저희들은 그들의 존재를 무시할 수 없고, 또 저희들 각자의 개인

적인 부분을 남겨놓지 않은 채 완전히 신의 뜻에만 맡겨 버
릴 수는 없습니다.

그대는 아직 그대가 말한 것처럼 복종하고 있지 않다. 그대는
신을 신뢰해야 한다. 신에게 복종하라. 그리고 신이 나타나든 사
라지든 그의 의지에 따라서 살아가라. 그가 기뻐할 때까지 기다
려라. 그대가 바라는 대로 해달라고 신에게 부탁한다면 그것은
복종이 아니라 명령이다. 그로 하여금 그대에게 복종하도록 할
수는 없다. 그런데도 그대는 복종했다고 생각하고 있다. 신은 무
엇이 최선인지를 알고 있고, 언제 어떻게 해야 할지를 알고 있다.
그에게 전적으로 모든 것을 맡겨라. 그러면 그대의 짐은 모두 그
의 것이 된다. 그대에게는 더 이상 아무런 걱정도 없다. 그대의 모
든 걱정은 이제 그의 것이다. 이것이 바로 복종이며, 이것이 바로
헌신*Bhakti*이다.

아니면 그러한 질문들이 누구에게 일어나는지 탐구해 보라. 가
슴속으로 깊이 들어가 진아로서 남아라. 진지한 구도자에게는 이
두 길 중의 하나가 열려 있다.

● 복종은 불가능할 것 같습니다.

그렇다. 처음에는 완전한 복종이 불가능하다. 그러나 누구에게
나 부분적인 복종은 가능하며 시간이 지남에 따라 완전한 복종을
향해 나아가게 될 것이다. 만약 복종이 전혀 불가능하다면 어떻게
될까? 그렇다면 마음의 평화란 있을 수 없다. 그대는 그것을 만들
어 낼 수 없다. 마음의 평화는 오직 복종을 통해서만 가능하다.

● 복종만으로 진아에 이를 수 있습니까?

복종만으로 충분하다. 복종이란 자기 존재의 근원을 향하여 자기 자신을 포기하는 것이다. 그대 자신의 근원이 그대의 밖에 있는 어떤 신이라는 망상에 빠지지 말라. 그대의 근원은 그대 내면에 있다. 그 근원을 향하여 스스로를 포기하라. 이 말은 곧 그 근원을 찾아서 그 안에 몰입해야 한다는 의미다.

〈라마나 마하리쉬에게 글로 써서 한 질문〉
다른 것은 전혀 생각하지 않고 오직 신 안에서만 머무르게 되면 모든 것을 얻을 수 있다는 말들을 합니다. 그 말은 모든 생각, 즉 육체를 유지하는 데 최소한으로 필요한 음식에 대한 생각까지도 버리고 한곳에 가만히 앉아서 전적으로 신에 대해서만 명상해야 한다는 의미입니까? 또 몸이 아프더라도 약이나 치료에 대해서는 생각하지 말고 전적으로 신에게만 맡겨야 된다는 의미입니까?

바가바드 기타에는 다음과 같은 구절이 있습니다. 〈모든 욕망을 버리고 목적 없이 사는 사람, 나와 나의 것이라는 느낌으로부터 자유로운 사람, 그 사람은 평화를 얻는다.〉 이 말은 모든 욕망을 버리라는 의미입니다. 그렇다면 우리는 오로지 신에 대해서만 생각하고 음식이나 물조차도 신의 은총에 의해서만 받아들여야 합니까? 아니면 우리가 최소한의 노력은 해야 합니까?

부디 이 복종의 깊은 뜻을 자세히 설명해 주십시오.

〈그 글을 다 읽은 뒤에, 방에 있는 모든 사람들에게 말하였다.〉
완전한 복종이란 어떤 생각에 대해서도 집착하지 않고 아무런 의심도 갖지 않음을 의미한다. 그러나 그것이 육체를 유지하는 데 필요한 음식이나 물에 대한 생각마저 버리라는 의미인가? 이 사람은 이렇게 묻고 있다. 「신의 지시에 따라서만 먹어야 합니까? 아니면 최소한의 노력은 해야 합니까?」 우선, 우리가 먹도록 되어 있는 것이라면 결국 먹게 된다는 사실을 인정하자. 그러나 그렇더라도 그 먹는 자는 누구인가? 누군가가 우리 입에 먹을 것을 넣어 주었다고 생각해 보자. 최소한 그것을 삼켜서도 안 되는가? 또 삼키지 않으려고 한다면, 그것은 노력이 아닌가? 이 사람은 묻고 있다.

「만약 몸이 아프게 되면 약이나 치료에 대해서는 생각하지 말고 그냥 신의 처분에 맡겨야 합니까?」 상카라가 쓴 어떤 책에는 배고픔이라는 병을 치료하기 위해서는 시주로 받은 음식을 먹어야 한다고 씌어 있다. 그러나 그러기 위해서는 최소한 밖에 나가서 탁발을 해야 한다. 만약 모든 사람이 다 눈을 감고 가만히 앉아서 음식이 나타나기만을 기다린다면 이 세상은 어떻게 되겠는가? 따라서 이런 일들은 지금까지 해 오던 전통에 따라 자연스럽게 처리해 나가야 하겠지만, 중요한 점은 어떠한 행위든 그 행위를 〈내〉가 하고 있다는 느낌으로부터 벗어나야 한다는 점이다. 〈내〉가 그것을 하고 있다는 느낌이 구속이다. 따라서 아팠을 때 약을 먹어야 하는지, 또는 배고플 때 음식을 먹어야 하는지에 대해서 고민하느니보다 어떻게 하면 그 느낌을 극복할 수 있는지를 연구하고 그 방법을 찾아내는 것이 더 필요하다. 그런 의심은 하기로 하면 끝이 없다. 예컨대 〈고통을 느낄 때 신음을 해야 하나?〉〈숨을 내쉰 다음에 들이쉬어야 하나?〉와 같은 의문도 일어날 것이다. 그러나 사실은 어떤 〈더 큰 힘〉이 각 개인의 의식의 진화 정도에 따라서 이 세상의 모든 일을 꾸려나가고 있다. 따라서 모든 책임을 그 힘에게 맡겨 버리면 만사는 스스로 진행될 것이다. 우리는 땅 위를 걸어다닐 때, 매걸음마다 언제 한 발을 올리고 언제 한 발을 내리며 어느 지점에서 멈추어야 할 것인지 등을 일일이 고려하지 않는다. 걸음은 자동적으로 이루어진다. 호흡도 마찬가지다. 어떤 특별한 노력 없이도 들숨과 날숨은 계속된다. 삶도 마찬가지이다. 우리가 하려고 한다 해서 다할 수 있는 것도 아니고, 하지 않으려 한다고 해서 안할 수만도 없다. 우리가 의식하고 있지 않은 채로 거의 대부분의 일들이 진행되고 있다. 신에 대한 완전한 복종이란 모든 생각을 버리고 마음을 신에게만 집중하는 것을 의미한다. 우리가 신에게만 집중할 수 있으면 다른 생각들은 사라진다. 마음과 말과 육체의 행위들이 신과 더불어 하나가 되면 우리 삶의 모든 짐은 신이 떠맡게 된다.

● 그러나 정말 제가 하는 모든 행위가 실제로는 신의 행위입니까?

인간이 스스로를 행위자라고 생각하는 점이 문제다. 그러나 그것은 착각이다. 모든 행위는 〈더 큰 힘〉이 하고 있으며 인간은 도구에 지나지 않는다. 만약 인간이 이와 같은 태도를 받아들이면 그는 고통으로부터 벗어나지만, 그렇지 않으면 그는 고통을 자초한다. 예컨대 어떤 사원의 탑은 밑부분이 사람의 입상立像으로 되어 있는데, 그 입상의 자세와 표정은 마치 그 사람이 탑 전체의 무게를 떠받치고 있는 듯한 느낌을 준다. 그러나 생각해 보라. 탑은 땅 위에 세워져 있으며 땅 밑에는 탑을 받치는 기초가 되어 있다. 따라서 그 입상은 탑의 일부분인데도 불구하고 탑의 무게를 견뎌 내고 있는 듯한 자세와 표정을 하고 있다. 우습지 않은가? 자기 자신이 행위를 하고 있다는 느낌을 가지고 있는 사람도 이와 마찬가지다.

● 신을 사랑하는 것도 좋은 방법이라고 생각합니다. 왜 사랑의 길을 따르라고 하시지는 않습니까?

내가 사랑의 길을 따르지 말라고 한 적이 있는가? 그대는 그 길을 갈 수 있다. 그러나 그대가 말하는 사랑에는 이원성이 있다. 즉, 사랑하는 그대와 사랑받는 신이 나누어져 있다. 인간은 결코 신과 분리되어 있지 않다. 따라서 자기 자신의 진아에 대한 사랑을 가지는 것이 사랑의 진정한 의미다.

● 저는 헌신의 길을 추구해 왔고 앞으로 더욱더 추구하고 싶습니다. 깨달음조차 저에게는 중요하지 않습니다. 제가 더욱 열심히 추구할 수 있도록 도와 주십시오.

헌신의 길을 가겠다는 마음이 강하면 그대가 설사 원하지 않더라도 깨달음이 그대에게 나타날 것이다. 마음이 그 헌신 속에 녹아 버리기 때문이다. 나프탈렌은 오래 두면 다 날아가 버리고 아무것도 남지 않는다. 마음이 바로 나푸탈렌과 같다. 사람이 진아 속에 녹아 버려서 아무런 흔적도 남지 않은 상태가 바로 깨달음이다.

● 저는 신의 형상을 숭배하는 데에 믿음을 가지고 있습니다. 그것은 깨달음에 이르는 데 도움이 되지 않습니까?

틀림없이 그것은 도움이 된다. 한가지에 대해서 명상하면 마음을 집중시키는 데 도움이 되며 그렇게 되면 마음은 다른 생각들로부터 벗어나서 명상하고 있는 형상으로만 가득 차고 다시 그 형상과 하나가 되어 매우 순수해진다. 그때 그 형상을 숭배하는 자가 누구인지 생각해 보라. 그러면 거기에 대한 대답은 〈나〉, 즉 진아다. 이렇게 해서 결국 진아에 이르게 된다.

가장 좋은 숭배는 생각 없는 생각으로 형태 없는 실체를 숭배하는 것이지만, 이와 같은 숭배에 익숙하지 못할 때는 형상을 숭배하는 것도 도움이 된다. 형태 없는 실체에 대한 숭배는 에고의 형태에서 벗어난 사람들에게만 가능하다. 에고의 형태를 가지고 있는 사람들이 하는 숭배는 사실은 모두 형상을 숭배하는 것과 마찬가지다.

● 신을 찬양하는 노래를 부르면서 세상을 떠돌아다녀도 목표에 도달할 수 있습니까? 아니면 한 장소에만 머물러 있어야 합니까?

어디를 다니더라도 마음을 한 곳에 집중시키는 것이 중요하다. 마음은 제멋대로 돌아다니도록 내버려 두면서 몸만 한 곳에 머무르게 해 봤자 무슨 소용이 있겠는가?

● 아무런 동기 없이 헌신할 수가 있습니까?

물론이다. 어떤 대상에 대한 욕구로 인하여 신을 숭배하는 것은 그 대상을 숭배하는 것이다. 대상에 대해서 아무런 욕구도 일으키지 않아야만 제대로 진아에 도달할 수 있다.

● 모든 것을 신으로 봄으로써 가슴속의 신을 발견하는 길을 제시하는 사람도 있습니다. 이 길은 깨달음으로 가는 올바른 길입니까? 오히려 〈나는 누구인가〉라는 질문을 통한 자아탐구의 방법이 더 쉽지 않습니까?

그대가 모든 것 속에서 신을 보고자 할 때, 그때 그대는 신을 생각하는가, 생각하지 않는가? 그대가 주위의 어디에서나 신을 보고자 한다면 그대는 반드시 신을 생각해야 한다. 이와 같이 마음속에 신을 간직하는 것이 명상이며, 명상은 깨달음의 전 단계다. 깨달음은 오직 진아 안에서만 가능하며 진아와 분리될 수 없다. 그리고 명상은 깨달음 이전 단계에서 선행된다. 그대가 신에 대해서 명상을 하든, 진아에 대해서 명상을 하든 그것은 중요하지 않다. 목표는 마찬가지이기 때문이다. 그대는 결코 진아로부터 벗어날 수 없다. 그대는 모든 것 속에서 신을 보려고 하는데 그럼 그대 자신 속에서는 볼 수 없는가? 모든 것이 신이라면 그대는 그 모든 것 속에 포함되지 않는가? 모든 것이 신이라면 그대 자신도 역시 신이다. 그리고 신에 대해 명상하는 데 있어서도 틀림없이 명상하는 자, 또는 생각하는 자가 있을 것이다. 그는 누구인가?

●무소부재無所不在한 신을 어떻게 볼 수 있습니까?

신을 본다는 것은 신이 되는 것이다. 무소부재한 신으로부터 분리되어 있는 것은 아무것도 없으며 오직 신만이 존재한다.

●헌신의 길을 가는 사람에게는 헌신할 대상으로서의 신이 있게 마련입니다. 그런 사람에게는 오직 진아만이 실재하고 숭배하는 자도, 숭배받는 신도 사실은 실재하지 않는다는 사실을 가르쳐 줘야 하지 않습니까?

물론 헌신의 길에서는 신이 필요하다. 그러나 결국 완전한 복종이 이루어져야만 헌신의 길이 완성된다. 그리고 어느 길을 가더라도 〈나〉를 피할 수는 없다. 동기 없는 행위를 하는 〈나〉, 신으로 부터 분리되었고 다시 신과 하나 되기를 갈망하는 〈나〉, 진정한 본성으로부터 떨어져 나왔다고 느끼는 〈나〉 등등……. 결국 〈나〉의 근원을 찾아내야만 한다. 그러면 모든 의문이 해결될 것이다.

●〈나〉조차도 환상이라면 이 모든 환상을 만드는 이는 도대체 누구입니까?

〈나〉가 〈나〉라는 환상을 만들어 내면서 동시에 〈나〉로서 머물러 있다. 이는 깨달음의 이율배반이지만 깨달은 사람에게는 아무런 모순도 일으키지 않는다. 헌신의 경우를 생각해 보자. 나는 신에게 접근하며, 신 안에 흡수되기를 기원한다. 나는 믿음을 가지고 복종하며 그에게 집중한다. 그 다음에는 무엇이 남는가? 원래의 〈나〉가 있던 자리에 그 〈나〉는 사라지고 완전한 복종에 의한 신의 자취만이 남는다. 이것이 바로 가장 높은 차원의 헌신이요, 복종이며, 무집착이다.

  자기가 소유하고 있는 것 중에서 일부만을 포기하기는 쉽지만 자기 자신을 포기하기는 어렵다. 그러나 만약 자기 자신을 포기하면 일시에 모든 것이 포기될 것이다. 소유의 씨앗이 사라질 것이다. 이렇게 되면 비본질적인 것은 뿌리가 뽑히고 싹이 잘려진다. 이를 위해서는 철저하게 냉정해져야 하며, 마치 물에 빠진 사람이 숨이 막혀 수면 위로 떠오르려고 발버둥칠 때와 같은 맹렬함이 있어야 한다.

스 승

"사실상 신과 스승은 다르지 않다. 호랑이의 입 안으로 굴러 들어간 먹이가 다시 도망칠 수 없듯이, 스승의 은총이라는 찬란한 빛 아래로 다가온 제자는 결국 구원을 얻게 되며, 버림받지 않는다. 그러나 그러기 위해서는 제자가 스승이 제시하는 길을 반드시 따라야 한다."

"스승의 관점에서 보면 제자란 존재하지 않지만, 제자의 관점에서 보면 스승의 은혜는 바다와 같다. 그러나 컵을 가지고 스승에게 가는 제자는 스승에게서 컵만큼만을 얻을 것이다. 바다의 인색함을 탓해 봐야 소용이 없다. 그릇이 크면 클수록 많이 담을 수 있을 것이며, 그것은 전적으로 제자에게 달려 있기 때문이다."

스승

스승이라는 말을 넓게 사용하여, 영적인 가르침을 주는 사람이면 누구라도 스승이라고 할 수 있지만, 라마나 마하리쉬는 이 스승이라는 말을 상당히 제한해서 사용하였다. 그에게 있어서는 진정한 스승이란 진아를 깨달은 자이며, 깨달음을 향하여 나아가는 사람들을 도와 줄 수 있는 힘을 사용할 수 있는 자이다.

라마나는 신과 스승과 진아는 똑같다는 말을 가끔 했다. 즉, 스승은 인간의 형태를 한 신이며 또한 동시에 모든 구도자의 가슴 속에 있는 진아이기도 하다는 것이다. 스승은 내면에도 있고 외면에도 있기 때문에 그의 힘도 두 방향에서 작용한다. 외면적 스승은 가르침을 주고 그의 힘으로 구도자들로 하여금 진아에 주의를 집중하도록 하며, 내면적 스승은 구도자의 마음을 그 근원 쪽으로 끌어당겨 진아에 몰입하게 하여 마침내는 그 마음을 없애 버린다.

깨달음으로 가고자 하는 거의 모든 사람에게 스승이 필요하다는 것이 라마나의 기본적인 가르침 중의 하나다. 아주 드문 경우를 제외하고는 영적 진화에 있어서 스승의 촉매적 역할이 대단히 중요하다. 왜냐하면 대부분의 구도자들의 경우, 진아에 대한 무지의 뿌리가 너무 깊어서 그들 자신들만의 노력으로는 그 무지에서 벗어날 수가 없기 때문이다.

라마나는 깨달음으로 가는 데에 있어 스승의 역할이 필수적이라고 가르쳤지만, 동시에 자신이 진정으로 깨달음을 추구하지 않는 사람에게는 스승은 아무런 도움도 줄 수가 없다고도 하였다. 진아를 찾기 위해 진지한 노력을 할 때 스승의 은혜와 힘이 자동적으로 흐르기 시작하지만, 그와 같은 노력이 없으면 스승도 어찌할 수 없다.

● 진아를 찾기 위한 노력을 하면서 기대할 수 있는 스승의 은총이란 무엇입니까? 어떻게 그것이 깨달음에 이르게 합니까?

스승은 진아다. 인간은 때로 자신과 자신이 가지고 있는 것에 대해서 불만을 느끼고 신에 대한 기도를 통해서 자신의 욕망을 만족시키고자 한다. 그러다가 그의 마음은 점차 순화되어 신을 알고자 열망하게 되고 자신의 세속적인 욕망을 만족시키기보다는 신의 은총을 얻고자 한다. 그때, 신의 은총이 나타나기 시작한다. 즉, 신이 스승의 형태로 구도자에게 나타나서 그에게 진리를 가르치며 또한 그와 관계를 맺음으로써 그의 마음을 순화시킨다. 그러면 구도자의 마음은 힘을 얻고 내면으로 향할 수 있게 된다. 그 뒤, 그 마음은 명상에 의해서 더욱 순화되어 물결 하나 없이 고요해지는데, 그 고요함이 깊어짐에 따라 진아가 드러난다.

스승은 외면적인 동시에 내면적이다. 외면적인 스승은 제자의 마음이 내면으로 향하도록 밀어넣으면, 내면적인 스승은 마음을 진아쪽으로 끌어당기고 마음이 가라앉도록 도와 준다. 이것이 스승의 은총이다. 신과 스승과 진아 사이에는 아무런 차이도 없다.

● 신지학회神智學會(Theosophial society)*에서는 자신들을 인도해 줄 스승을 찾기 위해서 명상한다고 합니다.

스승은 내면에 있다. 명상은 스승이 밖에만 있다는 그릇된 생각을 없애는 데에 그 의미가 있다. 만약 그대가 기다리는 스승이 새롭게 나타나는 어떤 사람이라면 마찬가지로 그는 또 사라지게 되어 있다. 그와 같은 일시적인 존재라면 무슨 소용이 있겠는가? 물론 그대가 자신은 진아로부터 분리되어 있다고 생각하거나 〈육체가 나〉라고 생각하는 한, 외부적인 스승도 필요하며 그 스승은 육체를 가지고 나타날 것이다. 그러나 자신을 육체와 동일시하는 그릇된 견해가 사라지면 스승이란 진아 외에는 아무것도 아니라는 사실을 알게 될 것이다.

● 스승에게 귀의하면 스승을 통해서 진아를 알 수 있습니까?

스승이 그대의 손을 잡고 귓속말이라도 해준단 말인가? 그대는 그대 자신과 같은 차원으로 스승을 상상하고 있다. 그대가 자신을 육체로 생각하기 때문에 스승도 육체를 가지고 있으며, 그대에게 직접 손으로 만질 수 있는 뭔가를 해주리라고 생각하고 있다. 그러나 스승의 작업은 내면에서, 영적인 영역에서 이루어진다.

● 진정한 스승이란 어떤 사람입니까?

---

* 19세기에 러시아계 이탈리아인인 블라바츠키 여사 *Madame* Blavatsky에 의해서 시작된 영적 단체. 크리슈나무르티가 이 신지학회를 통해서 성장하였다. 이 신지학회에서 인간의 영적인 문제에 대해 주로 불교와 힌두교를 바탕으로 체계를 세운 이론이 신지학神智學(*Theosophy*)이다

항상 진아에 안주하며, 어느 때, 어느 장소, 어떤 상황에서도 흔들리지 않는 용기를 가지고 만물을 평등하게 대하는 사람이다.

● 이 세상에는 서로 다른 길을 가르치는 수많은 영적 스승들이 있습니다. 어떤 사람을 자신의 스승으로 받아들여야 합니까?

같이 있으면 그대가 평화를 얻게 되는 사람이다.

● 그럼, 그가 가르치는 내용은 고려하지 않아도 됩니까?

열렬한 구도자에게 이래라 저래라 하는 사람은 진정한 스승이 아니다. 구도자는 이미 자신의 행위로 인하여 괴로움을 당하고 있으며 평화와 휴식을 원한다. 다른 말로 하면 그는 자신의 행위가 끝나기를 원한다. 그런 사람에게 스승이 그의 행위에 추가해서, 아니면 대신으로, 다른 행위를 하라고 한다면 그것이 도움이 될 수 있겠는가? 그런 스승은 그 구도자를 자유롭게 할 수 있기는커녕 오히려 속박만 가중시킬 뿐이다.

● 스승은 바로 자신의 진아라는 말이 사실이라고 할 때 제자가 아무리 많이 배우고 신비한 초능력을 가졌다 해도 스승의 은총없이 깨달음에 이를 수 없다고 하는 이유는 무엇입니까?

절대적 진리의 측면에서 보면 스승의 상태가 곧 진아의 상태이지만, 무지로 인하여 이 절대적 진리를 모르는 사람은 스승의 은총 없이는 그 진정한 상태를 깨닫기가 매우 어렵다.

● 스승의 은총은 어떻게 알 수 있습니까?

그것은 말과 생각을 넘어서 있다.

● 그렇다면 어떻게 스승의 은총에 의해서 제자가 자신의 진정한 상태를 깨달을 수 있습니까?

그것은 마치 코끼리가 꿈을 꾸고 있다가 꿈속에서 사자를 보자마자 놀라서 깨어나는 것과 같다. 사자를 보자마자 코끼리가 깨어나듯이, 제자도 스승의 자비롭고 은혜로운 모습을 보는 순간 무지의 잠으로부터 진정한 지혜의 상태로 깨어나는 것이다.

● 스승 없이도 지혜를 얻은 사람들은 어떻게 그럴 수 있었습니까?

진화된 소수의 사람들에게는 신이 형태 없는 지혜의 빛으로 나타나서 진리를 드러내 준다.

● 올바른 스승인지를 어떻게 알 수 있습니까? 스승의 진정한 모습은 어떤 것입니까?

그대의 마음과 동조하는 사람이 그대에게 맞는 스승이다. 스승의 진정한 모습에 대해서 이야기하자면, 그에게는 평온함·인내·용서 등의 덕목이 있어야 하며, 마치 자석이 쇠붙이를 끌어당기듯이 눈만 가지고서도 다른 사람들을 끌어당길 수 있어야 하고, 모든 것에 대해서 평등한 자세를 가져야 한다. 이와 같은 덕목을 갖춘 사람이 진정한 스승이지만 그대가 스승의 진정한 모습을 알고자 한다면 우선 그대 자신의 진정한 모습부터 알아야 한다. 자기 자신의 진정한 모습을 모르는 사람이 어떻게 스승의 진정한 모습을 알 수 있겠는가? 만약 그대가 스승의 진정한 모습을 지각하고자 한다면 우선 우주 전체를 스승의 모습으로 보는 법부터 배워야 한다. 살아 있는 모든 것 속에서 스승을 보아야 한다. 신의 경우도 마찬가지다. 그대는 모든 대상을 신의 모습으로 보아야 한다. 자신의 진아를 알지 못하는 사람이 어떻게 신의 진정한 모습이나 스승의 진정한 모습을 지각할 수 있겠는가? 어떻게 그것들을 판단할 수 있겠는가? 따라서 가장 먼저 그대 자신의 진정한 모습부터 알도록 하라.

● 그것을 알기 위해서조차도 스승이 필요하지 않습니까?

그렇다. 세상에는 위대한 사람들이 많이 있다. 그대의 마음과 동조하는 사람을 그대의 스승으로 섬겨라. 그대가 믿음을 가질 수 있는 사람이 그대의 스승이다.

● 자유에 도달하는 데 있어서 스승의 은총이 어떤 역할을 합니까?

자유는 그대의 바깥에 있지 않다. 그것은 내면에 있을 뿐이다. 진정 구속으로부터 벗어나고자 하는 자가 있으면, 내면의 스승은 진아를 향해서 끌어당기고 외면의 스승은 진아를 향해서 밀어넣는다. 이것이 스승의 은총이다.

● 선생님에게는 아무 스승도 없었다고 합니다만……

무엇을 스승이라고 하느냐에 달려 있다. 스승이 반드시 인간적인 모습을 할 필요는 없다. 다타트레야Dattatreya*에게는 지地·수水·화火·풍風·공空 등 다섯 가지 요소를 포함한 스물넷의 스승이 있었다. 이 세상의 모든 대상이 그의 스승이었다.

스승은 절대로 필요하다. 우파니샤드에서는 오직 스승만이 무지와 감각의 밀림으로부터 인간을 건져낼 수 있다고 말한다. 스승은 반드시 있어야 한다.

● 제가 말씀드린 것은 인간으로서의 스승입니다. 선생님께서는 한 분도 없었지 않습니까?

나에게도 한때는 스승이 있었을 것이다. 또 나는 아루나찰라를 찬송하지 않았느냐? 스승이란 무엇인가? 스승은 신이며 진아다. 맨 처음 인간은 신에게 자신의 욕구를 만족시켜 달라고 기원한다. 그러다가 더 이상 물질적인 욕구를 만족시켜 달라고 기원하

---

*고대 인도의 성자. 그의 이름이 옛날 기록에 가끔 나오지만, 생몰 연대와 활동지역은 분명치 않다.

지 않고, 신 자체를 위해서 기원하는 때가 온다. 그때 신은 그 사람의 기원에 대한 응답으로 인간의 모습, 또는 다른 모습으로 나타나서 그를 자신에게로 인도한다.

● 한 스승에게 헌신하면서 다른 스승들을 존경할 수도 있습니까?

스승은 오직 하나다. 스승은 육체적인 존재가 아니다.

● 크리슈나무르티는 〈스승은 필요하지 않다〉라고 말하고 있습니다.

그는 어떻게 그것을 알았겠는가? 깨달은 뒤에는 그렇게 말할 수 있으나, 그전에는 그럴 수 없다.

● 선생님께서는 저희들이 깨달음을 얻는 데 도움을 주실 수 있습니까?

도움은 항상 있다.

● 그러면 질문을 할 필요가 없군요. 저는 그 항상 있다는 도움을 느끼지 못합니다.

복종하라. 그러면 그대는 그것을 발견할 것이다.

◉ 저는 항상 선생님께 귀의하고 있습니다. 제가 따를 구체적인 가르침을 주십시오. 제가 사는 곳은 여기서 6백 마일이나 떨어져 있어서 딴 방법으론 도움을 받을 수 없습니다.

진정한 스승은 내면에 있다.

◉ 저를 인도하여 이해시켜 줄 스승이 필요합니다.

진정한 스승은 내면에 있다.

◉ 저에게는 눈으로 볼 수 있는 스승이 필요합니다.

그 눈으로 볼 수 있는 스승이 자기는 내면에 있다고 말하고 있다.

◉ 성공 여부는 스승의 은총에 달려 있지 않습니까?

그렇다. 그대의 수행 자체도 은총으로부터 기인한다. 그리고 수행의 결과로 자동적으로 열매가 열린다. 카이바리아 *Kaivalya**에는 이런 구절이 있다. 〈오, 스승이시여! 당신은 항상 저와 함께 계셨으며 여러 생을 통해 저를 지켜보셨고, 제가 마침내 자유로워질 때까지 저의 길을 정해 주셨습니다.〉 진아는 필요한 때가 되면 외면적인 스승의 모습으로 나타나며, 그렇지 않으면 항상 내

---

* 타밀어로 된 〈불이일원론不二一元論〉에 대한 교본.

면에 있으면서 필요한 일을 행한다.

● 쉬르디 사이 바바Shirdi sai Baba의 어떤 제자들은 그의 사진을 숭배하면서 그것이 그들의 스승이라고 말합니다. 어떻게 그럴 수가 있습니까? 그들은 그것을 신으로 숭배할 수도 있겠지만 그렇게 한다고 해서 무슨 도움이 됩니까?

그렇게 함으로써 집중을 확실히 할 수 있다.

● 그럴 수는 있겠지요. 어느 정도 집중하는 훈련은 될 것 같습니다. 그러나 제대로 집중하려면 스승이 필요하지 않습니까?

물론이다. 결국 스승이란 집중을 의미한다.

● 생명 없는 사진이 어떻게 집중을 깊게 해 나가는 데에 도움이 되겠습니까? 집중이 깊어지기 위해서는 그것을 실제로 보여 줄 수 있는 살아 있는 스승이 필요합니다. 선생님께서는 살아 있는 스승 없이도 완성에 이르셨지만, 저 같은 사람에게도 가능할까요?

생명 없는 사진을 숭배함으로써도 어느 정도까지는 마음을 집중할 수 있다. 그러나 자아탐구를 통해서 진아를 알지 못하면 그 집중상태는 지속되지 않는다. 그리고 그 탐구를 위해서는 스승의 도움이 필요하다.

● 스승은 제자에게 자신의 어떤 힘을 전해 줌으로써 제자가 진아를 깨닫도록 할 수 있다는 말이 있습니다. 그것이 사실입니까?

스승은 깨달음을 가져다 주지 않는다. 다만 깨달음에 이르는 데 있어서의 장애물들을 제거할 따름이다. 진아는 항상 깨달음의 상태에 있다.

● 항상 선생님의 은총을 받으면서 큰 어려움 없이 깨달음에 이른 제자분들이 있습니다. 저도 그런 은총을 받고 싶습니다. 그런데 여자의 몸이고, 또 멀리 떨어져서 생활하기 때문에 제가 바라는 만큼 선생님과 같이 있을 수가 없습니다. 어쩌면 다시 이곳에 돌아올 수 없을지도 모릅니다. 부디 제가 이곳을 떠난 뒤에도 선생님을 기억할 수 있도록 해 주십시오.

그대가 어디로 간단 말인가? 그대는 아무 데도 가지 않는다. 그대는 육체가 아니다. 진아는 움직이지 않으며 세상이 진아 안에서 움직인다. 그대는 그냥 그대일 뿐, 그대 안에는 아무런 변화도 없다. 따라서 여기를 떠나는 것처럼 보이지만 그대는 여기에도 있고 저기에도 있으며 어디에든 다 있다. 눈 앞에 나타나는 장면만 다를 뿐이다.

은총의 경우, 은총은 그대의 내면에 있다. 은총이 외면적이라면 그것은 쓸모가 없다. 은총은 진아다. 그대는 결코 은총으로부터 벗어나 있지 않다. 은총은 항상 존재하고 있다.

🟤 제 말씀은 제가 선생님의 모습을 기억함으로 해서 제 마음이 강해져야 하고, 또 선생님으로부터 어떤 반응이 와야 한다는 말씀입니다. 저는 너무 나약하기 때문에 혼자만의 힘으로는 안 됩니다.

은총은 진아다. 그대가 나를 기억하는 것은 진아가 그렇게 하도록 자극하기 때문이다. 이미 거기에 은총이 있지 않은가? 그대가 나를 기억한다는 그 사실이 은총을 나타내는 증거다. 바로 그것이 반응이고 동시에 자극이다. 또한 그것이 진아이며 그것이 은총이다.

🟤 저는 외부의 도움 없이 저 자신만의 노력을 통해서 더 깊은 진리에 이를 수 있겠습니까?

그대가 진아를 탐구하겠다는 생각에 몰두해 있다는 사실이 신의 은총을 나타내고 있다. 내면의 실체, 즉 진아가 가슴속에서 눈부시게 빛나고 있다. 그것은 내면에서 그대를 잡아당기고 있다. 그대는 이제 외면으로부터 내면으로 들어가야 한다. 그대가 열렬히 탐구하게 될 때, 깊은 내면에서 은총이 작용한다. 내가 은총없이는 진정한 탐구가 없으며, 진아를 찾으려 하지 않는 사람에게는 은총이 작용하지 않는다고 말하는 이유가 이 때문이다. 둘 다 모두 필요하다.

🟤 언제까지 스승이 필요합니까?

무지가 있는 한 스승이 필요하다.

● 은총이 그토록 중요하다면 개인적인 노력의 역할은 무엇입니까?

어느 단계까지는 노력이 필요하며 그 단계에 이르면 진아가 스스로 분명해진다. 그 단계까지는 어떠한 형태로든 노력이 있어야 한다. 또한 신의 은총은 깨달음에 이르는 데 필수적이지만, 그 은총은 진정한 헌신자, 진정한 요기에게만 나타난다. 그것은 자유를 향한 길 위에서 끊임없이, 그리고 열심히 노력하는 사람에게만 주어진다.

침묵

라마나 마하리쉬는 질문하는 사람들에게 언어를 통해서 기꺼이 가르침을 주기도 했지만 늘 자신의 〈침묵의 가르침〉이 더 직접적이고 강력하다는 사실을 상기시켰다. 이 〈침묵의 가르침〉이란 그의 내면으로부터 방출되는 영적인 힘을 의미하며 매우 강력하여서, 그는 그것을 자기 가르침 중에서 가장 직접적이며 중요한 부분으로 여겼던 것이다. 그래서 이것저것 말로써 가르치는 대신에 그는 이 〈침묵의 힘〉을 방출하였으며, 그것은 자동적으로 그의 주위에 있는 모든 사람들의 마음을 가라앉혔다. 이 힘에 동조되었던 사람들은 내적인 평화와 행복을 체험했다고 말하고 있으며 영적으로 진화된 어떤 사람들은 그 힘을 통하여 진아를 직접 체험하기도 하였다.

이 방법은 인도에서는 대단히 오랜 전통을 가지고 있으며 이 방법에 가장 뛰어났던 사람은 시바의 화신이라고 하는 다크쉬나무르티Dakshinamurti인데 그는 그의 침묵의 힘을 통해서 네 명의 제자로 하여금 진아를 체험하도록 하였다. 라마나는 다크쉬나무르티를 대단히 높이 평가했으며, 그의 이름이 제자들과의 대화 속에서도 자주 언급되고 있다.

스승으로부터 흘러나오는 이 침묵의 힘을 진아, 또는 스승의 모습에 초점을 맞추고 있는 사람이라면 누구라도 받을 수 있으며 물리적인 거리는 전혀 상관이 없다.

이와 같이 초점을 맞추는 것을 사트 Sat – 상가Sanga라고 하는데 이는 〈실체와의 교류〉를 의미한다. 라마나는 이 방법을 강력하게 권유하였으며 진아를 직접적으로 체험할 수 있는 가장 뛰어난 방법이라고 강조하였다. 사트 – 상가는 전통적인 의미에서는 깨달은 사람과 육체적으로 같이 있음을 의미하지만, 라마나는 이를 더 넓은 의미로 해석하여 사트 – 상가에서 가장 중요한 요소는 스승과의 정신적인 교류라고 하였다. 즉, 사트 – 상가는 스승과 같이 있을 때에도 가능하지만 언제 어디서든 스승을 생각하기만 해도 가능하다는 것이다.

● 선생님께서는 왜 돌아다니시면서 사람들에게 널리 진리를 전하지 않으십니까?

내가 널리 진리를 전하고 있는지 아닌지, 그대가 어떻게 아는가? 연단 위에 올라가서 사람들에게 열변을 토해야만 널리 진리를 전하는 것인가? 진리의 전달이란 곧 지혜의 전달이며 그것은 오직 침묵 속에서만 가능하다. 몇 시간 동안 가르침을 듣고도 전혀 아무런 변화 없이 돌아가는 사람과, 그냥 잠시 앉아 있더라도 삶에 대한 태도가 완전히 변화되어 돌아가는 사람을 비교해 보라. 아무 효과 없이 크게 소리치기만 하는 것과 내면의 힘을 보내면서 가만히 앉아 있는 것 중, 어느 편이 더 낫겠는가?

또, 어떻게 해서 언어라는 현상이 생기는가? 맨 먼저 추상적인 앎이 나타난다. 여기에서 에고가 생기고 이것이 생각을 일으키며 생각이 다시 언어로 발전한다. 따라서 언어란 실체의 고손자뻘이다. 이런 언어를 통해서도 효과를 나타낼 수 있다면 침묵의 힘은 얼마나 더 강력하겠는가?

● 침묵의 힘이 그렇게 강력할 수 있는 이유는 무엇입니까?

깨달은 사람으로부터는 강력한 영적 파동이 방출되며 이것이 사람들을 그에게 모이도록 한다. 사람들은 진리에 대해서 설명을 들어도 거의 이를 파악하지 못하지만 깨달은 사람과 접촉하면 그가 아무 말을 하지 않아도 훨씬 많은 것을 이해할 수 있다. 깨달은 사람은 굳이 대중들에게로 나갈 필요가 없으며 필요하다면 다른 사람을 대신 이용할 수도 있다.

스승은 침묵을 전해 주는 사람이며, 스승의 눈이 제자의 눈과 만나기만 하면 언어란 아무 소용이 없다.

● 선생님께서는 어떻게 진리를 전수하십니까?

가장 강력한 최고의 전수는 침묵이다. 이는 다크쉬나무르티에 의해서 행해진 방법으로 다른 모든 전수 방법은 낮은 수준의 것이고 침묵의 전수는 모두의 가슴을 변화시킨다. 다크쉬나무르티는 제자들이 그에게 다가왔을 때 침묵을 지켰다. 침묵은 가장 높은 차원의 전수 방법이며 다른 모든 방법들을 포함하고 있다. 다른 방법에서는 주 – 객 관계가 먼저 성립되어야 한다. 주 – 객 관계가 없이는 바라본다거나 몸을 만지는 등의 방법이 불가능하다. 침묵의 전수는 가장 완벽하며 바라보고, 만지고, 언어로 가르치는 등의 모든 다른 방법을 포함한다. 그것은 모든 측면에서 제자를 정화시키며, 실체 안에 뿌리내리도록 한다.

● 스승의 가장 큰 은총은 무엇입니까?

신, 은총, 스승은 같은 것을 의미하며 그것은 영원하고 내재적이다.

어떤 책들을 보면 눈이나 손을 통해 이루어지는 많은 전수 방법을 이야기하며, 스승이 불이나 물, 또는 주문 등으로 여러 가지 의식을 행하는 것에 대해서 이야기하고, 이러한 과정을 거쳐야만 제자가 비로소 성숙되는 것처럼 말한다.

그러나 진정한 전수에 있어서는 제자의 개체성이 사라진다. 다크쉬나무르티의 방법이 이와 같았다. 그는 어떻게 하였는가? 제자들이 그의 앞에 왔을 때, 그는 침묵하였다. 그는 계속 침묵을 지켰고 그러면 제자들의 의심이 사라졌다. 이것이 곧 지혜이며 장황하게 말이 많은 것과는 아무런 관계도 없다.

침묵은 가장 강력한 힘이며, 경전의 내용이 아무리 방대하고 훌륭해도 효과면에서는 침묵보다 떨어진다. 스승이 침묵하고 있을 때 평화가 모두를 감싼다. 그의 침묵은 모든 경전을 한데 모아 놓은 것보다 더 방대하고 강력하다.

●스승의 침묵이 더욱 진화된 영적 각성상태로 이끌 수 있다는 말이 사실입니까?

스승의 침묵의 힘을 말해 주는 오래된 이야기가 있다. 타트바라야Tattvaraya*라는 사람이 그의 스승인 스와루판난다Swarupananda**를 찬양하는 시를 한 수 지은 뒤, 학자들을 모아놓고 그 시를 감상하고 평가해 보도록 하였다. 학자들은 그와 같은 시는 전쟁터에서 1천 마리의 코끼리를 죽일 수 있는 영웅에게나 바치는 것이지, 수도승을 위해서 지을 수 있는 것이 아니라는 반대 의견을 제시하였다. 그러자 타트바라야가 말했다. 「자 그러면 모두 저의 스승에게 가보십시다. 그러면 그 문제가 해결될 것입니다.」 그래서 그들은 모두 그 스승에게 갔다. 모두들 자리에 앉은 뒤, 타트바라야가 스승에게 자기들이 찾아온 이유를 말하였다. 스승은 침묵하였다. 그러자 다른 모든 사람들도 똑같이 침묵상태에 들어갔다. 한나절이 지나고, 밤이 오고, 다시 다음날이 되고, 이렇게 며칠이 지나갔다. 그동안 아무도 침묵상태에서 벗어나지 않았다. 그들 사이에는 단 한 생각도 일어나지 않았으며 따라서 아무도 자기들이 이곳에 왜 왔는지 생각하거나 묻지 않았

---

*17세기 타밀 지방에서 살았던 사람으로 타밀어로 된 몇 권의 철학서를 남겼다.
**17세기에 타밀 지방에서 살았던 스승.

다. 이렇게 하기를 나흘째. 스승이 그의 마음을 약간 움직이자, 모여 있던 모든 사람들이 다시 사고思考행위를 시작하였다. 그리고 그들은 말했다. 「싸움터에서 1천 마리의 코끼리를 정복하는 것도 우리들 모두의 에고라는 코끼리를 정복하는 스승의 힘에 비하면 아무것도 아니다. 이분에게는 그와 같은 시를 바침이 마땅하다.」

●그러한 침묵의 힘은 어떻게 작용하는 것입니까?

언어는 한사람의 생각을 다른 사람에게 전달하는 매개체일 뿐이다. 따라서 언어는 어떤 생각이 일어난 다음에 나타나며, 모든 생각은 〈나라는 생각〉이 일어난 다음에 일어나기 때문에 〈나라는 생각〉이 언어의 뿌리를 이룬다고 할 수 있다. 그런데 만약 생각 없이 그냥 있을 수 있는 사람이 있다면 그는 침묵이라는 보편적인 언어로 상대방을 이해한다.

침묵은 끊임없는 언어다. 그것은 사실 언어의 영원한 흐름인데 외면적인 언어에 의해서 차단되고 있다. 지금 내가 하고 있는 이 말들이 침묵의 언어를 방해하고 있다. 예컨대 전선을 흐르는 전류의 경우, 그 흐름이 방해되면 전등이 켜지거나 프로펠러가 돌아가지만 방해되지 않으면 계속 전류로서 흐른다. 마찬가지로 침묵은 영원한 언어의 흐름이며 외면적인 언어에 의해서 방해를 받고 있다.

언어를 통해서는 몇 년이 지나도 제대로 이해하지 못하는 사람이 침묵을 통해서는 즉각 이해할 수도 있다. 다크쉬나무르티와 그의 네 명의 제자들의 경우가 이의 좋은 예이다. 침묵은 가장 높은 차원의, 그리고 가장 효과적인 언어다.

● 그와 같은 침묵의 힘은 깨달은 사람이 육체를 떠난 뒤에도 계속 남아 있습니까? 아니면 육체 속에 머물러 있을 때에만 효과가 있습니까?

스승은 육체적인 모습이 아니다. 따라서 스승과의 접촉은 스승의 육체가 사라진 다음에도 계속 남을 것이다. 한 스승이 육체를 떠나면 다른 스승에게 갈 수도 있겠지만, 모든 스승은 하나이며 그들은 결코 그대가 보는 것과 같은 모습이 아니다. 언제나 육체적인 접촉보다는 정신적인 접촉이 더 중요하다.

● 비베카난다Vivekananda*도 침묵이야말로 가장 큰 소리의 기도라고 말한 적이 있습니다.

그것은 구도자의 침묵을 말한 것이며, 스승의 침묵은 가장 큰 소리의 가르침이다. 또한 그것은 가장 높은 차원의 은총이다. 다른 모든 전수 방법은 침묵으로부터 기인하며 따라서 이차적이다. 스승이 침묵하고 있으면 제자의 마음은 스스로 정화된다.

● 누구나 이런 침묵으로부터 도움을 받을 수 있습니까?

침묵은 진정한 가르침이다. 그것은 또한 완전한 가르침이다. 그것은 가장 진화한 구도자에게 적합하며 그 외의 사람들은 침묵

---

*1863-1902. 라마크리슈나의 제자로 라마크리슈나의 가르침을 세계적으로 전파하는 데 노력하였다.

으로부터 충분한 영감을 얻을 수 없다. 따라서 그들에게는 진리를 설명해 줄 언어가 필요하다. 그러나 진리는 언어를 넘어서 있으며 어떠한 설명도 용납하지 않기 때문에, 언어로서 가능한 것은 다만 진리를 가리키는 것뿐이다.

● 제가 이곳에 있은 지 3개월이 지났습니다만 선생님의 모습으로부터 무슨 도움을 받았는지 모르겠습니다.

스승의 모습은 정화시키는 능력을 가지고 있다. 그러나 그것을 눈으로 볼 수는 없다. 석탄에 불이 붙는 데에는 오랜 시간이 걸리고, 숯은 그보다 덜 걸리며, 화약은 즉시 불이 붙는 것처럼, 스승과 접촉하는 제자들의 수준에 따라서 정화되는 정도에는 차이가 있다.

● 저는 혼자서는 잘 집중할 수가 없습니다. 저를 도와 줄 힘이 필요합니다.

그것이 바로 은총이다. 개인적으로 우리는 무능력하다. 왜냐하면 마음이 연약하기 때문이다. 은총이 필요하며 그것은 스승을 모시게 될 때 가능해진다. 그러나 새롭게 얻어지는 것은 아무것도 없다. 나약한 사람이 힘센 사람의 보호를 받는 것처럼 강한 마음을 가진 스승의 곁에 있으면 나약한 마음도 쉽게 조절될 수 있다. 그때 존재하는 것은 은총뿐이며 그 밖의 아무것도 아니다.

● 스승을 육체적으로 가까이 모실 필요가 있습니까?

어떤 경전에서는 깨달음을 얻기 위해서 12년 동안 스승을 모셔야 한다고 말하고 있다. 스승이 하는 일이 대체 무엇인가? 그가 제자에게 깨달음을 건네 주는가? 진아는 항상 깨달음의 상태에 있지 않은가? 그렇다면 경전에서 말하는 의미는 무엇인가? 인간은 항상 진아이지만 그 사실을 모르고 있고 자신을 진아 아닌 것, 또는 육체와 혼동하고 있다. 이 혼동은 무지 때문이며 무지가 제거되면 혼동도 사라지고, 진정한 지혜가 드러날 것이다. 깨달은 스승과 계속 접촉을 유지함으로 해서 무지는 점차, 그리고 완전하게 제거된다. 그리하여 영원한 진아가 드러난다.

수 행

"깨어 있을 때, 꿈꿀 때, 잠잘 때의 어느 경우에도 끊이지 않고 계속되는 수행이 최고의 수행이다. 또한 수행은 〈나는 지금 수행하고 있다〉라는 생각조차 일어나지 않을 정도로 치열해야 한다."

요가

요가Yoga 수행자들은 특정한 정신적 · 육체적 수련을 통해서 진아와 결합하는 것을 목표로 하고 있다. 이 수련의 대부분은 2000년 전 파탄잘리Patanjali*에 의해 씌어진 요가 수트라Yoga Sutra에 근거하고 있다. 라자 요가Raja Yoga로 알려져 있는 파탄잘리의 체계는 여덟 가지 단계로 나누어져 있는데, 그 여덟 가지는 야마Yama(금지하는 계율) · 니야마Niyama(권장하는 계율) · 아사

---

*요가 학파의 창시자이며 요가를 집대성하여 요가 수트라를 편찬하였다.

나Asana(자세)·프라나야마Pranayama(호흡 조절)·프라티아하라Pratyahara(감각으로부터 마음을 거두어들임)·다라나Dharana(집중)·댜야나Dhayana(명상) 그리고 사마디Samadhi(초월 의식)이다.

위의 여덟 가지 중 대부분은 다른 종교에서도 찾아볼 수 있으나, 예외인 것이 아사나와 프라나야마이며 이 두 가지가 라자 요가를 독특한 것으로 만들고 있다.

라마나 마하리쉬를 찾아온 사람들이 요가의 수행에 대해서 질문을 하면 그는 항상 아사나(자세)를 위주로 하는 하타 요가Hatha Yoga에 대해서는 반대하였다. 왜냐하면 하타 요가는 육체에 치중해 있기 때문이다.

영적인 문제들은 오직 마음을 통해서만 풀릴 수 있다는 것이 그의 가르침의 기본 전제였기 때문에 육체부터 신경쓰는 수행 방법에 대해서는 항상 반대의 입장을 취하였다.

그는 프라나야마(호흡 조절)에 대해서는 약간 높이 평가하여, 다른 방법을 통해서는 마음을 조절할 수 없는 사람들에게는 도움이 되리라고 말하였으나, 결국 그것도 초보적인 수행으로 간주하였다.

라자 요가와 함께 잘 알려진 또 하나의 체계에 쿤달리니 요가 Kundalini Yoga가 있다. 이 쿤달리니 요가를 행하는 사람들은 쿤달리니라고 불리는 영적인 힘을 각성시키기 위해서 영적 센터인 챠크라Chakras에 의식을 집중한다. 이 쿤달리니 요가의 목표는 쿤달리니를 영적 통로(수슘나Sushumna)를 통하여 척추의 맨 밑에서 부터 머리 꼭대기까지 상승시키는 데에 있다.

이 쿤달리니 요가를 행하는 요기들은 쿤달리니가 사하스라라 sahasrara*에 도달하면 깨달음에 이르게 된다고 믿고 있다.

라마나는 이 쿤달리니 요가를 상당히 위험한, 또 불필요한 것으로 보았기 때문에 제자들에게 절대 권유하지 않았다. 그도 쿤달리니나 챠크라의 존재는 인정하였지만 설사 쿤달리니가 사하스라라에 도달한다 하더라도 그 결과로서 깨달음을 얻을 수는 없다고 말하였다. 그는 궁극의 깨달음을 위해서는 쿤달리니가 사하스라라를 넘은 다음, 다시 다른 영적 통로를 통해서 내려와, 오른편 가슴에 있는 하트 센터*Heart Center*로 들어가야 한다고 하였다. 그는 자아탐구의 방법을 통하면 자동적으로 쿤달리니가 하트 센터로 들어간다고 강조하였으며, 그 밖에 별다른 요가 수행은 필요하지 않다고 가르쳤다.

라자 요가와 쿤달리니 요가 외에 힌두교에서 말하는 또 하나의 요가가 카르마 요가*Karma Yoga*, 즉 행위의 요가다. 이 카르마 요가의 목표는 일반적으로는 다른 사람들에 대한 이타적인 봉사를 통해서 영적으로 진화하는 데에 있는데, 라마나는 자기 제자들에게 이 길을 거의 권하지 않았다. 왜냐하면 이미 거기에는 도움을 주려고 하는 〈나〉와 도움을 필요로 하는 〈다른 사람들〉이 전제되어 있기 때문이다. 다만 즈나나 요가(진아 탐구) · 박티 요가(복종과 헌신) · 라자 요가의 길을 따를 수 없을 걸로 보이는 특별한 사람들에게만 이 방법을 권유하였다.

그는 진정한 카르마 요가는 행위자 없는 행위를 하는 것이라고 하였으며, 따라서 카르마 요가가 성공하기 위해서는 카르마 요가를 행하는 사람이, 자기가 다른 사람들을 돕고 있다는 생각으로부터 벗어나야 하고, 또한 자기가 한 행위의 결과에 대해서는 아

---

* 정수리에 있는 챠크라.

무런 집착 없이 무관심해야 한다고 강조하였다.

● 요가라는 말은 결합union을 의미한다고 들었습니다. 무엇이 무엇과 결합하는 것입니까?

요가에서는 우선 분리를 전제하고 그 다음에 결합을 이야기한다. 그러나 누가 결합하며, 누구와 결합하는가? 그대는 무엇인가와의 결합을 찾고 있다. 그러나 결합하기 위해서는 먼저 무엇인가가 그대와 분리되어 있어야 하는데, 그대의 진아는 그대와 밀착되어 있으며 그대는 항상 진아를 느끼고 있다. 먼저 진아를 찾아라. 그리고 진아가 되어라. 그러면 그것은 무한히 확장될 것이며 요가에 대한 그런 질문은 없어질 것이다. 그 분리는 누구의 것인가?

● 아직 잘 모르겠습니다. 분리라는 것이 정말 있습니까?

그 분리가 누구에게 있는지 찾아보라. 그것이 요가다. 요가는 모든 길에 다 있다. 사실 진정한 요가란 그대가 진아 또는 실체와 다르다는 생각을 멈추는 것 이외의 아무것도 아니다. 모든 요가들 — 즈나나·박티·라자·카르마 — 은 서로 다른 진화의 길을 가는, 서로 다른 기질의 사람들에게 각각 적합한 방법들일 뿐이다. 그것들은 모두 사람들로 하여금 자신이 진아와 다르다는 생각에서 벗어나도록 하는 데에 목표를 두고 있다. 사실은 우리들과 다른, 또는 우리들로부터 분리되어 있는 어떤 것과 결합한다는 의미에서의 결합이라든지 요가라는 것은 있을 수 없다. 왜냐하면 우리는 결코 진아와 분리되지도 않았으며 분리될 수도 없기 때문이다.

● 요가와 자아탐구의 차이는 무엇입니까?

요가에서는 생각을 억압하라고 하지만 나는 자기 자신을 탐구해 보라고 한다. 나의 방법이 보다 실제적이다. 혼수상태에서나 단식 기간중에는 일시적으로 마음이 억압되기는 하지만 원인이 사라지자마자 다시 마음이 일어난다. 즉, 전과 같이 다시 생각들이 흐르기 시작한다. 진정으로 마음을 넘어서는 데에는 단지 두 가지 방법밖에 없다. 마음의 근원을 찾든지, 아니면 절대자에게 완전히 복종하라. 만약 마음이 근원으로 향하기를 거부하면 마음이 흘러가는 대로 내버려 두고 다시 돌아오기를 기다렸다가 내면으로 향하도록 하라. 꾸준한 인내 없이는 아무도 성공할 수 없다.

● 호흡을 조절할 필요가 있습니까?

호흡 조절은 자신의 내면으로 깊이 들어가는 데에 있어서 보조 역할을 할 뿐이다. 마음을 조절함으로써 내면으로 들어가는 편이 낫다. 마음이 조절되면 호흡은 자동적으로 조절된다. 따라서 호흡을 조절하려고 애쓸 필요가 없으며 마음만 조절해도 충분하다. 곧 바로 마음을 조절할 수 없는 사람들에게만 호흡 조절이 필요할 뿐이다.

● 챠크라*Chakras*에 집중하면 마음이 가라앉습니까?

요기들은 사하스라라 챠크라와 같은 영적 센터에 마음을 집중시킴으로써 얼마 동안은 육체를 의식하지 않은 상태로 머무를 수 있다. 이 상태가 지속되는 동안에는 그들은 어떤 황홀경에 몰입되어 있는 듯이 보인다. 그러나 고요해졌던 마음이 다시 나타나서 활발해지면 다시 세속적인 생각들이 계속된다. 따라서 마음이 밖으로 향할 때마다 명상과 같은 수행의 도움으로 마음을 훈련시킬 필요가 있으며 그리하면 마음이 가라앉지도, 활발해지지도 않는 상태에 이르게 된다.

● 호흡 조절에는 들이쉼, 정지, 내쉼의 세 단계가 있습니다. 이것들이 어떻게 조절되어야 합니까?

육체와의 동일시를 완전히 버리는 것이 내쉼 *Rechaka*이요, 〈나는 누구인가〉라는 탐구를 통해서 내면으로 몰입하는 것이 들이쉼 *Puraka*이고, 〈내가 바로 그것 *I am that*〉이라는 상태에 머무르는 것이 정지 *Kumbhaka*다. 이것이 진정한 호흡 조절이다.

● 호흡을 조절하는 구체적인 방법을 알고 싶습니다.

중요한 것은 마음을 넘어서는 것이다. 자아탐구의 방법을 따를 만한 힘이 없는 사람들을 위해서 마음을 조절하는 데에 도움이 되는 한 방법으로 호흡 조절을 권유하게 된다. 호흡 조절에는 호흡을 통제하는 방법과 단순히 호흡을 주시하는 방법의 두 가지가 있다.

● 호흡을 조절하는 데에 있어서 들숨, 정지, 날숨의 비율을 1:4:2로 하는 것이 가장 좋습니까?

그런 비율들이 어떤 때는 숫자를 세고, 또 어떤 때는 만트라 Mantra를 외움으로써 조절되는데, 호흡 조절이란 결국 마음을 조절하는 수단일 뿐이다. 호흡을 주시하는 것도 호흡 조절의 한 방법이다. 들숨, 정지, 날숨을 비율에 맞추어서 하는 방법은 각 단계마다에서 인도해 줄 마땅한 스승이 없으면 오히려 해로울 수도 있다. 차라리 호흡을 주시하기만 하는 편이 쉽고 위험부담이 없다.

● 쿤달리니의 힘은 쿤달리니 요가를 하는 사람에게만 나타납니까? 아니면 다른 요가를 하는 사람에게도 나타날 수 있습니까?

쿤달리니의 힘을 갖고 있지 않은 사람이 어디 있겠는가? 쿤달리니의 힘은 모든 사람에게 다 있으며 어느 길을 가든지 다 나타나지만 다만 그것을 부르는 이름이 다를 뿐이다.

● 자아탐구를 통해서 깨달음에 이른 사람은 오직 그 길을 가는 사람에게만 도움을 줄 수 있습니까? 아니면 다른 길을 가는 사람들에게도 도움을 줄 수 있습니까?

그는 어떤 길을 가는 사람에게도 분명히 도움을 줄 수 있다. 비유를 들어보자. 산의 정상에 도달하는 길은 많이 있다. 정상에 도달한 사람, 즉 깨달은 사람이 자기가 올라왔던 길로 올라오라고 하면 어떤 사람들은 그 길을 좋아하겠지만 그렇지 않은 사람도 있을 것이다. 그런데 만약 그렇지 않은 사람에게 꼭 그 길로만 올라오라고 한다면 그는 잘 올라올 수 없을 것이다. 그렇지만 깨달은 사람은 다른 사람들이 어떤 길을 따라서 올라오더라도 도움을 줄 수 있다. 올라오는 길의 중간에 있는 사람들은 다른 길의 장점과 단점에 대해서 잘 모르겠지만, 이미 정상에 올라와서 다른 사람들이 올라오는 것을 보라보는 사람은 모든 길을 다 볼 수 있기 때문이다. 따라서 그는 올라오는 사람들에게 이쪽으로, 또는 저쪽으로 약간 움직이라거나 함정을 피하라고 알려 줄 수 있다. 목적지는 누구에게나 마찬가지다.

● 어떻게 하면 쿤달리니가 영적 통로를 통해서 상승하도록 할 수 있습니까?

요기들은 그 목적을 위해서 호흡 조절의 방법을 택하지만, 지혜의 길을 가는 사람들의 방법은 자아탐구의 방법뿐이다. 이 방법을 통해서 마음은 진아 속으로 녹아 들어가며, 그러면 진아와 분리되어 있지 않은 쿤달리니가 자동적으로 일어난다.

요기들은 쿤달리니를 사하스라라에까지 상승시키는 것을 가장 중요시하고 있다. 그들은 생명 에너지의 흐름이 정수리의 숨구멍을 통해서 육체 속으로 들어오고 있기 때문에 분리를 극복하기 위해서는 반대 방향으로 에너지를 상승시켜야 한다는 경전의 말들을 인용하면서, 결국 요가(결합)가 완성되기 위해서는 요가 수행을 통해 에너지를 모아서 정수리의 숨구멍으로 올려 보내야 한다고 말한다. 그러나 여기에는 육체의 존재가 전제되어 있고, 또 그것이 진아와 분리되어 있다는 사실이 전제되어 있다. 만약 이 분리라는 관점이 옳다면 요가 수행을 통해서 재결합한다는 요기들의 주장도 옳을 것이다.

그러나 사실 육체는 마음 안에 있으며 마음의 근거지는 바로 뇌다. 그리고 요기들 자신도 그들의 소위 숨구멍 이론에 따라, 뇌는 또 다른 근원으로부터 나오는 빛에 의해서 작용한다는 사실을 인정하고 있다. 그들 말대로 그 빛이 또 다른 근원으로부터 온다면 굳이 다른 것에 신경쓰지 말고 직접 그 근원으로 가면 되지 않겠는가? 그 근원이 바로 가슴이요, 진아다.

진아는 다른 곳에서 오지도 않으며 숨구멍을 통해서 육체 안으로 들어오지도 않는다. 그것은 항상 있는 그대로이고, 끊임없이 빛을 발하며, 영원하고, 움직이지도 변화하지도 않는다. 인간은 그 불변의 진아로부터 파생된 마음, 또는 육체에 자기 자신을 한정짓고 있다. 이 그릇된 동일시를 버리기만 하면 된다. 그렇게 하면 영원히 빛나는 진아가 유일한 실체로서 드러날 것이다.

사하스라라에 집중하면 틀림없이 삼매의 황홀경이 나타난다. 그러나 바사나는 사라지지 않는다. 따라서 요기들은 다시 삼매상태에서 깨어나게 되어 있다. 아직 구속으로부터의 해방이 이루어지지 않았기 때문이다. 그들은 아직도 그들 속에 잠재해 있으면서 그들의 삼매를 방해하는 바사나들을 제거하기 위해 노력해야 한다. 따라서 그들은 다시 사하스라라에서부터 지바나디*Jivanadi*라고 불리는 통로를 통해 가슴으로 내려가야 한다. 이 지바나디는 바로 수슘나*Sushumna*의 연장이며 따라서 수슘나는 곡선을 이루고 있다. 그것은 가장 낮은 챠크라로부터 시작되어서 척추를 따라 뇌에 이르고 다시 거기에서 구부러져서 가슴에 끝난다. 이 가슴에 이르면 요기의 삼매는 영원해진다. 가슴이야말로 최후의 중심이다.

● 하타 요가의 수행은 질병을 물리치는 데 효과적이라고 합니다. 그렇다면 즈나나 요가를 하기 전의 예비단계로서 필요하지 않겠습니까?

하타 요가를 해야 한다고 주장하는 사람들에게는 그것을 하도록 해야겠지만 이곳에서는 그럴 필요가 없다. 모든 질병은 끊임없는 자아탐구를 통해서 효과적으로 물리칠 수 있다. 마음의 건강을 위해서 육체의 건강이 필요하다는 생각을 계속한다면 육체를 돌보는 데에 끝이 없을 것이다.

● 그렇다면 진아를 탐구하는 데에 있어 하타 요가는 필요가 없습니까?

어떤 방법이 자신에게 적합하다고 생각하는 것은 잠재적인 경향성 때문이다. 하타 요기들은 자아탐구가 지장 없이 잘 되기 위해서는 육체를 잘 보존해야 한다고 주장한다. 또한 그들은 자아탐구가 성공하기 위해서는 생명이 연장되어야 한다고도 한다. 어떤 요기들은 그러한 목적으로 약품을 사용하기도 한다. 결국 그들의 주장은 그림이 그려지기 전에 도화지가 완전해야 한다는 것이다. 그러나 무엇이 도화지고 무엇이 그림인가? 그들 말을 따른다면 육체가 도화지고 자아탐구가 그림이다. 그러나 육체도 결국 진아라는 도화지 위에 그려진 그림이 아니겠는가?

🌑 아사나*asana*(자세 또는 자리)란 무엇입니까? 그것들은 필요합니까?

요가 경전에는 많은 아사나와 그것들의 효과가 언급되어 있다. 호랑이 가죽이나 풀 위에 앉아야 한다는 등, 〈연꽃 자세〉니 〈쉬운 자세〉니 등등. 자기 자신을 아는 데에 이런 것들이 왜 필요하단 말인가? 진아로부터 에고가 일어나서 자신을 육체와 잘못 동일시하고, 세상을 실체로 착각하며, 이기적인 망상에 뒤덮인 나머지 아사나 같은 것을 따지게 된다. 이러한 사람들은 자신이 모든 것의 중심이며 모든 것의 기초를 이루고 있다는 사실을 이해하지 못한다.

아사나란 확고하게 앉도록 하는 데에 그 의미가 있다. 자기 자신의 진정한 상태 이외의 어디에, 그리고 어떻게 확고하게 앉을 수 있겠는가? 자신의 진정한 상태야말로 진정한 아사나다. 우주 전체를 떠받치고 있는 기반*Asana*은 진아뿐이라는 참된 지혜로부터 벗어나지 않는 것만이, 올바른 삼매를 위한 부동의, 확고한 자세다.

🌑 선생님께서는 보통 어떤 자세로 앉으십니까?

어떤 자세로 앉느냐고? 가슴의 자세로 앉는다. 나의 자세는 어디에서나 즐거우며 행복한 자세다. 가슴의 자세는 평화로우며 행복을 준다. 실체에 자리잡은 사람에게 다른 자세는 필요하지 않다.

⦿ 바가바드 기타에서는 카르마 요가*Karma Yoga*를 강조하는 듯 합니다. 크리슈나Krishna는 아르쥬나Arjuna를 설득해서 싸우도록 하며, 크리슈나 자신도 활동적인 삶의 실례를 보이고 있습니다.

바가바드 기타는 인간은 육체가 아니며 따라서 행위자가 아니라는 말로부터 시작되고 있다.

⦿ 그 의미는 무엇입니까?

자기 자신이 행위자라는 생각 없이 행위해야 한다는 의미다. 에고가 없는 상태에서도 행위는 계속된다. 모든 인간은 어떠한 목적을 위해서 이 세상에 나타나는 것이며, 그 목적은 각 개인이 자신을 행위자라고 생각하든 생각하지 않든 달성될 것이다.

⦿ 카르마 요가란 무엇입니까? 그것은 행위나 행위의 결과에 대해서 집착하지 않는 것입니까?

자기 자신이 행위자라는 생각 없이 행위하는 것이 카르마 요가다. 모든 행위가 자동적으로 진행된다.

⦿ 제가 행위하지 않는데 어떻게 행위가 계속될 수 있습니까?

그 질문을 하는 자는 누구인가? 진아인가? 아니면 다른 무엇인가? 진아가 행위에 대해서 관심을 가지고 있는가?

● 아닙니다. 진아는 아닙니다. 진아와는 다른 무엇입니다.

그렇다면 진아는 행위에 대해서 관심을 갖고 있지 않다는 사실이 분명하고, 이 사실을 확실히 알면 그런 질문은 일어나지 않는다.

● 저는 카르마 요가를 하고 싶습니다. 어떻게 하면 다른 사람들을 도울 수 있을까요?

그대가 도우려 하는 사람들은 누구인가? 또 도우려는 〈나〉는 누구인가? 먼저 그 점을 분명히 하라. 그러면 모든 문제가 스스로 해결될 것이다.

● 그 말씀은 진아를 깨달으라는 말씀이군요. 제 깨달음이 다른 사람들에게 도움이 될까요?

그렇다. 그것이야말로 그대가 다른 사람들에게 줄 수 있는 최고의 도움이다. 그러나 사실은 도움을 받아야 할 다른 사람이란 존재하지 않는다. 금을 다루는 사람이 여러 가지 금으로 된 보석들을 평가할 때 오직 금으로만 보듯이, 깨달은 사람은 오직 진아만을 본다. 그대가 자신을 육체와 동일시할 때, 이름과 모습들이 존재하지만, 그 육체라는 생각을 초월하면 다른 사람들이라는 생각도 마찬가지로 사라진다. 깨달은 사람은 세상을 자신과 다르게 보지 않는다.

● 깨달은 사람이 다른 사람들을 돕기 위해서는 그들과 어울려서 생활하는 것이 더 좋지 않을까요?

어울려서 지낼 다른 사람들이 없다. 진아는 유일한 실체다.
진아를 깨달은 사람은 깨달았다는 사실만으로 세상을 돕는다. 인간이 세상에 공헌하는 가장 좋은 길은 에고를 넘어선 상태에 도달하는 것이다. 만약 그대가 세상을 돕고 싶은데 에고가 사라진 상태에서는 그렇게 할 수 없을 것 같다는 생각이 들면, 그대 자신의 문제를 포함한 이 세상의 모든 문제를 신에게 맡기고 신에게 완전히 복종하라.

● 고통받고 있는 세상을 도우려고 노력해야 되지 않습니까?

그대를 창조해 낸 힘이 세상도 창조하였다. 그 힘이 그대를 돌볼 수 있다면 마찬가지로 세상도 돌볼 수 있다. 신이 이 세상을 창조하였다면 이 세상을 돌보는 것은 그의 일이지, 그대의 일이 아니다.

● 국가의 정치적 독립을 바라는 욕구는 옳은 것입니까?

그와 같은 욕구는 분명히 자신의 이익으로부터 시작된다. 그러나 그러한 목표를 향한 실질적인 노력은 점차 시야를 넓혀 주며 개인으로 하여금 국가 속에 몰입하도록 한다. 이와 같은 개체성 (개인)의 몰입은 바람직하며, 거기에 따르는 카르마도 이기적이지 않다.

● 만약 정치적인 독립이 오랜 투쟁과 끔찍한 희생을 통해서 얻어졌는데도 그 결과에 대해서 만족해 하고 의기양양해 하는 사람이 있다면 그는 정당화될 수 있습니까?

그는 그 일을 하는 동안 자기 자신을 절대자에 복종시켜야 하며, 그 복종을 마음속에 새겨서 놓치지 말아야 한다. 그렇게 한다면 그가 나중에 어떻게 의기양양해 할 수 있겠는가? 또 그는 자신의 행위의 결과에 대해서 연연해 하지도 말아야 한다. 그래야만 카르마가 이기적이지 않게 된다.

세속에서의 삶

힌두교를 신봉하는 대부분의 인도인들은, 진정으로 진리를 알고자 하는 사람이라면 가족을 버리고 독신을 지키면서 고행과 명상의 생활을 해야 한다고 믿고 있다. 라마나 마하리쉬에게 이 문제에 대한 질문이 많이 있었으나, 그는 항상 그러한 생활에 찬성하지 않았다. 그는 언제나 자기 제자들이 명상 생활을 하기 위해서 세속의 의무를 포기하는 데에 반대하였으며, 깨달음은 물리적인 환경과는 전혀 상관없이 누구에게나 똑같이 가능하다고 강조하였다. 그는 육체적으로 세속을 떠나는 것보다 자기에게 부과되는 일상적인 의무를 이행하되, 다만 그 의무를 이행하는 〈나〉가 없다는 자각을 가지기만 하면, 그것이 오히려 영적으로 더 도움이 된다고 하였다. 그는 영적으로 진화하는 데 있어서 물리적인 환경보다 정신적인 자세가 더 중요하다고 굳게 믿었으며, 아무리 사소한 것이라도 영적인 도움을 받기 위해서 자신들의 물리적 환경을 변화시켜 보려는 시도에 대해서 반대하였다.

물리적인 변화에 있어 그가 찬성했던 유일한 것은 음식에 대해서였다. 그는 섭취하는 음식의 양과 종류가 생각의 양과 질에 영향을 미친다는 힌두 이론을 수긍했으며, 영적 수행에 가장 도움이 되는 음식으로서 적당량의 채식을 권하였다.

● 저는 이제 제 생활에서 떠나 항상 선생님(브하가반) 곁에 있고 싶습니다.

브하가반은 항상 그대와 함께, 그대의 내면에 있으며 그대가 바로 브하가반이다. 그것을 깨닫기 위해서 그대의 직장을 버릴 필요는 없으며 집을 떠날 필요도 없다. 진정한 출가出家란 표면적으로 가족이나 사회 규범을 버리는 것이 아니라, 욕망과 애증과 집착을 버리는 것이다. 직장을 버리려 하지 말고 그대 자신을, 모든 짐을 떠맡고 있는 신에게 버려라. 욕망을 버린 사람은 세상 속으로 스며들면서 자신의 사랑을 우주 전체로 확산시킨다. 진정으로 신에게 헌신하는 사람에게는 포기라는 말보다는 사랑과 애정의 확산이라는 말이 훨씬 더 좋은 말이다. 왜냐하면 욕망을 버린 사람은 계급이나 민족이라는 한계를 넘어서 더 넓은 범위에까지 사랑과 애정을 확산시키기 때문이다. 진정한 구도자라면 자기와 가까운 사람들이 싫어서 집을 떠나고 세속을 등지는 것이 아니라, 주위의 모든 사람들에게 자신의 사랑을 확산시키기 위해서 집을 떠난다. 그리고 이러한 확산의 때가 오면 집을 떠나려고 해서 떠나는 것이 아니라, 마치 다 익은 과일이 나무에서 떨어지듯 자연스럽게 그렇게 된다. 그 이전에 집을 떠나거나 직장을 버린다는 것은 어리석은 일이다.

● 그리하스타 *Grihastha*(결혼해서 가정을 가진 사람)가 어떻게 해탈의 상태로 살아갈 수 있겠습니까? 자유를 얻기 위해서는 반드시 출가해야 하지 않습니까?

그대는 왜 그대가 그리하스타라고 생각하는가? 마찬가지로 설사 그대가 산야신 *Sannyasin*(출가한 구도자)이 되었다 할지라도 그대가 산야신이라는 생각이 그대에게 장애가 될 것이다. 그대가 가정생활을 계속하든, 가정을 버리고 산에 들어가든 그대의 마음은 그대를 따라다닐 것이다. 생각의 근원은 에고이며 그것이 육체와 이 세상을 만들어 내어 그대로 하여금 스스로 그리하스타라고 생각하게 한다. 그대가 말하는 출가는 그리하스타에서 산야신으로 생각을 바꾸는 것뿐이며, 가정 대신에 숲속으로 환경을 바꾸는 것뿐이다. 그러나 정신적인 장애는 항상 그대에게 남아 있으며 그것들은 새로운 환경에서 오히려 크게 증가한다. 환경을 바꾸는 것은 도움이 되지 않는다. 유일한 장애물은 마음이며 집에 있든, 숲속에 있든 마음이 극복되어야 한다. 숲속에서 되는 일이라면 집에서는 왜 안 되겠는가? 왜 환경을 바꿔야 한단 말인가? 환경이 어떻든간에 그대는 지금 바로 노력할 수 있다.

● 세속의 일 가운데에서 분주하면서도 삼매를 즐길 수 있습니까?

〈내가 일한다〉는 느낌이 장애다. 스스로에게 〈누가 일하는가?〉라고 물어보라. 그대가 누구인지를 기억하라. 그러면 일은 그대를 속박하지 않고 자동적으로 진행될 것이다. 일을 하겠다는 노력도, 출가를 하겠다는 노력도 하지 말라. 그대의 그 노력이 장애가 된다. 일어나게 되어 있는 일은 일어날 것이다. 그대의 운명이 일하지 않는 것으로 되어 있다면 그대가 아무리 일하려 해도 안 될 것이요, 일하게 되어 있으면 어쩔 수 없이 일하게 될 것이다. 그것을 〈더 큰 힘〉에게 맡겨 버려라. 그대는 그대가 바라는 대로 출가할 수도 없고, 남아 있을 수도 없다.

● 어제 선생님께서는 우리가 신을 찾는 동안은 〈내면적인〉 일과 〈외면적인〉 일이 자동적으로 진행된다고 말씀하셨습니다. 스리차이타냐Sri Chaitanya*의 생애를 보면 그는 자기 제자들에게 강의를 하면서도 내면에서는 열렬히 크리슈나를 찾아 자신의 육체에 대해서는 완전히 잊어버리고 오직 크리슈나에 대해서만 계속 이야기했다고 합니다.
그러나 이런 이야기를 들어도, 과연 일을 그냥 내버려 두어도 괜찮을지 의심이 생깁니다. 물리적인 일에 대해서도 계속 부분적으로나마 주의를 기울여야 되지 않습니까?

---

*16세기의 힌두 성자. 크리슈나에 대한 헌신으로 잘 알려져 있다.

진아는 모든 것이다. 그대는 진아로부터 분리되어 있는가? 아니면 진아가 없이 일이 진행될 수 있는가? 진아가 없는 곳은 없다. 따라서 그대가 일에 대해 긴장을 하든, 하지 않든 행위는 계속될 것이다. 일은 스스로 진행될 것이다. 그래서 크리슈나는 아르쥬나에게 적들을 죽이는 것에 대해서 괴로워하지 말라고 했던 것이다. 그들은 이미 신에 의해서 죽어 있었기 때문이다. 자신이 스스로 결정하고 그것에 대해서 고민하는 것보다는, 자신을 내맡겨서 〈더 큰 힘〉의 의지를 따르는 편이 아르쥬나에게는 바람직한 길이었다.

● 그러나 일에 대해서 집중하지 않으면 일은 잘 되지 않을 것입니다.

진아에 집중하는 것이 일에 집중하는 것이다. 그대는 자신을 육체와 동일시하기 때문에 일이 그대에 의해서 행해진다고 생각한다. 그러나 육체와 모든 육체의 행위들은 진아로부터 분리되어 있지 않다. 그대가 일에 집중하든, 집중하지 않든 그것이 무슨 상관인가? 한 장소에서 다른 장소로 걸어가는 경우를 생각해 보라. 그대는 발걸음에 집중하지는 않지만, 얼마 뒤 목표에 도달해 있는 자기 자신을 발견하게 된다. 걷는 일은 집중하지 않고도 가능하지 않은가? 다른 일들도 마찬가지다.

● 항상 진아만을 의식하고 있으면 그 사람의 행위는 항상 올바를까요?

틀림없이 그렇다. 그러나 그런 사람은 이미 행위의 옳고 그름에 상관하지 않는다. 그의 행위는 신의 행위이며 따라서 항상 옳다.

● 저는 다른 사람보다 머리를 많이 쓰는 일을 하고 있습니다. 어떻게 하면 마음을 고요하게 할 수 있을까요? 제가 지금 맡고 있는 이 직책을 포기하고 홀로 있고 싶습니다.

아니다, 그대는 지금 다니는 직장에 계속 다니면서 그 일을 계속해도 괜찮다. 마음으로 하여금 그 일을 하도록 만드는 내면의 흐름은 무엇인가? 그것은 진아다. 따라서 진아가 그대 행위의 진정한 근원이다. 일하는 동안에 진아를 놓치지 않도록 하라. 일하는 동안에도 그대 마음의 배후에 주의를 기울여라. 서두르지 말고 그렇게 하면서 일하는 시간을 그대의 시간으로 만들어라. 일하는 동안에도 그대의 진정한 본질에 대한 주의를 놓치지 말고 또 서두르지 말라. 서두르면 그대는 놓치게 된다. 일을 하고 있는 것이 그대라고 생각하지 말라. 일을 하고 있는 것은 내면의 흐름이라고 생각하고 그대 자신을 흐름과 동일시하라. 그대가 서두르지 않고 침착하게 해 나가면, 그대의 일이 장애가 되지 않는다.

● 초기단계에서는 홀로 있으면서 외부적인 의무를 포기하는 것도 도움이 되지 않습니까?

포기라는 것은 항상 마음속에 있는 것이지 숲속 같은 조용한 장소에 간다거나 의무를 포기하는 데에 있지 않다. 중요한 것은 마음이 밖으로 향하지 않고 안으로 향하도록 하는 것이다. 여기로 오든 저기로 가든, 또는 의무를 포기하든 포기하지 않든, 그것은 정말 중요하지 않다. 그런 모든 것들은 운명에 의해서 진행된다. 육체를 통한 모든 행위는 육체가 처음 탄생했을 때에 이미 결정지어져 있다. 그대가 받아들이든 거부하든 상관이 없다. 그대가 가지고 있는 유일한 자유는 그대의 마음을 안으로 향하게 하여 거기에서 행위자를 포기하는 것이다.

● 그렇지만 어린 나무의 둘레에 울타리를 쳐서 보호하듯이, 초보자에게 도움이 되는 것들도 있지 않겠습니까? 가령 어떤 책에서는 성지를 순례한다든가 사트 – 상가를 통해서 도움을 받을 수 있다고 합니다만…….

그것들이 도움이 되지 않는다고 말하는 것은 아니다. 마음을 안으로 향하게 하는 것만이 그대에게 달려 있고, 다른 것들은 그렇지 않다는 뜻이다. 많은 사람들이 그대가 말하고 있는 순례라든가 사트 – 상가를 바라고 있지만 그들이 모두 그렇게 하지는 못하지 않는가?

● 어째서 마음을 안으로 향하게 하는 것만이 우리에게 달려 있고 다른 것들은 그렇지 않습니까?

그대가 근본으로 돌아가고자 한다면 그대는 그대가 누구인지를 탐구해야 하고 그래서 자유 또는 운명을 결정하는 자가 누구인지를 발견해야 한다. 그대는 누구인가? 그리고 그대는 왜 이렇게 제한된 육체를 가지게 되었는가?

● 자아탐구를 하려면 〈홀로 있음〉이 필요합니까?

〈홀로 있음〉은 어디에나 있다. 인간은 항상 홀로 있다. 그것을 내면에서 찾아야지 밖으로 찾으면 안 된다.

〈홀로 있음〉은 사람의 마음속에 있다. 시끄러운 속세에 살면서도 완전한 평온을 유지하는 사람은 항상 홀로 있는 셈이지만 숲속에서 산다 하더라도 자신의 마음을 제대로 조절하지 못한다면 홀로 있다고는 할 수 없다. 〈홀로 있음〉이란 곧 마음의 상태이며 대상에 집착하고 있는 사람은 그가 어디에 있다 하더라도 홀로 있지 않은 것이다. 반면 집착을 버린 사람은 항상 홀로 있다.

● 그렇다면 계속 일에 종사하면서도 욕망으로부터 벗어나서 〈홀로 있음〉을 유지할 수 있다는 말씀이군요.

그렇다. 욕망을 가지고 하는 일은 장애가 되지만 욕망 없이 하는 일은 행위자에게 영향을 끼치지 않는다. 이러한 자세로 일하는 사람은 일을 하는 동안에도 홀로 있는 것이다.

● 끊임없이 행위를 요구하는 속세의 일을 하면서 어떻게 하면 무위에 이를 수 있으며, 마음의 평화를 얻을 수 있습니까?

깨닫지 못한 사람의 눈에는 깨달은 사람도 행위하는 것처럼 보이지만, 깨달은 사람의 눈에는 그렇지 않다. 아무리 많은 일을 하더라도 그는 사실 아무 일도 하고 있지 않다. 따라서 그의 행위는 무위의 상태나 마음의 평화에 장애가 되지 않는다. 왜냐하면 그는 자신의 모든 행위가 겉에서만 일어날 뿐, 진아는 아무것도 하고 있지 않다는 진리를 알기 때문이다. 그는 모든 행위를 고요히 바라보는 주시자注視者로 남는다.

● 서양 사람들은 내면으로 향하기가 더 어렵습니까?

그렇다. 서양 사람들은 정신적으로 지나치게 활동적이며 그들의 에너지는 밖으로 향한다. 우리는 내면에서 고요하게 진아를 잊지 않고 있으면서도 외부적으로 행위를 계속할 수 있어야 한다. 연극 무대에서 여자의 역할을 맡은 남자 배우가 자신이 남자라는 사실을 잊어버리지 않듯이 우리도 삶이라는 연극에서 우리들의 역할을 해야 하지만 결국 우리 자신을 그 역할과 동일시해서는 안 된다.

● 다른 사람의 영적인 게으름을 없애려면 어떻게 해야 합니까?

그대 자신의 게으름은 없앴는가? 진아 쪽으로 그대의 탐구를 돌려라. 그대 안에서 정립된 힘이 다른 사람들에게도 마찬가지로 작용할 것이다.

● 그러나 다른 사람의 문제나 고민을 도와줘야 하지 않습니

까?

다른 사람이라는 그 말은 도대체 무슨 뜻인가? 오직 하나만이 존재한다. 〈나〉도, 〈너〉도, 〈그〉도 없고, 오직 하나이며 모든 것인 진아만이 존재한다는 사실을 깨닫도록 하라. 그대가 다른 사람의 문제를 인정하게 되면 진아의 밖에 있는 뭔가를 인정하는 셈이 된다. 외부적인 행위를 통해서 도와 주는 것보다 모든 것이 하나라는 사실을 깨달음으로써 더 잘 도와 줄 수 있다.

● 선생님께서는 성性의 억제에 대해서 찬성하십니까?

진정한 브라흐마차리*Brahmachari*(독신자)는 브라흐만 안에서 사는 사람이다. 그렇게 되면 더 이상 욕망이라는 문제는 일어나지 않는다.

● 스리 오로빈도Sri Aurobindo*의 아쉬람에서는 결혼한 사람인 경우, 성교를 하지 않는다는 조건하에서만 거기서 사는 것이 허용되고 있습니다.

그것이 무슨 소용이 있겠는가? 마음속에 욕망이 남아 있는데 억지로 금욕하게 하는 것이 무슨 소용이 있겠는가?

● 결혼은 영적 진화에 장애가 됩니까?

---

*1872-1950. 인도에서 출생. 영국 케임브리지 대학에서 수학한 요가 성자.

가정생활은 결코 장애가 아니지만 가정생활을 하는 사람은 자신을 통제하기 위해 최선을 다해야 한다. 좀더 높은 차원의 삶을 살겠다는 강한 뜻이 있으면 성욕은 점차 사라진다. 또, 성욕이 사라지면 다른 욕망들도 같이 사라진다.

✿ 저는 성범죄를 저질렀습니다.

설사 성범죄를 저질렀더라도 그 뒤에 거기에 대해서 생각하지 않으면 문제될 것은 없다. 진아에게는 아무런 죄도 없다. 또 성을 포기한다는 것은 내면적인 것이며 결코 육체에만 한정된 것이 아니다.

✿ 저는 이웃집 젊은 여인의 가슴을 보면 정신을 빼앗기고, 때로는 그녀와 간음하고 싶은 유혹에 빠집니다. 저는 어떻게 해야 합니까?

그대는 항상 순결하다. 그대를 유혹하는 것은 그대의 감각과 육체이며, 그대는 그것들을 그대의 진아와 혼동하고 있다. 따라서 우선 누가 유혹을 당하고, 누가 유혹하는지를 알아야 한다. 그러나 설사 그대가 간음을 하더라도 그 다음에는 거기에 대하여 생각하지 말라. 왜냐하면 그대는 항상 순수하기 때문이다. 그대는 결코 죄인이 아니다.

✿ 어떻게 하면 성에 대한 생각들을 뿌리뽑을 수 있습니까?

육체가 진아라는 그릇된 생각을 뿌리뽑아야 한다. 진아에게는 성이 없다. 진아가 되라. 그러면 어떤 성적 고민도 사라질 것이다.

● 단식을 통해서 성적인 욕구를 가라앉힐 수 있습니까?

그렇다. 그러나 그것은 일시적이다. 진정으로 도움이 되는 것은 정신적인 단식(생각을 절제하는 것)이다. 또, 단식 그 자체가 목표는 아니며 거기에 따른 영적 진화가 있어야 한다. 완전한 단식은 마음을 매우 약하게 만든다. 단식이 영적으로 도움이 되려면 영적인 탐구가 단식과 병행되어야 한다.

● 단식을 통해서 영적으로 진화할 수 있습니까?

우선 정신적인 단식이 되어야 한다. 단순히 음식만을 절제해서는 도움이 되지 않고 그것은 오히려 마음만 뒤흔들어 놓는 결과를 초래할 수도 있다. 그러나 만약 한달의 단식 기간 동안 영적인 상태가 계속 유지되고, 그 기간이 지난 뒤 열흘 동안 올바른 식이요법으로 잘 마무리되면 열흘이 지나서도 마음이 순수해지고 안정되며 그 상태가 계속 유지된다.

내가 이곳에 왔던 초기에 나는 눈을 감고 깊이 삼매에 들어서 밤인지 낮인지도 거의 알지 못했다. 나는 음식도 먹지 않았으며 잠도 자지 않았다. 육체가 움직이면 음식이 필요해지며 음식을 섭취하면 수면이 필요하다. 따라서 움직임이 없으면 잠을 잘 필요가 없다. 삶을 유지하는 데에는 아주 소량의 음식으로도 충분하다. 내가 그 상태에서 가끔 눈을 뜰 때면 항상 누군가가 한컵 가득히 액체로 된 음식을 나에게 먹여 주곤 했다. 그것이 내가 먹은 음식의 전부였다. 그러나 이 사실은 잊지 말아야 한다. 마음이 완전히 정지된 상태에 빠지기 전에는 수면이나 음식을 완전히 중단할 수는 없다. 육체와 마음이 일상적인 생활에 쓰이고 있을 때 음식이나 수면을 중단하면 육체가 동요하게 된다.

영적인 길을 가는 구도자가 얼마나 먹어야 하고, 얼마나 자야 하는지에 대해서는 많은 이론들이 있다. 어떤 사람들은 10시에 자서 새벽 2시에 일어나는 것이 건강에 좋다고 하는데 그렇다면 4시간의 수면으로 충분하다는 이야기다. 또 어떤 사람들은 4시간은 부족하고 6시간은 자야 한다고 말하기도 한다. 어쨌든 음식과 수면은 지나쳐서는 안 된다. 만약 음식이나 수면을 완전히 끊으려고 하면 그대의 마음은 항상 그것만을 향하게 된다. 따라서 구도자는 모든 것을 지나치지 않게 해야 한다.

하루에 세 번 먹든, 네 번 먹든 상관이 없으나 〈이런 음식은 좋고 저런 음식은 싫다〉고 분별해서는 안 된다.

● 음식의 종류에 대해서는 어떻습니까?

음식은 마음에 영향을 끼친다. 어떠한 요가 수행에 있어서도 절대적으로 채식이 필요하다. 왜냐하면 채식을 함으로써 마음이 더욱 순수하고 조화롭게 되기 때문이다.

● 고기를 먹으면서도 깨달을 수 있습니까?

그렇다. 그러나 점차 육식을 버리고 채식에 습관을 들이도록 하라. 하긴 이미 깨달은 사람이라면 무엇을 먹든 거의 차이가 없다. 이는 거대하게 타오르는 불길에 어떤 연료를 더하는가는 별로 중요하지 않은 것과 같다.

● 저희들 유럽인들은 특정한 음식에 익숙해져 있어서 음식을 바꾸는 것은 건강에 영향을 미치고 마음을 약하게 합니다. 육체적인 건강을 유지하는 것도 필요하지 않습니까?

물론 필요하다. 육체가 약해지면 약해질수록 마음은 점점 더 강해진다.

● 깨달은 사람에게도 음식에 대한 제약이 있습니까?

그렇지 않다. 그는 한결같으며 섭취하는 음식에 의해서 아무런 영향도 받지 않는다.

● 흡연은 해롭지 않습니까?

해롭다. 담배는 일종의 독이기 때문이다. 담배를 피우지 않을수록 좋으며 담배를 끊을 수 있다면 더 좋다. 사람들은 담배의 노예가 되어서 끊지 못하고 있는데 담배는 일시적인 자극을 줄 뿐이며 그 자극 뒤에는 담배에 대한 더 큰 갈망이 따른다. 담배는 명상에 있어서도 좋지 않다.

● 고기와 술도 삼가야 됩니까?

그것들을 끊는 것이 바람직하다. 초보자들에게는 그것들을 절제하는 것이 효과적인 도움이 된다. 그것들을 끊는 데에 어려움이 있는 이유는 그것들이 정말로 필요해서가 아니라, 관습과 습관으로 그것들에 너무 익숙해져 있기 때문이다.

● 구도자가 따라야 할 보편적인 행동의 규율은 무엇입니까?

적당한 음식, 적당한 수면, 그리고 적당한 말이다.

체 험

"실체에는 아무런 단계도 없다. 다만 각 개인의 실체에 대한 체험에 단계가 있을 뿐이다. 또 누가, 무슨 체험을 하더라도 그 체험자는 똑같은 하나다."

"누구나 진아를 직접 체험할 수 있다. 그러나 진아는 각자가 상상하고 있는 그러한 것이 아니다. 그것은 단지 있는 그대로일 뿐이다."

삼매

삼매三昧(*Samadhi*)라는 말은 깊은 명상상태를 가리키는 말로서 힌두교·불교 등에서 많이 쓰이고 있다. 각 종교, 종파에 따라서 여러 가지 다른 삼매의 단계와 그 상태에 대한 언급이 있는데, 라마나 마하리쉬는 보통, 삼매를 다음과 같은 세 가지로 나누어서 설명하였다.

1) **본연적 무상 삼매** 本然的 無相 三昧(*Sahaja Nirvikalpa Samadhi*)

이는 완전하게 자신의 에고를 제거한, 깨달은 사람의 상태다. 〈사하자*Sahaja*〉란 말은 본연적本然的(*Natural*)이란 의미이며, 〈니르비칼파*Nirvikalpa*〉는 무상無相(*No Differences*)의 의미다. 이 상태에 도달한 사람은 보통사람들과 어울려 세상에서 자연스럽게 살아나갈 수 있다. 자신이 진아라는 사실을 알기 때문에, 이 삼매를 얻은 사람은 자신과 타인, 그리고 자신과 세상 사이에 어떠한 차별도 두지 않는다. 이 사람에게 있어서는 진아 아닌 것이라고는 아무것도 없다.

2) **일시적 무상 삼매** 一時的 無相 三昧(*Kevala Nirvikalpa Samadhi*)

이는 깨달음 이전의 단계다. 이 단계에서는 일시적이긴 하지만 인위적인 노력 없이도 진아를 각성하는 상태가 있다. 그러나 아직 에고가 완전히 없어진 것은 아니다. 이 단계의 특징은 육체에 대한 의식이 없다는 점이다. 비록 진아를 일시적으로 각성하기는 하지만, 감각을 느낄 수도 없고 제대로 생활해 나갈 수도 없다. 육체에 대한 의식이 되돌아오면 에고가 다시 나타난다.

3) **유상 삼매** 有相 三昧(*Savikalpa samadhi*)

이 단계에서는 인위적인 노력을 통해서만 진아에 대한 각성상태가 유지된다. 이 삼매가 얼마나 유지될 수 있느냐 하는 것은 전적으로 얼마나 노력을 하느냐에 달려 있다. 진아에 대한 주시가 흔들리면 진아에 대한 각성상태가 흐려진다.

라마나는 또 삼매와 삼매의 종류 그리고 잠에 대해서 다음과 같이 정의하였다.

1) 실체에 대해 각성하고 있는 상태가 삼매다.

2) 인위적인 노력을 통해서 실체를 각성하고 있는 상태가 유상 삼매다.

3) 실체에 몰입되어서, 현상계를 의식하지 못하는 상태가 일시적 무상 삼매다.

4) 무지에 빠져 현상계를 의식하지 못하는 상태가 잠이다.

5) 인위적인 노력은 전혀 없는, 원천적이고, 순수하며, 자연스러운 상태가 본연적 무상 삼매다.

● 일시적 무상 삼매와 본연적 무상 삼매의 차이는 무엇입니까?

마음이 진아에 몰입되었으나 아직 완전히 사라지지 않은 상태가 일시적 무상 삼매다. 이 삼매에 있는 사람은 아직 바사나로부터 벗어나지 못했으며 따라서 완전한 자유를 얻은 것이 아니다. 바사나가 완전히 제거되어야만 자유를 얻을 수 있다.

● 언제부터 본연적 무상 삼매를 위해 수행해야 합니까?

처음부터 해야 한다. 일시적 무상 삼매는 설사 수십 년 동안 계속된다 하더라도 바사나가 뿌리뽑히지 않는 한, 결코 자유를 주지 못한다.

● 삼매와 투리야, 즉 네 번째 상태는 같은 것입니까?

삼매와 투리야에는 진아에 대한 각성상태라는 같은 의미가 담겨 있다. 투리야는 글자 그대로 네 번째 상태이며, 깨어 있는 상태, 꿈꾸는 상태, 깊이 잠든 상태의 세 가지 상태와 구별되는, 지고의 의식 상태를 의미한다. 이 네 번째 상태는 영원하지만 나머지 세 가지 상태는 나타났다가는 사라진다. 그런데 이 투리야에서는 아직 생각들이 남아 있고 감각기관들이 계속 작용하는 반면, 일시적 무상 삼매에서는 생각들이 완전히 사라지고 감각기관들도 작용하지 않는다. 따라서 이 상태에서의 순수 의식의 체험은 강렬하며 지복에 가득 차 있다. 투리야는 유상 삼매에서 체험할 수 있다.

● 수면중에 느끼는 지복감과 투리야에서 느끼는 그것과는 어떤 차이가 있습니까?

지복감 자체에는 아무런 차이도 없다. 가장 낮은 동물에서부터 가장 높은 브라흐마에 이르기까지 모든 존재가 느끼는 지복감은 하나이며 그것은 곧 진아의 지복감이다. 다만 수면중에 무의식적으로 느끼는 지복감을 투리야에서는 의식을 가진 채로 느끼는 것뿐이다. 또한 깨어 있는 상태에서 일반적으로 느끼는 지복감은 이차적인 것이며 진정한 지복감의 작은 일부분일 뿐이다.

● 깊은 수면과 라야 *Laya*(마음이 일시적으로 정지된 무아의 상태)와 삼매의 차이점은 무엇입니까?

깊은 수면상태나 라야에서는 마음이 가라앉아 있을 뿐 완전히 사라진 것은 아니며, 가라앉은 것은 다시 나타난다. 명상할 때도 이런 현상이 나타날 수 있다. 그러나 완전히 사라진 마음이라면 다시 나타나지는 않는다. 참된 요기라면 마음을 사라지게 하는 데에 목표를 두어야지, 라야에 들어가는 데에 목표를 두어서는 안 된다. 깊은 명상상태에서 때로 라야가 나타나지만 그것으로 충분하지 않으며, 마음을 완전히 사라지게 할 다른 수행이 따라야 한다. 어떤 요기들은 한 생각을 가진 채로 라야에 들어갔다가 다시 그와 똑같은 생각을 가지고 라야에서 벗어나기도 하는데 그 사이에 몇십 년이 지나가 버리기도 한다. 그 이유는 마음이 완전히 사라지지 않았기 때문이다. 진정으로 마음을 없애려면 마음을 진아와 분리된 것으로 보지 말아야 한다. 바로 지금도 마음은 진아와 분리되어 있지 않다. 잘 보라. 매일매일의 행위 속에서 잘 보지 않으면 언제 제대로 볼 수 있겠는가? 행위를 일으키는 마음은 실재하지 않으며 진아로부터 생겨난 허깨비에 불과하다는 사실을 직시하라. 이것이 바로 마음을 없애는 방법이다.

● 무상 삼매에 들어가 있는 사람은 물리적인 방해 요인에 의해 영향을 받습니까, 받지 않습니까? 저와 제 친구의 의견이 서로 맞지 않습니다.

둘 다 맞다. 한 사람은 일시적 무상 삼매를 말하고 있고 다른 사람은 본연적 무상 삼매를 말하고 있다. 어느 경우나 마음이 진아의 지복 속에 몰입되어 있으나, 전자의 경우는 물리적인 자극이 명상하는 사람에게 장애를 준다. 왜냐하면 마음이 완전히 사라지지 않았기 때문이다. 마음이 아직 살아 있으며, 마치 깊은 잠에서 깨어날 때처럼 어느 순간에라도 다시 작용할 수 있다. 이는 아직 끈이 달려 있는 두레박에 비유할 수 있다. 물 속에 완전히 잠겨 있기는 하지만 끈이 달려 있기 때문에 언제라도 다시 물 밖으로 끌어낼 수 있다. 반면 본연적 무상 삼매에서는 마음이 완전히 진아 속으로 사라져 버린다. 이는 끈과 함께 완전히 물 속에 잠겨 버린 두레박에 비유할 수 있다. 이 상태에서는 방해받을 것도, 세상으로 다시 끌어 올려질 것도 남아 있지 않다. 이 삼매에 들어간 사람의 행위는 잠자면서 어머니의 젖을 빠는 어린이의 행위와 같다. 그는 젖을 먹기는 먹으면서도 젖을 먹는다는 사실은 모르고 있다.

● 그런 상태에 있는 사람이라면 어떻게 세상 속에서 살아나 갈 수 있습니까?

자연스럽게 삼매에 익숙해지고 삼매의 지복감을 즐기는 사람이라면 어떠한 외부적인 일을 하더라도, 또 어떠한 생각들이 그에게 나타나더라도 그는 자신의 삼매를 놓치지 않는다. 이것이 바로 본연적 무상 삼매다. 일시적 무상 삼매를 얻은 경우는 아직 마음이 완전히 사라지지 않았기 때문에 때때로 마음을 돌이켜 통제해야 할 필요가 있으나 본연적 무상 삼매에서는 마음이 완전히 사라졌기 때문에 그럴 필요가 없다. 이런 사람은 어떤 일을 하든지 마찬가지이며 결코 그 지고의 상태에서 미끄러져 내려오지 않는다.

일시적 무상 삼매에 있는 사람들은 아직 깨닫지 못한 것이며 그들은 아직도 〈찾는 자〉들이다. 그러나 본연적 무상 삼매에 있는 사람들은 〈바람 불지 않는 곳의 등불〉〈파도 하나 없는 바다〉와 같아서 그들에게는 아무런 움직임도 없다. 또 그들에게는 자신들과 다른 것이라고는 아무것도 없다. 그러나 이 상태에 이르지 못한 사람들에게는 어느 것이나 다 자신들과 다르게 보인다.

🌸 일시적 무상 삼매에 들어간 사람은 다시 상대적인 세계로 돌아와야 한다고 하는데, 그러면 그 삼매의 체험 자체는 본연적 무상 삼매에서의 체험과 똑같습니까?

돌아오는 것도, 돌아가는 것도 없다. 가고 오는 것은 실체가 아니다.
일시적 무상 삼매의 경우는 물 속에 잠겨 있는 두레박에 아직 끈이 달려 있는 것과 같아서 언제라도 다시 밖으로 끄집어낼 수 있으나, 본연적 무상 삼매는 바다에 합쳐진 강물과 같아서 다시 돌이킬 수 없다. 그대는 왜 이런 질문들을 하는가? 그대 자신이 스스로 체험할 수 있을 때까지 계속 수행해 보라.

🌸 삼매가 무슨 소용이 있습니까?

삼매만이 진리를 드러낼 수 있다. 실체 위에 여러 가지 생각들이 베일을 드리우고 있어서 삼매 이외의 다른 상태에서는 실체를 깨달을 수 없다.

🌸 저는 단 한순간도 삼매에 들어가 보지 못했습니다.

〈나는 마음과 현상계를 초월한 진아다〉라는 확신이 필요하다.

● 그런데도 마음은 여전히 진아 속으로 들어가려는 노력을 방해합니다.

마음이 작용하고 있다는 것은 중요하지 않다. 그것은 단지 진아의 겉에서만 그럴 뿐이다. 정신적 행위를 하는 동안에도 진아를 놓치지 말라.

● 저는 라마크리슈나Ramakrishna*에 대해서 로망 롤랑 Romain Rolland**이 쓴 책을 본 적이 있는데 거기에서는 무상 삼매가 무섭고 끔찍한 체험이라고 말하고 있었습니다. 정말 그렇습니까? 만약 그렇다면 저희들이 수행을 하는 것이 결국 그 무서운 체험을 하기 위해서라는 말입니까? 그러다가 결국 살아 있는 송장이 되는 것은 아닙니까?

사람들은 무상 삼매에 대해서 별별 생각들을 다 가지고 있다. 왜 로망 롤랑을 들먹이는가? 우파니샤드와 베다의 전통을 계승하고 있는 사람들마저 무상 삼매에 대해서 환상적인 생각을 가지고 있는데 서양 사람들이 그런 생각을 한다고 해서 누가 나무랄 수 있겠는가? 어떤 요기들은 호흡 훈련을 통해서 깊은 수면상태보다 훨씬 더 깊은 명상상태로 들어가는데, 그 상태에서는 아무것도,

---

*1834-1886. 인도의 성자. 박티 요가Bhakti Yoga를 특히 강조하였다.
**1866-1944. 프랑스 작가. 『장 크리스토프』로 1915년 노벨 문학상 수상.

전혀 아무것도 의식할 수 없기 때문에 그들은 그것을 무상 삼매라고 찬양한다. 또 어떤 사람들은 무상 삼매에 들어가면 완전히 다른 존재가 된다고 생각하기도 하고, 기절했을 때와 같이 현상계에 대한 의식이 완전히 사라진 무아지경을 통해서만 무상 삼매를 얻을 수 있다고 생각하기도 한다. 이러한 그릇된 생각들은 모두 무상 삼매를 지적인 관점에서만 보기 때문이다.

무상 삼매는 인위적인 노력의 차원을 넘어선, 그리고 모든 모습으로부터 벗어난 의식상태다. 이것이 바로 우리의 실체이며, 자기의 실체로 돌아가는 데에 무엇을 두려워하고 무엇을 이상하게 여긴단 말인가? 과거의 오랜 수행을 통하여 이미 충분히 무르익은 상태에 있는 사람에게는 마치 홍수처럼, 갑자기 무상 삼매가 나타나기도 하지만, 그렇지 않은 사람들에게는 생각이 점차 가라앉음에 따라 순수한 진아가 드러나는 수행과정중에 나타난다. 그리고 이 무상 삼매를 체험한 뒤에도 수행을 계속해 나가다 보면 진아가 완전히 드러나게 되는데 이것이 바로 깨달음이고, 자유이며 본연적 무상 삼매다.

이 상태는 현상계의 여러 가지 차별상들을 지각하지 못하는 상태가 아니라 그러한 차별상들을 분별하는 마음 자체가 사라져 버린 상태다.

● 마음이 진아 속으로 몰입될 때, 가끔 두려운 느낌이 있습니다.

삼매에 들어갈 때 두려움을 느끼고 육체가 떨리는 이유는 미세한 에고 의식이 아직 남아 있기 때문이다. 그러나 이 에고 의식이 완전히, 흔적도 남기지 않고 사라지면, 그때 삼매에 들어간 사람은 오직 지복만이 넘쳐 흐르는 순수 의식의 광대한 공간에서 살게 되며, 몸이 떨리던 것도 멈춘다.

● 삼매는 지복이 넘치는 상태*Blissful*입니까, 아니면 황홀한 상태*Ecstatic*입니까?

삼매 그 자체에는 오직 완전한 평화로움만이 있다. 황홀경은 가라앉았던 마음이 삼매의 끝에 가서 다시 일어날 때, 삼매의 평화로움을 기억하면서 나타난다.

헌신의 과정에서는 황홀경이 먼저 나타나는데, 이때에는 기쁨의 눈물이 쏟아지고, 머리털이 곤두서며, 말을 더듬는다. 그러나 에고가 완전히 사라지고 본연적 상태에 이르면 이러한 현상들과 황홀경은 더 이상 나타나지 않는다.

● 우파니샤드에서는 자유를 얻기 위해서는 반드시 삼매를 체험해야 한다고 말하고 있습니다만……

그렇다. 우파니샤드뿐만 아니라 다른 경전에서도 그와 같이 말하고 있다. 그러나 그대 자신의 진아를 알아야만 진정한 삼매라 할 수 있다. 생명 없는 물체처럼 멍하니 앉아 있기만 해서는 무슨 소용이 있겠는가? 예컨대 마취된 상태에서는 손 위에 뜨거운 물을 부어도 전혀 느끼지 못하지만 그렇다고 해서 삼매에 들어가 있는 것은 아니다. 우선 삼매가 과연 무엇인지를 알아야 하며, 그러려면 그대의 진아를 알아야 한다. 진아를 알면, 삼매는 자동적으로 알게 된다.

삼매는 인간의 본래 상태이며 깨어 있는 상태, 꿈꾸는 상태, 깊이 잠든 상태의 세 가지 상태 모두의 밑을 흐르고 있다. 진아가 이 상태들 안에 있는 것이 아니라 이 상태들이 진아 안에 있다. 우리가 깨어 있는 상태에서 삼매를 얻으면 그것은 깊이 잠든 상태에서도 마찬가지로 계속된다. 의식, 무의식이라는 구별은 마음의 영역에 속할 뿐, 진아는 이들을 초월해 있다.

환영과 초능력

명상을 하다 보면 여러 가지 특수한 현상을 체험한다. 신의 환영이 나타나거나 천리안千里眼 또는 텔레파시Telepathy와 같은 초능력이 개발되기도 한다. 의도적인 노력을 통해서 이러한 현상들이 나타나게 할 수도 있다. 마음속으로 어떤 형상을 그린 다음 여기에 헌신적인 자세로 강하게 집중하거나 그 형상의 환영이 나타나기를 바라는 강한 욕구를 가지면 환영이 나타날 수도 있으며, 특정한 요가 수행을 쌓으면 초능력을 얻을 수도 있다. 요가의 고전이라 할 수 있는 파탄잘리의 요가 수트라에는 은둔술에서부터 물 위를 걷는 것까지의 여덟 가지 초능력을 개발할 수 있는 여러 가지 훈련 방법들이 열거되어 있다.

라마나 마하리쉬는 환영이나 초능력은 마음의 부산물이며, 깨달음에 도움이 되기보다는 오히려 장애가 된다는 점을 지적하면서, 제자들에게 이것들을 일부러 추구하지는 말라고 하였다. 자연스럽게 환영이 나타나는 경우, 그것을 영적 진화의 증거로는 인정하였으나, 환영은 어디까지나 마음속에 나타난 일시적인 현상일 뿐이며, 깨달음보다 낮은 차원이라는 가르침을 빼놓지 않았다.

또, 초능력의 경우는 그것들에 집착하게 될 위험성에 대해서 경고하였으며, 초능력은 에고를 없애기보다는 에고를 더욱 키운다고 하였고, 초능력을 추구하는 욕구와 깨달음을 추구하는 욕구는 서로 상반된다고 강조하였다.

진아는 가장 친근하면서 영원한 실체이지만, 초능력은 낯설다. 초능력을 가지려면 끊임없이 노력해야 하지만, 진아는 그렇지 않다. 초능력은 바짝 긴장한 마음에 의해서만 추구할 수 있지만, 진아를 깨닫는 것은 마음이 사라졌을 때이다. 초능력은 에고가 있을 때에만 나타나지만, 진아는 에고를 초월해 있으며 에고가 사라진 다음에야 깨달을 수 있다.

● 제가 어떻게 시바의 환영을 보았는지에 대해서 선생님께 말씀드린 적이 있습니다. 비슷한 체험이 여러 번 있었습니다. 그 환영은 잠시 나타났다 사라지지만 저에게는 크나큰 행복감을 줍니다. 어떻게 하면 그것이 영원히 지속될 수 있을지 알고 싶습니다. 이제 제게는 시바가 없는 삶은 무의미한 것 같고, 그를 생각하면 매우 행복해집니다. 부디 어떻게 하면 그의 모습이 영원히 지속될 수 있을지 가르쳐주십시오.

그대는 시바의 환영에 대해서 말했다. 환영은 곧 하나의 객체이며, 따라서 주체가 따로 있다는 사실을 암시하고 있다. 환영의 가치는 환영을 보는 자의 가치와 마찬가지다. 다른 말로 하면, 환영의 차원은 보는 자의 차원과 마찬가지다. 또 나타난다는 것은 동시에 사라진다는 것을 의미한다. 나타나는 것이면 무엇이든 사라져야만 한다. 따라서 환영은 결코 영원할 수 없다. 그러나 시바는 영원하다.

 환영이 있다는 말은 〈보는 자〉가 있다는 말이며 그 〈보는 자〉는 진아의 존재를 부정할 수 없다. 의식으로서의 진아가 존재하지 않는 순간이란 없으며, 〈보는 자〉가 의식과 분리되어서 존재할 수도 없기 때문이다. 이 의식이 영원한 실체이며 유일한 실체이다. 〈보는 자〉는 스스로를 볼 수 없다. 그러나 눈으로 자기 자신을 볼 수 없다고 해서 자신의 존재를 부정할 수 있는가? 그럴 수는 없다. 따라서 자신의 존재에 대한 체험이 가장 직접적인 체험이며, 있는 그대로의 자신의 존재에 대한 체험이 바로 깨달음이다. 이는 바꿔 말하면 진아에 대한 깨달음이며 이 진아가 바로 시바다. 시바 없이는 아무것도 존재할 수 없다. 만물은 시바 안에서 존재하며 시바로 인하여 존재한다.

 그러므로 〈나는 누구인가〉를 탐구하라. 내면으로 깊이 들어가서 진아로서 살아라. 그것이 바로 시바로서 사는 길이다. 그리고 그의 환영이 계속 나타나 주기를 바라지는 말라.

 그대가 지금 바라보고 있는 다른 대상들과 시바와의 차이점은 무엇인가? 시바는 주체이면서 객체이다. 그대는 시바 없이는 결코 존재할 수 없다.

 그리고 그대는 바로 지금, 여기에서 항상 시바를 깨닫고 있다. 그대가 아직 그를 깨닫지 못했다고 생각한다면 그것은 잘못이다.

그것은 시바를 깨닫는 데에 장애가 된다. 그 생각조차 버려라. 그러면 깨달음이 거기 있다.

⁕ 여기를 찾아온 사람들 중 많은 사람들이 선생님의 환영을 보았다고 말하고 있고, 선생님으로부터 상념의 파동을 받고 있다고 말하고 있습니다. 저는 이곳에 한달 반 가량 있었으나 아무런 체험도 하지 못했습니다. 제가 선생님의 은총을 받을 만한 자격이 없어서입니까?

환영과 상념의 파동은 마음의 상태에 따라서 나타난다. 그것은 각 개인에 따라 다르게 나타나며, 별로 중요하지 않다. 중요한 것은 마음의 평화다.

⁕ 사람들은 여러 가지 천상 세계에 대해서 이야기합니다. 그러한 천상 세계들이 정말 존재합니까?

물론이다. 그것들이 존재한다고 확신해도 된다. 거기에도 나 같은 사람이 의자에 앉아 있을 것이며 주위에 제자들이 둘러앉아 그 사람에게 이것저것 물으면, 그 사람은 또 여러 가지로 대답할 것이다. 모든 것이 지금 여기와 별로 차이가 없을 것이다. 그러나 이렇게 말해도 사람들은 계속 묻는다. 「첫 번째 천상 세계는 어떻습니까?」「아홉 번째 천상 세계는 어떻습니까?」 마음은 계속 방황한다. 그때 평화는 어디에 있는가? 그대가 진정 평화를 얻고자 한다면 유일한 길은 자아탐구다. 자아탐구를 통해서 깨달음에 이를 수 있으며, 진아를 깨닫게 되면 모든 세계가 다 진아 안에 있음을 볼 수 있다. 만물의 근원은 진아이며 진아를 깨달으면 진아와 다른 것은 아무것도 볼 수 없다. 그렇게 되면 이런 의문들은 일어나지 않을 것이다. 첫 번째 하늘, 아홉 번째 하늘은 있을 수도 있고 없을 수도 있지만, 중요한 것은 그대가 지금 여기에 존재한다는 사실이다. 그렇지 않은가? 그대는 어떻게 이곳에 존재하고 있는가? 그대는 어디에 있는가? 우선 이런 것들을 안 연후에 다른 세계들에 대해서 생각하는 편이 더 좋을 것이다.

● 파탄잘리가 언급하고 있는 초능력들은 모두 사실입니까?

자신이 브라흐만, 또는 진아인 사람이라면 그러한 초능력들을 높이 보지 않는다. 파탄잘리 자신도 그런 초능력들은 마음을 통해서 얻어지며 깨달음에 장애가 된다고 말하고 있다.

● 그렇다면 초능력은 무슨 소용이 있습니까?

초능력에는 두 가지가 있으며 그중 하나는 깨달음에 장애가 된다. 그 초능력은 주문을 외우거나, 신비한 힘을 내는 약을 복용하거나, 어떤 삼매에 들거나 해서 얻어진다고 한다. 그러나 이런 초능력은 진아를 아는 데에 도움이 되지 못한다. 왜냐하면 설사 그러한 초능력을 얻더라도 무지하기는 마찬가지이기 때문이다.

● 다른 한 가지는 무엇입니까?

그것은 그대가 진아를 깨달으면 자연히 그대에게 나타나는 힘과 지혜다. 그것은 정상적이고 자연스러운 수행의 산물이다. 그 힘과 지혜는 저절로 나타나며, 신이 그대에게 주는 것이다. 그것들은 각 개인의 운명에 따라 나타나지만, 그것들이 나타나든 나타나지 않든, 지고의 평화로움에 안주하고 있는 깨달은 사람은 그것들에 의해서 영향을 받지 않는다. 왜냐하면 그는 진아를 알고 있으며, 그것이야말로 불변의 초능력이기 때문이다. 그 힘과 지혜는 얻으려 한다고 해서 얻어지는 것이 아니다. 그대가 깨달음에 이르면 그것들이 어떤 것들인지 자연히 알게 될 것이다.

● 깨달은 사람은 다른 사람들이 깨달음을 얻을 수 있도록 도와주기 위해서 초능력을 사용합니까? 아니면 깨달음 자체만으로써 충분합니까?

깨달음의 힘은 다른 모든 초능력을 사용하는 것보다 훨씬 더 강력하다. 초능력에는 종류가 많고 다양하다고 하지만 깨달음이야말로 가장 높은 초능력이다. 왜냐하면 다른 초능력을 가진 사람도 깨달음을 얻으려 하기 때문이다. 반면, 깨달음을 얻은 사람은 다른 초능력을 바라지 않는다. 그러므로 오직 깨달음만을 추구하라.

초능력을 갖지 못한 사람들에게는 초능력이 대단한 것으로 보일지 모르지만 초능력은 일시적인 것에 불과하며, 일시적인 것은 추구해 봐야 소용이 없다. 또 그 신비하게 보이는 초능력들은 사실은 모두 진아 안에 갖추어져 있다.

모든 것을 다 주는 신에게 가치 없는 초능력을 달라고 구걸하는 것은 마치 박애주의자에게 상한 죽 한그릇만 달라고 구걸하는 것과 같다.

지고의 헌신이라는 강렬한 불길을 통해 다른 불길을 거두어들이는 가슴속에, 모든 초능력이 다 모이게 되어 있다. 그러나 자신의 가슴을 신의 발 밑에 완전히 던져 버린 구도자라면 초능력 같은 것은 전혀 바라지 않을 것이다. 자유를 향해서 나아가는 구도자가 자신의 가슴을 초능력 쪽으로 돌리게 되면, 오히려 구속만 더 심해지고 에고만 더 강화된다는 사실을 알아야 한다.

사실 사람들은 소위 초능력이라 하는 것보다 훨씬 더 기적적인 일을 주위에서 많이 보고 있으나 그 일들이 매일 일어나기 때문에 그 일들에 대해서는 놀랍게 생각하지 않는다. 인간은 아주 작고 볼품없는 모습으로 태어나지만, 자라서는 거대한 레슬링 선수가 되기도 하고 위대한 예술가나 정치가 또는 성인이 되기도 한다. 사람들은 이런 것을 기적으로 보지 않고 죽은 시체가 일어나 말을 하면 대단한 기적인 것처럼 생각한다.

● 저는 20년 이상 형이상학에 관심을 기울여 왔습니다. 그러나 아직 다른 사람들처럼 특별한 체험을 한 적은 한 번도 없습니다. 천안통天眼通이나 천이통天耳通의 체험을 해 본 적도 없습니다. 저는 오로지 제 육체 안에만 갇혀 있는 것 같습니다.

실체는 오직 하나이며 그것은 바로 진아이고, 그 외의 모든 것은 진아의, 진아 안에 있는, 진아에 의한 현상에 불과하다. 보는 자, 보이는 대상, 보는 행위, 이 모두가 진아일 뿐이다. 진아를 제쳐두고 보거나 들을 수 있는 사람은 하나도 없다. 또 가까이 있는 사물을 보는 것과 멀리 떨어져 있는 사물을 보는 것 사이에 과연 어떠한 차이가 있는가? 어느 경우에나 눈이 있어야 하고 마음이 있어야 한다. 소리의 경우도 마찬가지로, 멀리서 나는 소리를 들을 때나 가까이에서 나는 소리를 들을 때나 똑같이 귀와 마음이 있어야 한다. 그렇다면 천안통이나 천이통에 매력을 느낄 필요가 어디에 있는가? 더구나 새롭게 얻게 되는 것이라면 마찬가지로 잃게 될 것이며 따라서 그것들은 결코 영원할 수 없다.

초능력이란 확장된 능력을 의미한다. 인간은 자신이 제한된 능력을 가지고 있기 때문에 불행하다고 생각하고, 그래서 행복해지는 방편으로 힘을 확장하고 싶어한다. 그러나 잘 생각해 보라. 제한된 능력 때문에 불행하다면 능력이 확장되는 데 비례해서 불행도 커질 것이다. 초능력은 인간에게 결코 행복을 가져다 주지 못하며, 오히려 불행만을 가중시키게 된다.

또 초능력은 어디에 쓰이고 있는가? 자칭 초능력자들은 다른 사람들에게 존경받고 싶어서 초능력을 과시한다. 따라서 그들은 존경을 얻지 못하면 불행해진다. 또한 자신보다 더 큰 능력을 가진 사람을 만나게 되면 질투심을 일으키게 되고, 결국 불행만을 가중시키게 된다.

진정한 능력이란 무엇인가? 허영심을 키우는 것인가, 평화를 가져오는 것인가? 평화를 가져오는 것이야말로 가장 최고의 능력이다.

문제점과 처방

수행을 하다 보면, 육체적인 고통이나 불편함, 정신적인 혼돈, 감정적 혼란 등을 체험하는 경우가 가끔 있다. 이 체험들이 체험하는 당사자들에게는 상당한 중요성을 가지게 되는데, 어떤 것들은 깨달음으로 가는 과정이 순조롭게 진행되고 있다는 표시일 수도 있으나 반대로 장애 요인일 수도 있다. 또, 그것들이 긍정적으로 평가되느냐 부정적으로 평가되느냐에 따라 그것들을 더욱 살리기 위한 노력이 가해지거나 반대로 제거하기 위한 노력이 가해지기도 한다.

라마나 마히리쉬는 대부분 이런 영적 체험들의 중요성을 그다지 높이 보지 않았으며, 제자들이 그런 체험들을 이야기하면 그 체험에 몰입하거나, 그 체험을 분석해 보라고 하기보다는 체험자가 누구인지를 살펴보라고 하였다. 간혹 그와 같은 체험을 하게 되는 원인에 대해서 설명하는 때도 있었으나 대체적으로 그 체험들에 대해 관심을 갖지 않도록 하는 편이었다.

오히려 그는 제자들이 수행하는 도중에 부딪치는 문제들에 대해 충고를 해주는 데 더 열심이었다. 그는 제자들이 말하는 문제들을 잘 경청하고 나서 그에 맞는 해결책을 제시하였으며, 어떤 때는 진아의 관점에서 보면 모든 문제가 실제로는 존재하지 않는다고 가르치기도 하였다.

● 저는 간혹 자아의 바깥에 자리잡고 있으면서 생생하게 빛나는 의식을 느끼는 때가 있습니다. 어떻게 하면 그 빛나는 의식을 얻어서, 보존하고, 확장할 수 있는지 알려 주십시오.

그와 같은 체험을 하기 위한 영적 수행을 하려면 속세를 떠나 물러나야 합니까?

그대는 〈바깥〉이라고 말했다. 누구에게 있어서 바깥이며 또 안인가? 바깥이니 안이니 하는 것은 주체와 객체가 나누어져 있을 때만 존재한다. 그럼, 누구에게 있어서 주체이며 누구에게 있어서 객체인가? 자세히 살펴보면 그대는 그 둘이 주체 하나로만 융합된다는 사실을 알게 된다. 그때 다시 그 주체가 누구인지를 찾아보라. 이렇게 하면 그대는 주체마저 넘어선 순수 의식에 이르게 될 것이다.

그대는 〈자아〉라고 말했다. 자아란 마음이며 마음에는 한계가 있다. 그러나 순수 의식은 한계를 초월해 있으며 〈나〉를 탐구함으로써 도달할 수 있다.

그대는 〈얻는다〉라고 말했다. 진아는 항상 존재하고 있으며 그대가 할 수 있는 일은 단지 진아를 가리고 있는 베일을 걷는 일 뿐이다.

그대는 〈보존한다〉라고 말했다. 일단 진아를 깨달으면 그것은 그대의 즉각적이고 직접적인 체험이 되며 결코 잃어버리지 않는다.

그대는 〈확장한다〉라고 말했다. 진아를 확장할 수는 없다. 진아는 항상 있는 그대로이며 수축도 팽창도 하지 않기 때문이다.

그대는 〈물러난다〉라고 말했다. 〈물러남〉, 즉 〈홀로 있음〉이란 바로 진아 안에 머무르는 것이다. 왜냐하면 진아는 오직 하나이기 때문이다. 〈물러남〉이란 한 장소 또는 한 상태로부터 다른 장소 또는 다른 상태로 옮긴다는 의미지만, 진아에게는 〈이것〉도

〈저것〉도 없다. 모든 것이 진아이기 때문에 〈물러남〉은 불가능하며 생각할 수도 없다.

그대는 〈영적 수행〉이라고 말했다. 영적 수행이란, 본래적인 평화를 방해하는 요인들을 차단하는 것일 뿐이며, 영적 수행을 하든, 하지 않든 그대는 항상 그대의 본래 상태에 있다. 질문도 의심도 없이 있는 그대로 그냥 머무르는 것이 바로 그대의 본래 상태다.

● 사람들과 사물들이 마치 꿈속에서처럼 희미하게, 거의 투명한 형태로 보이는 경우가 있습니다. 그것들이 분명히 무엇인지는 알지 못해도 그것들이 존재한다는 사실은 의식하며, 나의 바깥에 있는 것으로는 인식되지 않습니다. 그때 마음속에는 깊은 고요함이 있습니다. 이런 경우의 마음은 진아 속으로 몰입할 준비가 되어 있는 마음입니까, 아니면 자기 최면으로 인한 바람직하지 못한 상태의 마음입니까? 일시적인 평화를 얻기 위한 수단으로서 이런 상태를 계속 추구해야 합니까?

마음의 고요함과 더불어 나타나는 의식상태가 있으며 그것이 바로 추구해야 할 상태다. 그러나 그것이 진아라는 사실을 깨닫지 못하고 그 점에 대해서 의문이 생긴다는 사실은 곧 그 상태가 지속적이 아니라 일시적이라는 것을 보여 주고 있다.

또한 〈몰입〉이라는 말은 자꾸 밖으로만 향하려 하는 마음을 내면으로 향하게 하는 경우에 쓰는 말이며, 그런 경우에는 겉으로 나타난 현상의 이면으로 마음을 몰입시켜야 한다. 그러나 만약 깊은 고요함이 의식을 방해하지 않으면서 충만해 있다면 그렇게 몰입해야 할 필요가 어디 있겠는가?

❀ 저는 명상할 때에 때때로 어떤 지복을 느끼곤 합니다. 이러한 경우에 〈이 지복을 느끼는 자가 누구인가〉라고 저 자신에게 질문해야 합니까?

만약 그것이 진정한 진아의 지복이라면, 다시 말해서 마음이 진정 진아 속으로 녹아 들어갔다면, 그와 같은 의문은 전혀 일어나지 않을 것이며, 그와 같은 의문이 일어난다는 사실 자체가 아직 진정한 지복에는 이르지 못했음을 보여 준다.

모든 의심은 의심하는 자의 근원이 발견되었을 때에만 사라진다. 의심을 하나씩 없애 봤자 아무런 소용이 없다. 다른 의심이 또 일어날 것이며 의심에는 끝이 없을 것이다. 그러나 의심하는 자의 근원을 찾음으로써 의심하는 자가 실제로는 존재하지 않는다는 사실을 알게 되면 모든 의심은 사라질 것이다.

❀ 때때로 저는 내면에서 나는 소리를 듣습니다. 이런 일이 일어날 때 어떻게 해야 됩니까?

무슨 소리가 들리더라도 〈이 소리를 듣는 자가 누구인가〉라는 식으로 자아탐구를 계속해야 한다. 그러면 결국 실체에 이를 것이다.

❀ 저는 수행 도중 무념의 상태에 이르면 상당한 즐거움을 만

낍니다. 그러나 때로는 설명할 수 없는 막연한 두려움에 휩싸이기도 합니다.

어떠한 체험을 하더라도 그것에 만족해서는 안 된다. 즐거움을 느끼든, 두려움을 느끼든 그것들을 느끼는 자가 누구인지를 물으면서 수행을 계속해 나아가, 즐거움과 두려움 등을 모두 초월한 경지, 즉 모든 이원성이 사라지고 실체만이 남은 경지에 도달해야 한다.

그런 일이 일어나거나 또는 그런 체험을 하는 데에 잘못된 것은 하나도 없다. 그러나 거기서 멈추어서는 안 된다. 예컨대 생각이 가라앉을 때에 경험하는 라야의 즐거움에 만족해서는 안 되며, 모든 이원성이 사라질 때까지 계속 탐구해 나가야 한다.

● 어떻게 하면 두려움을 없앨 수 있습니까?

두려움이란 무엇인가? 그것은 하나의 생각일 뿐이다. 진아 이외에 다른 뭔가가 존재한다면 두려워할 이유가 있겠으나 진아와 분리되어 있는 것은 하나도 없다. 그런데 이 진아에서 에고가 나타나고 에고는 사물을 진아와는 분리된 외부적 대상으로 지각한다. 따라서 에고가 나타나지 않는다면 진아와 분리된 것이란 아무것도 없다. 먼저 에고를 찾아보라. 그러면 의심과 두려움이 사라질 것이다. 두려움뿐만 아니라 에고를 중심으로 해서 모여 있는 다른 모든 생각들도 같이 사라질 것이다.

● 죽음에 대한 두려움을 어떻게 극복할 수 있습니까?

그 두려움이 그대를 사로잡는 때는 언제인가? 그대가 자신의 육체를 보지 못할 때, 즉 깊이 잠든 상태에서 그 두려움을 느끼는가? 그 두려움이 그대를 사로잡는 때는 그대가 완전히 깨어 있으면서 그대의 육체를 포함한 이 현상계를 지각하고 있을 때뿐이다. 만약 그대가 깊이 잠든 때처럼 이 현상계를 지각하지 못하고 순수한 진아로서 남아 있다면 어떠한 두려움도 그대를 건드릴 수 없다.

그대는 무엇을 잃을까 봐서 두려워하는가? 그것은 무엇인가? 그것을 추적해 보면 그대는 그것이 육체가 아니라 육체 안에서 작용하는 마음이라는 사실을 알게 될 것이다. 만약 각성상태가 계속 유지되기만 한다면, 자신의 병든 육체와 거기에 따르는 여러 가지 문제점, 또는 불편한 점들을 기꺼이 포기할 사람은 얼마든지 있다. 잃을까 봐 두려워하는 것은 결코 육체가 아니라 각성상태이며, 의식이다. 인간은 자신이 존재한다는 사실을 사랑한다. 왜냐하면 존재는 곧 각성상태를 의미하며 그것은 바로 자신의 진아이기 때문이다. 그렇다면 왜 육체를 가지고 있는 지금 여기에서 순수한 각성상태를 얻지는 못하는가? 그리하여 왜 모든 두려움으로 부터 벗어나지 못하는가?

● 생각 없이 있으려고 하면 잠이 들어 버립니다. 저는 어떻게 해야 합니까?

일단 잠이 들어 버리면 어떻게 할 수가 없다. 그러나 깨어 있는 동안에는 생각에 휩쓸리지 않도록 노력하라. 그리고 왜 잠에 대해서 생각하는가? 그것 역시 생각이다. 그렇지 않은가? 그대가 깨어 있는 동안에 생각 없이 있을 수 있으면 그것으로 충분하다. 잠 들기 직전에 가졌던 상태가 깨어난 뒤에도 계속되며, 생각이 사라지지 않는 한 잠도 없어지지 않는다. 생각과 잠은 동전의 양면과 같다.

잠은 너무 많이 자도 안 되고, 전혀 자지 않아도 안 되며, 적당히 자야 한다. 지나치게 많은 잠을 자지 않기 위해서는 되도록 생각을 적게 하고, 적당한 양의 채식을 해야 하며, 육체적인 활동도 적절하게 조정해야 한다. 생각과 행위와 음식을 조절하면 할수록 잠을 조절할 수 있다. 구도의 길을 가는 구도자에게는 바가바드 기타에서 말하는 것처럼 적당함이 규칙이 되어야 한다. 모든 구도자에게 있어서 첫 번째 장애물은 책에도 나와 있듯이 역시 잠이다. 두 번째 장애물은 주의를 흐트러뜨리는 세상의 감각적인 대상들이며, 세 번째는 이러한 감각 대상들에 대한 과거의 기억이다. 네 번째로 지복감도 장애가 된다. 왜냐하면 자신과 지복은 서로 분리되어 있다는 느낌이 〈나는 지복을 즐기고 있다〉는 식으로, 〈즐기는 자〉를 인정하기 때문이다. 이것마저 극복되어 지복 자체가 되는 마지막 삼매의 단계에 도달하여야 한다. 이 삼매의 경지에서는 〈즐기는 자〉와 〈즐김〉이라는 이원성이 실재 – 의식 – 지복, 즉 진아의 바다 속에 사라져 버린다.

● 그러면 지복에 가득 찬 상태, 또는 황홀경 상태에 빨리 이르려고 노력해서는 안 됩니까?

수행의 마지막 장애가 황홀경이다. 사람들은 그 상태에서 커다란 행복을 느끼고 그 상태에 머무르려 한다. 그러나 거기에 머무르지 말고 고요함이 충만한 다음 단계로 가야 한다. 그 고요함은 황홀경보다 더 높은 차원이며 삼매 속으로 흡수된다. 삼매에 들어가면 깨어 있으면서 잠자는 듯한 상태가 나타나며, 그 상태에서 그대는 그대가 항상 의식이라는 사실을 알게 된다. 의식은 그대의 본성이기 때문이다. 실제로 인간은 항상 삼매 속에 있으나 그것을 모르고 있을 뿐이며, 그것을 알기 위해서는 장애물을 제거하기만 하면 된다.

● 저는 거의 20년 동안 수행을 계속해 오고 있는데도 조금도 진보하지 못하고 있습니다. 저는 어떻게 해야 합니까? 매일 아침 5시부터 진아만이 실체이고 다른 것은 실체가 아니라는 생각에 집중하고 있으나, 20년 동안 그렇게 했어도 2, 3분 이상을 제대로 집중할 수가 없습니다.

마음이 밖으로 향하려 할 때마다 거두어들여 진아에 고정시키는 방법 외에는 다른 방법이 없다. 굳이 명상을 한다거나 주문을 외우는 등의 방법을 동원할 필요 없이 진아를 망각한 채로 다른 대상을 생각하지만 않으면 된다. 그대가 외부의 대상을 생각하지 않고 밖으로 향하는 마음을 돌이켜 진아에 고정시키면 진아만이 남게 된다.

● 생각이나 욕망의 유혹을 극복하려면 어떻게 해야 합니까? 또, 생각을 조절하려면 어떻게 제 생활을 통제해 가야 합니까?

그대가 진아에 고정되면 될수록 다른 생각은 저절로 사라져 간다. 마음이란 생각의 다발일 뿐이며, 〈나라는 생각〉이 모든 생각의 뿌리다. 이 〈나〉가 누구인지를 알고 그것이 어디에서부터 나오는지를 발견하면, 모든 생각이 진아 속으로 녹아 들어가 버린다.

생활을 통제하는 것, 즉 정해진 시간에 일어나서 목욕하고 주문을 외우며 의식儀式을 집행하는 그런 것들은 자아탐구의 방법을 택하고 싶지 않은 사람이나, 택할 수 없는 사람들을 위해서 필요할 뿐이지, 자아탐구의 방법으로 수행할 수 있는 사람에게는 그런 규칙이나 훈련들은 다 필요가 없다.

● 계속 노력을 하는데도 마음이 내면으로 향해지지 않는 이유는 무엇입니까?

꾸준히 그리고 냉정하게 계속해 나가야 하며, 그 효과는 점차적으로 나타난다. 자기가 들어가 있는 외양간에 풀이 잔뜩 쌓여 있음을 모르는 암소는 자꾸 외양간 밖으로만 나가려고 하는데, 마음이 꼭 그와 같다. 암소 주인이 아무리 달래고 끌어도 암소는 말을 듣지 않고 자꾸 밖으로만 나가려고 한다. 어쩌다가 풀을 한입 먹게 되어도 지금까지 해 오던 버릇이 있어서 자꾸 밖으로만 나가려 하지만 계속 주인이 달래면서 풀을 조금씩 자꾸 먹이다 보면 암소는 점차 풀맛에 익숙해지고 나중에는 억지로 붙잡지 않아도 외양간 밖으로 나가려 하지 않는다. 마음도 마찬가지다. 일단 내면의 행복을 발견하면 결코 밖으로 헤매지 않는다.

● 제 마음은 2, 3일 동안은 맑았다가, 다시 2, 3일 동안은 탁해지고는 합니다. 왜 이런 현상이 나타납니까?

그것은 극히 자연스러운 현상이다. 그것은 마음의 세 가지 기질 *Guna*, 즉 사트바 *Sattva*(순수) · 라자스 *Rajas*(활동), 타마스 *Tamas*(게으름)가 번갈아 나타나기 때문이다. 타마스 구나 *Tamas Guna*가 나타난다고 한탄하지 말고, 사트바 구나 *Sattva Guna*가 나타날 때를 최대한으로 이용하라.

● 명상하는 도중, 모기가 문다든가 하는 명상을 방해하는 요인이 있으면, 그것에 상관치 말고 명상을 계속해야 합니까? 아니면 일단 모기를 쫓고 나서 명상을 해야 합니까?

그대의 관점에서 가장 편리하다고 생각되는 방법을 택하라. 그러나 명상을 방해하는 요인을 없애는 것만으로 자유를 얻을 수는 없으며, 중요한 것은 우선 마음을 한곳에 모으는 일이고, 그 다음에 마음을 없애는 일이다. 이것을 위해서 모기를 쫓는 편이 좋을지, 그냥 내버려 두는 편이 좋을지를 결정하는 것은 그대이다. 만약 그대가 명상에 완전히 몰입되었다면 모기가 그대를 무는지조차 알지 못할 테지만, 그 상태에 도달하지 않았다면 모기를 쫓는 것이 뭐가 나쁘겠는가?

● 명상을 하다 보면 새로운 병을 얻게 된다고 말하는 사람들이 있고, 저 자신도 등과 가슴 쪽에 약간의 통증을 느끼고 있습니다. 어떤 사람은 이것이 신에 의한 시험이라고 말합

니다. 이 말이 사실입니까?

그대와 분리되어서 존재하는 신이란 없으며, 따라서 시험이란 있을 수 없다. 그대가 수행 도중에 얻게 되는 새로운 병이라든가 통증은 사실은 그대의 신경과 오관五官에 새롭게 나타나는 긴장일뿐이다. 여태까지 감각기관을 통해서 작용해 오던 마음이 점차 감각기관과의 연결이 끊어짐으로 인해서 고통을 수반하는 긴장을 야기하는 것이다. 어떤 사람들은 이것을 병이라고도 하고 또는 신의 시험이라고도 하지만 이 모든 고통은 그대가 수행을 계속함에 따라, 즉 진아를 이해하고 깨달음을 추구하는 데에만 생각을 집중함에 따라 자연히 사라질 것이다. 이 계속적인 수행 또는 계속적인 신과의 결합보다 더 좋은 치료법은 없다. 그대가 여지껏 가지고 있던 바사나를 버림에 따라 나타나는 고통은 불가피한 것이다.

● 욕망과 바사나를 없애기 위한 가장 좋은 방법은 무엇입니까? 그것을 만족시켜야 합니까, 아니면 억눌러야 합니까?

만약 욕망을 만족시킴으로써 욕망을 없앨 수 있다면 아무런 문제도 없을 것이다. 그러나 대개 욕망은 만족을 통해서 없앨 수가 없다. 만족을 통해서 욕망을 뿌리 뽑으려 하는 것은 마치 불 위에 연료를 들이부음으로써 불을 끄려는 것과 마찬가지다. 그렇다고 해서 욕망을 억누르는 것도 좋은 방법은 아니다. 왜냐하면 억눌린 욕망은 결국에는 터져나와 좋지 않은 결과를 낳기 때문이다. 욕망을 없애는 가장 좋은 방법은 욕망을 가지고 있는 자가 누구인지, 또는 욕망의 근원이 무엇인지를 찾아내는 방법이다. 이것을 찾으면 욕망은 완전히 뿌리 뽑혀, 다시는 나타나지 않을 것이다. 그러나 먹고, 마시고, 잠자거나, 배설하는 등의 작은 욕망은 비록 욕망으로 분류되기도 하지만 안심하고 충족시켜도 된다. 그것들은 그대의 마음속에 다음 번의 탄생을 유발하는 바사나를 형성하지 않기 때문이다. 그런 행위들은 삶을 영위하는 데에 필요한 것들일 뿐, 결코 바사나를 키우지도, 뒤에 남겨놓지도 않는다. 따라서 이러한 바사나를 형성하지 않는 욕망을 충족시키더라도 그에 따른 피해는 없다.

● 명상할 때에 체험하는 현상 중에서, 깨달음을 향해서 옳게 나아가고 있음을 나타내는 척도에는 어떤 것이 있습니까?

자신이 바라지 않는 생각을 하지 않을 수 있는 정도, 그리고 한 가지 생각에 집중할 수 있는 정도가 진화의 정도를 가늠하는 척도다.

이 론

"어떠한 형이상학적 논의도 그것이 우리로 하여금 진아 안에서 진정한 실체를 발견하도록 하지 않으면 소용이 없다.
따라서 우주의 본질·창조·진화·신의 목적 등에 대해 이러쿵저러쿵 따져보았자 소용이 없다. 그래봐야 우리들이 진정으로 행복해지는 것은 아니다. 사람들은 〈나는 누구인가〉를 찾으려 하기 전에 자신들의 바깥에 있는 일들부터 알고자 하지만 자아탐구를 통해서만이 행복을 얻을 수 있다."

창조론과 현상계의 실재

라마나 마하리쉬는 영적인 문제의 이론적인 측면에 대해서는 거의 관심이 없었다. 그의 주요한 관심은 사람들로 하여금 진아를 깨닫도록 하는 데에 있었으며, 이를 위해서는 사색보다 실천이 더욱 중요하다고 늘 강조하였다. 이론적인 측면의 질문을 받을 때면 그는 그냥 침묵하고 있거나, 아니면 질문하는 사람에게 그 질문하고 있는 〈나〉의 근원을 찾아보라고 말함으로써 그와 같은 질문들을 확대시키지 않았다. 가끔 이러한 자세를 누그러뜨려 철학적인 측면들에 대해 상세한 설명을 해 줄 때도 있었으나, 질문하는 사람이 너무 자신의 질문에 매달리거나 대화의 흐름이 지나친 사변주의로 흐르려고 하면, 다시 주제를 바꿔서 좀더 실제적인 문제로 주의를 돌리도록 하였다.

철학적인 질문과 대화의 대부분은 물질 세계의 본질과 기원의 문제에 집중되어 있었다. 이 문제에 대한 라마나의 견해가 상식적인 견해와 완전히 달랐기 때문이다. 라마나는 다른 주제에 대해서 이야기할 때와 마찬가지로 이 주제에 대해서도, 질문하는 사람의 이해의 수준에 따라서 설명하는 각도를 달리하기는 하였으나, 그럼에도 불구하고 대부분의 그의 견해는 사람들이 가지고 있는 물질적 실체의 개념을 근본적으로 부정하는 것이었다.

라마나는 현상계의 본질에 대해서 언급할 때, 세 가지의 서로 다른 관점을 채택하였다. 그러나 그는 아래의 세 가지 관점 중, 앞의 두 가지만을 진리, 혹은 수행에 도움이 되는 것으로 인정하였다.

1) 무인론無因論(Ajata vada) : 이는 현상계는 결코 창조된 적이 없다고 하는 힌두교의 전통적 이론이다. 이 이론에서는 현상계의 모든 인과를 철저히 부정하고 있다. 라마나는 깨달은 사람의 체험을 통해서 보면, 진아만이 유일하고 불변의 실체로서 존재하기 때문에 그 밖의 어떤 것이 존재한 적도, 사라진 적도 없다고 말하면서 이 무인론을 지지하였다. 이 이론을 따른다면 시

간·공간, 원인과 결과, 기타 창조론을 뒷받침하는 다른 모든 요인들은 오직 깨닫지 못한 사람들의 마음 속에만 존재할 뿐, 깨달은 사람에게는 존재하지 않는다는 결론이 나온다.

　이 이론은 현상계의 실체성을 부정하고 있는 것이 아니라, 현상계가 창조되었다는 창조의 과정을 부정하고 있다. 라마나는 자신의 체험으로 비추어 볼 때, 깨달은 사람은 현상계가 실재한다는 사실을 알고 있다고 말하였다. 그러나 이때의 현상계란 서로 상호작용하는 물질과 에너지의 집중체로서의 현상계가 아니라, 진아 안에서 원인 없이 나타나는 현상으로서의 현상계다. 그는 이 현상의 본성 또는 근본이 진아와 똑같기 때문에 필연적으로 현상계는 진아의 실체성을 띠고 있다고 설명하였다. 다시 말해서, 깨달은 사람에게 있어서 현상계가 실재한다고 하는 것은 현상계가 실체로서 나타나 있기 때문이 아니라, 그 나타남(현상)의 본성이 진아와 분리시킬 수 없는 것이기 때문이다.

　반면에 깨닫지 못한 사람은 현상계의 본성과 근본을 전혀 모르기 때문에 감각기관이 받아들이는 것만을 잘못 해석하여 이 현상계는 분리되어 있는 객체들이 상호작용하고 있는 실체라는 그릇된 인식을 마음속에 가지게 된다. 라마나는 그와 같은 실체라는 그릇된 인식을 마음속에 가지게 된다. 라마나는 그와 같은 견해로 현상계를 실체라고 보는 것은, 꿈에 나타나는 세계를 보는 것과 별로 다를 바가 없다고 말하였다. 거기에는 진아의 실체 위에 마음이 만들어낸 것이 덧붙어 있기 때문이다. 그는 깨달은 사람과 깨닫지 못한 사람 사이의 관점의 차이를 다음과 같이 요약하였다.

「마음을 통해서 분리되어 있는 객체들의 집합으로 인식되는 현상계는 실체가 아니며, 진아 안에 나타난 현상으로 직접 체험되는 현상계는 실체다.」

2) 동시론同時論(Drishti-srishti vada) : 위의 무인론을 이해하지 못하는 사람들에게, 라마나는 〈나라는 생각〉이 나타남과 동시에 현상계가 나타나고 〈나라는 생각〉이 없어짐과 동시에 현상계도 사라진다고 가르쳤다. 이 이론이 바로 동시론이며 이는 사실상, 깨닫지 못한 사람에게 나타나는 현상계는 마음이 지각하는 대로의 현상계이며 마음이 사라지면 현상계도 사라진다는 이론이다. 마음이 가공의 세계를 스스로 창조하는 한에 있어서 이 이론은 타당할 수 있으나, 진아의 관점에서 보면 가공의 세계를 만들어낸 가공의 〈나〉가 실재하지 않기 때문에 무인론과 다르지 않다. 라마나는 이 이론이 창조에 대한 궁극적인 진리는 아니라고 하면서도 제자들에게 이 이론을 잠정적으로 받아들이도록 권고하였다. 만약 현상계를 마음이 만들어낸 비실재적인 것으로 계속 보게 되면 현상계에 대한 집착은 점차로 적어지고 〈나라는 생각〉에 집중하기가 더욱 쉬워진다는 입장에서 그와 같이 권고하였던 것이다.

3) 점진론漸進論(Srishti-drishti vada) : 이는 현상계는 인과법칙에 의해서 지배되는 객관적 실체이며 창조된 시점이 있다는 상식적인 견해다. 이 이론에는 서양에서 말하는 여러 가지 창조론과 성경의 창세기에 나와 있는 창조론도 포함된다. 라마나가 이런 형태의 이론을 언급하는 때는, 무인론이나 동시론을 전혀 받아들이려 하지 않는 사람들에게 이야기할 때뿐이었으며, 그런 때에도 이러한 이론은 단지 지적 호기심을 만족시켜 줄 따름이기 때문에 심각하게 받아들여서는 안 된다는 점을 항상 지적하였다.

글자 그대로 해석하면 〈Drishti - srishti(동시론同時論)〉라는 말은 현상계는 그것이 지각될 때에만 존재한다는 의미이고, 〈Srishti - drishti(점진론漸進論)〉라는 말은 어느 누가 지각하기 전에 현상계는 이미 존재하였었다는 의미다. 점진론에 비해 동시론이 아무래도 이상하다고 생각되기는 하지만 라마나는 진정한 구도자라면 동시론을 받아들여야 한다고 강조하였다. 왜냐하면 동시론이 진리에 더욱 가깝기 때문이기도 하지만 진아를 깨닫는 데에 있어서 가장 도움이 되는 관점이기 때문이라는 것이다.

● 어떻게 창조가 이루어졌습니까? 혹자는 창조는 이미 예정되어 있었던 것이라고도 하고 혹자는 신의 유희라고도 합니다. 무엇이 진실입니까?

책에는 여러 가지 설명들이 나와 있다. 그러나 과연 창조라는 것이 있었는가? 창조라는 것이 있어야만 어떻게 창조가 이루어졌는지 설명할 수도 있을 것이다. 우리는 책에 나와 있는 여러 가지 이론들에 대해서는 잘 모를 수도 있으나 분명히 알고 있는 것은 우리가 존재하고 있다는 사실이다. 왜 자신이 누구인지조차 모르면서 창조에 대해서 알고자 하는가?

● 상카라챠리아Sankaracharya*의 어떤 책에 보면 초보 단계에서는 〈세계가 창조되었다〉는 원리를 설명하지만 고급 단계에서는 〈창조는 없다〉는 원리를 설명하고 있습니다. 이 문

---

* 상카라Sankara.

제에 대한 선생님의 견해는 어떻습니까?

「창조도 없고 소멸도 없다. 구속되어 있는 사람도 없으며, 수행하는 사람도 없다. 자유를 추구하는 사람도, 자유로워진 사람도 없다. 이는 절대적인 진리다.」 가우다파다Gaudapada*의 주석서 2장에 위와 같은 구절이 있다. 진아 안에서 뿌리내린 사람은 자신이 터득한 실체에 대한 지혜를 통해서 위의 사실을 알고 있다.

● 저희들이 지금 바라보고 있는 이 현상계의 원인이 바로 진아가 아닙니까?

진아 자체가 여러 가지 다양한 이름과 모습으로 가득 찬 이 현상계를 나타내지만, 그것이 어떤 원인으로 작용하여 이 현상계를 창조하고, 유지하고, 파괴하지는 않는다. 〈그럼, 그러한 진리를 모르고 있는 저의 이 무지의 원인은 무엇입니까〉라고 묻지는 말라. 그 대신 만약 그대가 〈이 무지가 누구에게 일어나는가〉라고 탐구해 들어가면 진아에게는 전혀 이러한 무지가 존재하지 않았음을 알게 될 것이다.

● 선생님께서는 아드바이타 베단타Advaita Vedanta**의 무인론을 지지하시는 것 같군요.

---
* 상카라의 스승의 스승.
** 베단타는 인도 육파철학 중의 하나이며, 아드바이타 베단타에서는 특히 불이일원론不二一元論을 강조한다.

나는 무인론만을 가르치지는 않는다. 나는 모든 견해들을 받아들인다. 듣는 사람의 능력에 따라서 똑같은 진리가 여러 가지 다른 방법으로 표현될 수 있다. 무인론에서는 말한다. 「유일한 실체 이외에는 아무것도 존재하지 않는다. 탄생도 죽음도 없으며 구도자도, 구속도, 자유도 없다. 오직 하나만이 존재할 뿐이다.」 그러나 이 진리를 제대로 파악하기가 어려워서 「우리의 주위를 둘러싸고 있는 이 확실한 현상계를 어떻게 무시할 수 있단 말인가?」라고 반문하는 사람들에게는 꿈꿀 때의 경험에 대해서 설명해 주고 또 「그대들이 보는 모든 것은 보는 자에게 달려 있다. 보는 자가 없으면 보이는 대상도 없다」라고 말해 준다. 이것이 바로 동시론인데, 이는 마음이 먼저 일어나고, 다시 그 마음이 스스로 만들어낸 대상을 본다는 설명이다. 어떤 사람들은 이것조차 이해하지 못하고, 이렇게 말하면서 계속 따지고 든다. 「꿈에 나타나는 세계는 꿈꿀 때에만 존재하지만, 이 현상계는 항상 존재하고 있다. 또 꿈의 세계는 꿈꾸는 사람에게만 한정되어 있지만 이 현상계는 나뿐만 아니라 많은 사람들이 같이 보고 있다. 이런 현상계가 실재하지 않는다고는 할 수 없다.」 사람들이 이런 식으로 따지고 들면 점진론식의 설명을 하게 된다. 예를 들면 이렇다. 「신은 맨 먼저 이러이러한 것을 만들었고, 다시 거기에서 이러이러한 요소를 만들었으며 그 요소들로부터 이러이러한 것이 생겨났다.」 이 설명만이 그러한 부류의 사람들을 만족시킨다. 그렇지 않고는 그들의 마음은 만족되지 않으며 스스로 이렇게 자문하게 된다. 「어떻게 해서 내가 지금 보고 있는 이 대지나, 태양·별들이 모두 실체가 아닐 수 있으며, 또 그것들을 지배하는 법칙, 거기에 대한 지식들이 몽땅 거짓일 수가 있단 말인가?」 이런 사람들에게는 이렇게 말하는 것이 최선이다. 「그래, 신이 그 모두를 창조했으며 그래서 그대가 그것들을 보고 있다.」

● 그러나 그 세 가지가 전부 진리일 수는 없을 것입니다.

듣는 사람의 능력에 따라 세 가지로 설명하지만, 진리는 오직 하나다.

● 창조의 목적은 무엇입니까?

스스로 그 의문에 대한 해답을 파고들어서, 마침내 모든 것의 지고한 근원인 진아에 이르도록 하라. 그 의문은 결국 진아에 대한 탐구가 될 것이며, 진아 아닌 것이 제거되어 순수하고 찬란한 진아를 깨닫게 될 때에만 사라질 것이다.

창조에 대해서는 수많은 이론이 있을 수 있다. 지금도 새로운 이론이 나오고 있으며, 시간과 공간이 무한하기 때문에 그 이론들은 끝이 없을 것이다. 그러나 그것들은 결국 마음속에 있을 뿐이다. 만약 그대가 마음이 무엇인지를 알게 되면, 그대는 시간과 공간을 초월하게 되며, 진아를 깨닫게 된다.

● 저는 창조의 일부분을 이루고 있습니다. 그리고 아직 의존 상태에서 벗어나지 못하고 있습니다. 이 의존 상태를 벗어나기 전에는 창조의 수수께끼를 풀 수 없지 않습니까?

그렇다. 그 의존상태에서 벗어나서 그대 스스로 그 수수께끼를 풀어라. 그렇게 할 수 있는 사람은 바로 그대이다. 그런데 그 질문을 하는 그대는 지금 어디에 있는가? 그대가 현상계 안에 있는가, 아니면 현상계가 그대 안에 있는가? 그대는 잠자는 동안 현상계를 지각하지 못한다. 그러나 그렇다고 해서 그대가 존재하지 않는 것은 아니다. 그대가 잠에서 깨어나면 현상계는 다시 나타난다. 도대체 이 현상계는 어디에 있는가? 확실히 이 현상계는 그대의 생각이다. 그리고 모든 생각은 그대로부터 나온다. 먼저 〈나〉가 만들어지고 다음에 현상계가 만들어진다. 또한 이 〈나〉는 진아로부터 나온다. 현상계의 창조라는 수수께끼는 이와 같이 〈나〉의 창조를 해결함으로써 해결된다. 그래서 나는 그대의 진아를 발견하라고 말하는 것이다.

자, 또, 이 현상계가 그대에게 다가와서 「왜 내가 존재하는가?」「어떻게 내가 창조되었는가?」라고 질문하는가? 질문하는 사람은 바로 그대이다. 그렇다면 질문하는 사람은 마땅히 이 현상계와 자기 자신과의 관계를 정립해야 하며, 현상계란 바로 자기의 환상이라는 사실을 받아들여야 한다. 그러한 환상을 만드는 사람은 누구인가? 그 사람을 찾아보라.

또 창조에 대한 여러 가지 과학적인 설명과 이론적인 설명들은 서로 일치하지 않는다. 바로 그 사실이 그런 설명들을 들어보았자 아무런 소용이 없다는 것을 분명히 보여 준다. 그러한 설명들은 순전히 정신적이거나 사변적일 뿐, 그 이상의 아무것도 아니다. 물론 그 모든 설명들이 보는 관점에 따라서는 진리로 보일 수도 있으나, 깨달음의 상태에서 보면 창조란 존재하지 않는다.

● 선생님께서는 가끔 환상*Maya*과 실체는 같은 것이라고 말

쏨하십니다. 어떻게 그럴 수가 있습니까?

사람들은 샹카라를 제대로 이해하지 못하고서 그의 환상에 대한 견해를 비판하였다. 샹카라는 다음과 같이 말했었다.
1) 브라흐만은 실체다.
2) 우주는 실체가 아니다.
3) 우주는 브라흐만이다.

그는 두 번째에서 멈추지 않았다. 왜냐하면 세 번째가 앞의 두 가지를 설명하기 때문이다. 여기서 강조하고 있는 점은 우주가 진아로서 인식되면 실체지만 진아와 분리되어서 인식되면 실체가 아니라는 점이다. 그래서 환상과 실체가 하나라고 하는 것이다.

● 그렇다면 현상계는 정말 환상이 아니라는 말씀입니까?

구도자의 단계에서는 현상계는 환상이라고 말해야 한다. 다른 방법이 없다. 자기 자신이 영원하고 무소부재한 브라흐만이라는 사실을 망각하고, 자신을 육체와 잘못 동일시하면서 고통에 허덕이고 있는 사람에게는 현상계가 실재하지 않으며, 환상일 뿐이라고 상기시켜 주어야 한다. 왜? 자신의 진아를 망각한 그 사람의 시각이 외부의 물질 세계에만 머물러 있기 때문이다. 그 외부의 물질 세계가 실체가 아니라고 강조하지 않으면, 그 사람은 자신의 시각을 내면으로 돌리지 않을 것이다. 일단 그가 자신의 진아를 깨달으면 그는 자신의 진아 이외에는 다른 아무것도 실재하지 않는다는 사실을 알게 되고 우주 전체를 브라흐만으로 보게 될 것이다. 진아와 분리된 우주란 존재하지 않는다. 모든 것의 근원인 진아를 보지 못하고 물질 세계를 영원한 실체로 보는 사람에게는 그것은 환상이라고 말해 주어야 한다. 다른 방법이 없다. 자, 종이의 예를 들어보자. 우리는 종이 위에 씌어진 글씨를 볼 뿐, 아무도 종이에 대해서는 주의를 기울이지 않는다. 글씨가 씌어 있건, 씌어 있지 않건, 종이는 존재한다. 그러나 글씨를 실체로 보는 사람에게는 글씨는 종이에 의존하고 있기 때문에 실체가 아니고 환상이라고 말해 줘야 한다. 현명한 사람은 종이와 글씨, 즉 브라흐만과 우주를 하나로 본다.

● 우주가 진아로서 체험될 때는 실체지만, 따로따로 나누어진 이름과 형태로 보일 때는 실체가 아니라는 말씀이군요.

연기에 의해 불꽃이 가려지듯이 이름과 형태의 집합체, 곧 현상계에 의해서 빛나는 의식의 빛이 가려진다. 연민에 가득 찬 신의 은총에 의해서 마음이 맑아지면 현상계의 본질은 환상이 아니라 실체라는 사실을 알게 된다.
마음이 환상의 사악한 영향력에서 벗어난 사람들, 즉 현상계에 대한 여러 가지 사변적인 지식들을 포기하고 그것들에 집착하지 않으며, 그리하여 스스로 빛을 발하는 지고한 실체의 지혜를 얻은 사람들만이 〈현상계는 실체다〉라는 말의 의미를 정확히 알 수 있다.

● 현상계가 실재하지 않는다는 사실을 잠정적으로 인정하기는 어렵지 않습니다만, 정말 실재하지 않는다는 확신을 갖

기는 어렵습니다.

그대가 꿈을 꾸는 동안 그대는 꿈속에 나타나는 세계를 실체로서 인식한다. 꿈이 계속되는 한, 그대가 그 속에서 보고 느끼는 것은 모두 실체다.

● 그렇다면 이 현상계는 꿈과 다를 바 없다는 말씀입니까?

그대가 꿈을 꾸는 동안 느끼는 실체감에 잘못된 것이 있는가? 그대는 완전히 불가능한 꿈, 예컨대 죽은 사람과 행복하게 대화를 나누는 꿈을 꿀 수도 있다. 꿈속에서도 잠시 동안 〈이 사람은 죽은 사람이 아니던가?〉라고 의심할 수도 있으나 그대의 마음은 다시 꿈속에 빠져 버리고 그 사람은 살아 있는 것과 똑같이 보인다. 다시 말해서 꿈은 그대가 그 꿈의 실체를 의심하도록 그냥 놔두지 않는다. 깨어 있는 상태에서도 마찬가지다. 깨어 있는 동안에는 또 그 세계의 실체를 의심할 수가 없다. 그 세계를 만들어낸 바로 그 마음이 어떻게 그 세계를 실재하지 않는다고 부인할 수 있겠는가? 깨어 있는 상태에서의 세계와 꿈꿀 때의 세계를 비교하는 중요한 이유가 바로 이 때문이다. 둘 다 마음이 만들어낸 것이며, 마음이 어느 하나에 몰두해 있는 한, 그것의 실재를 부정할 수는 없다. 마음이 꿈꾸는 동안은 꿈속 세계의 실재를 부정할 수 없으며 마음이 깨어 있는 동안은 그 상태에서 나타나는 세계의 실재를 부정할 수 없다. 그러나 반대로 만약 그대가 그대의 마음을 외부 세계로부터 완전히 내면으로 돌려서 내면에 머무르게 한다면, 다시 말해서 모든 것의 근원인 진아에 대해서 항상 주의를 놓치지 않는다면, 그대는 지금 그대가 보고 있는 세계가 마치 그대가 꿈속에서 보았던 세계처럼 실재하지 않는다는 사실을 발견할 것이다.

● 저희들은 여러 가지 방법으로 현상계를 보고, 느끼고, 지각합니다. 이때 저희들이 느끼는 감각은 보고, 느끼는 대상으로부터의 반응입니다. 꿈에서 느끼는 감각이야 사람마다 다르고, 같은 사람에게서도 다를 수 있지만, 깨어 있을 때의 감각은 꿈속에서의 그것처럼 결코 정신적으로 만들어진 것만은 아닙니다. 이 사실만으로도 객관적인 현상계의 실재를 증명하는 데 충분하지 않을까요?

꿈속에서 느끼는 감각들이 일정하지 않다는 그대의 이야기는 지금, 그대가 깨어 있을 때 나온 이야기다. 그대가 꿈꾸고 있는 동안에는 그 꿈은 완벽하게 통일된 전체였었다. 다시 말해서 만약 그대가 꿈속에서 갈증을 느끼면, 가공적인 물을 가공적으로 마심으로써 가공적인 갈증이 해소되었다. 그러나 그대가 꿈 자체가 가공이라는 사실을 알기 전에는 그 모두가 그대에게 실재했었으며 결코 가공이 아니었다. 깨어 있을 때의 세계에서도 마찬가지다. 그대가 지금 장단을 맞추고 있는 그 감각들이 이 현상계가 실재한다는 인상을 그대에게 주고 있다.

만약 반대로 이 현상계가 스스로 존재하는 실체라면 무엇 때문에 그것이 그대가 자는 동안에는 나타나지 않겠는가? 자는 동안에는 그대가 존재하지 않았다고 말할 수 없지 않은가?

● 그렇다면 제가 자는 동안에 이 현상계가 계속 존재한다는 사실도 부정할 수 없습니다. 이 현상계는 계속 존재하고 있습니다. 제가 잠자는 동안 저는 그것을 보지 못하지만 자지 않는 다른 사람들은 그것을 봅니다.

잠자는 동안에도 그대가 계속 존재한다는 사실을 확인하기 위해서도 다른 사람들의 증언이 필요한가? 그대는 왜 지금 다른 사람들의 증언을 들먹이는가?「당신이 잠자는 동안에도 우리는 계속 이 현상계를 보고 있었다」라고 다른 사람들이 그대에게 말할 수 있는 것은 이미 그대가 깨어난 뒤이다. 그러나 잠자는 동안에도 그대가 계속 존재한다는 사실에 대한 근거는 이와 다르다. 잠에서 깨어난 뒤에 그대는 그대가 깊은 잠을 잤었다고 말한다. 깊이 잠든 상태에서도 그 정도는 그대 자신에 대해서 알고 있다. 반면, 현상계의 존재에 대해서는 전혀 알지 못한다. 자, 지금 그대가 깨어 있을 때,「나는 실재한다」라고 말하는 것은 현상계인가? 아니면 그대인가?

● 물론 그 말을 하고 있는 것은 저이지만 저는 현상계에 대해서 이야기하고 있습니다.

그대 자신의 실체도 모르면서 현상계의 실재를 증명하려는 그대를 바로 그 현상계가 조롱하고 있다.
그대는 현상계가 실재한다고 계속 주장하고 싶어하는데, 그렇다면 실체의 기준은 무엇인가? 영원하고, 변화하지 않으며, 스스로 존재하고, 스스로 자신을 드러내는 것만이 실체다.

현상계는 스스로 존재하는가? 그것은 마음의 도움 없이도 항상 보이는가? 깨어 있을 때에는 마음이 있고 현상계도 있다. 이러한 일치점이 의미하는 바는 무엇인가? 그대는 아마 과학적 사유의 기초를 이루고 있는 귀납적 논리를 잘 알고 있을 것이다. 그대는 왜 현상계의 실재에 대한 의문을 귀납적 논리에 의해서 해결하려 하지 않는가?

그대는 그대 자신에 대해서 「나는 존재한다」라고 말할 수 있다. 즉, 그대의 존재란 단순한 존재만이 아니라 그대가 의식하고 있는 존재다. 진실로 그것은 의식과 똑같은 존재다.

● 현상계는 그 자신을 의식하지 못할지도 모르지만 존재하고는 있습니다.

의식이란 언제나 자아의식 Self-consciousness이다. 그대가 어떤 것을 의식할 때, 필연적으로 그대는 그대 자신을 의식한다. 비자아의식 Unself-consciousness적 존재란 결코 실체일 수가 없다. 그것은 단순히 속성적 존재屬性的 存在(Attributed Existence)일 뿐이다. 반면 자아의식적 존재 Sat는 어떤 속성이 아니다. 그것은 실체 그 자체다. 그러므로 실체는 실재 – 의식이며, 둘 중의 어느 하나도 제외될 수 없다. 현상계는 스스로 존재하지도 않으며, 자신의 존재를 의식하지도 못한다. 그런데 그대는 이러한 현상계가 어떻게 실재할 수 있다는 말인가?

또 현상계의 본질은 무엇인가? 현상계는 끊임없이 변화한다. 무한한 흐름이다. 스스로 존재하지 않고, 자신의 존재를 의식하지도 못하며 끊임없이 변화하는 이 현상계가 실체일 수는 없다.

●저희들이 이 현상계에서 영원성과 항상성恒常性을 보는 이유는 무엇입니까?

그릇된 관념 때문이다. 똑같은 강물로 두 번 목욕했다고 하는 사람이 있다면 그는 거짓말쟁이다. 왜냐하면 두 번째 목욕한 강물은 이미 첫번째 목욕한 강물과는 다르기 때문이다. 또 불꽃을 바라보고 있는 사람은 자신이 똑같은 불꽃을 보고 있다고 생각할지도 모르지만, 불꽃은 매순간 변화하고 있다. 고정된 것처럼 보이는 이유는 지각의 오류 때문이다.

●그 오류가 어디에 있습니까?

아는 자에게 있다.

●그 아는 자는 어떻게 해서 나타났습니까?

지각의 오류 때문이다. 사실상 아는 자와 그 아는 자가 범하는 지각상의 오류는 동시에 나타난다. 그리고 진아에 대한 지혜를 얻게 되면 그 둘은 동시에 사라진다.

●아는 자와 아는 자의 오류는 어디에서부터 나타났습니까?

그 질문을 하는 자는 누구인가?

●접니다.

그 〈나〉를 발견하면, 그대의 모든 의문이 풀릴 것이다. 꿈속에서 〈아는 자〉와 〈알려지는 대상〉이라는 그릇된 의식이 나타나듯이, 깨어 있는 상태에서도 마찬가지 현상이 나타난다. 어느 경우에나 이 〈나〉를 알면 모든 것을 알게 되며, 더 이상 알아야 할 것은 아무것도 없다. 깊이 잠든 상태에서는 〈아는 자〉〈알려지는 대상〉〈아는 행위〉가 존재하지 않는데, 마찬가지로 진정한 〈나〉를 경험하는 순간에도 그것들은 존재하지 않는다. 그대가 깨어 있는 상태에서 일어나고 있다고 바라보는 일들은 모두 〈아는 자〉에게 일어나고 있다. 그런데 그 〈아는 자〉가 실체가 아니기 때문에 사실상 아무 일도 일어나고 있지 않은 것이다.

● 〈나라는 느낌〉을 일으키고 현상계를 지각하도록 하는 그 빛은 무지의 빛입니까, 의식의 빛입니까?

〈나〉로 하여금 그 〈나〉가 다른 것들과 다르다고 믿게 만드는 것은 의식의 빛이 반사된 빛이다. 이것이 또 〈나〉로 하여금 대상들을 만들어내도록 한다. 그러나 이러한 반사가 일어나기 위해서는 반사를 일으키는 반사면이 있어야 한다.

● 그 반사면이란 무엇입니까?

진아를 깨달으면 그대는 반사도 반사면도 실제로는 존재하지 않으며, 똑같은 하나로서 의식과 다르지 않다는 사실을 알게 된다. 현상계가 존재하기 위해서는 그것이 존재할 수 있는 영역과, 그것을 지각할 수 있게 하는 빛이 필요한데, 이 둘은 동시에 나타난다. 따라서 현상계와 현상계에 대한 지각은 진아로부터 방출되어 반사되는 마음의 빛에 의존한다. 캄캄한 어둠 속에서 반사된 빛에 의해서만 영화 화면을 볼 수 있는 것처럼, 현상계라는 화면도 무지라는 어둠 속에서 반사되는 진아의 빛에 의해서만 지각할 수 있다. 깊은 잠이 든 때처럼 무지로 인해 완전히 깜깜해져 버리거나, 깨달음, 또는 삼매에서처럼 진아의 빛으로 완전히 밝아진 상태에서는 현상계를 전혀 볼 수가 없다.

재생

대부분의 종교에서는 육체가 죽은 뒤, 각 개인의 영혼이 어떻게 되는지를 설명하는 나름대로의 이론을 제시한다. 어떤 종교에서는 천국, 또는 지옥으로 간다고도 하고, 또 어떤 종교에서는 새로운 육체를 받아서 재생한다고도 한다.

라마나 마하리쉬는 이러한 이론들은 개체적 자아 또는 개체적 영혼이 실체라는 그릇된 가정을 전제로 하고 있기 때문에, 진실을 알게 되면 이러한 이론들의 오류를 알게 될 것이라고 가르쳤다. 진아의 관점에서 본다면 탄생도 죽음도, 천국도 지옥도 없으며 따라서 재생도 없다는 것이다.

그러나 이러한 진리를 제대로 이해하지 못하는 사람들에게 맞추기 위해서, 어느 때는 재생이라는 현상을 인정하기도 하였다. 즉, 자신의 개체적 자아가 실체라는 환상에 사로잡혀 있는 사람의 경우에는, 그 환상적 자아가 죽은 뒤에도 계속 유지되고, 결국 또 다른 육체와 자신을 동일시하여 새로운 탄생을 맞게 된다는 것이다. 그 일련의 과정은 마음이 스스로를 육체와 동일시하는 경향에 의해서 진행된다. 그러다가 일단 그 마음의 환상이 초월되면 육체와의 동일시가 끝나고, 그 상태에서는 죽음과 재생에 대한 모든 이론들이 적용될 수 없게 된다.

● 재생은 정말 있습니까?

무지가 남아 있을 때에만 재생이 있다. 사실은 과거에도 현재에도 재생이란 없으며 미래에도 있을 수 없다. 이것이 진리다.

● 요기는 자신의 전생을 알 수 있습니까?

그대는 그 말을 하는 사람의 현생은 알고 있는가? 현재를 발견하라. 그러면 나머지는 저절로 나타날 것이다. 현재의 제한된 앎으로써만도 그대는 너무 고통을 당하고 있다. 왜 더 많이 앎으로써 그대 자신에게 더 큰 짐을 지우려 하는가? 그러면 괴로움만 더할 뿐이지 않은가?

● 죽은 뒤, 다시 태어날 때까지는 어느 정도의 시간이 걸립니까?

그대는 그대가 태어나기 이전에 무엇이었는지도 모르면서 죽은 뒤에 어떻게 될 것인지를 알고 싶어한다. 그대는 지금 그대가 무엇인지 알고 있는가?
탄생과 재생은 육체와 관계되어 있으며 그대는 진아를 육체와

가르침 / 이론 … 275

동일시하고 있다. 그것은 그릇된 동일시다. 그대는 육체가 이미 태어났으며 앞으로 죽을 것이라고 믿고 있고, 그 육체와 관계된 현상을 진아와 혼동하고 있다. 그대의 진정한 실체를 알아라. 그러면 그러한 의문들은 일어나지 않을 것이다.

탄생과 재생을 언급하는 이유는 그대로 하여금 그 문제를 파고들게 해서 탄생도 재생도 없음을 발견하도록 하는 데에 있다. 탄생과 죽음은 육체와 관련되어 있을 뿐, 진아와는 상관이 없다. 진아를 알아라. 그리하여 그러한 의심들로 인해서 불안해 하지 않도록 하라.

🌸 다시 태어나지 않기 위해서 노력하면 안 됩니까?

태어난 사람이 누구인지, 그리고 그러한 의문을 가지고 있는 사람이 누구인지를 발견하라. 그대는 잠을 자는 동안에 재생, 아니 현생에 대해서도 생각하는가? 지금의 그 질문이 어디에서 일어나는지를 찾으면 바로 그곳에서 그대는 해답을 찾게 될 것이다. 그대는 탄생도, 현재의 고통이나 불행도 없음을 알게 될 것이다. 진아는 모든 것이며 모든 것은 지복이다. 바로 지금도 우리는 재생에서 벗어나 있는데, 왜 재생의 고통으로 인하여 애를 태우는가?

🌸 재생이 있습니까?

그대는 탄생이 무엇인지 아는가?

● 물론입니다, 저는 지금 제가 존재한다는 사실을 알고 있습니다. 그러나 제가 미래에 존재하게 될 것인지를 알고 싶습니다.

과거!…… 현재!…… 미래!……

● 예, 오늘은 어제, 즉 과거의 결과이고 내일, 즉 미래는 오늘, 즉 현재의 결과일 것입니다. 제가 맞습니까?

과거도 미래도 없고 오직 현재만이 있을 뿐이다. 그대가 어제를 경험했을 때의 그 어제는 그대에게 현재였으며, 내일도 그대가 내일을 경험하게 될 때는 역시 현재일 것이다. 따라서 체험이란 오직 현재에만 이루어지며, 체험 이외에는 아무것도 존재하지 않는다.

● 그렇다면 과거와 미래는 환상에 불과하다는 말씀입니까?

그렇다. 나아가서 현재조차도 환상이다. 시간감각이란 순전히 관념적이기 때문이다. 공간감각도 이와 비슷하다. 따라서 시간과 공간 속에서 일어나는 탄생과 재생이란, 환상 이외의 다른 것일 수가 없다.

● 인간으로 하여금 탄생하도록 하는 원인, 즉 생명에 대한 욕구는 무엇입니까?

생명에 대한 욕구는 생명 그 자체의 본질, 즉 실체에 내재되어 있다. 실체는 본질적으로 파괴될 수 없는 것이지만, 스스로를 육체와 잘못 동일시함으로써 그 사실을 망각하고 있다. 그 그릇된 동일시로 인하여 육체를 계속 영속시키려고 애쓰며, 그리하여 탄생이 거듭되게 된다. 그러나 아무리 이 과정이 오래 계속되더라도 결국은 마지막에 도달하며, 오직 유일하게 영원히 실재하는 진아에 이른다.

● 인간이 낮은 차원의 동물로 다시 태어날 수도 있습니까?

그렇다, 가능하다. 어떤 성인의 전생담을 보면 인간으로 태어났다가 다시 사슴으로 태어난 경우도 있다.

● 동물의 몸을 받아서도 영적 진화를 할 수 있습니까?

그런 경우가 매우 드물기는 하지만 불가능하지는 않다. 인간으로 태어나는 것만이 가장 높은 차원이며, 그래야만 깨달을 수 있다고 하는 것은 진실이 아니다. 동물들도 깨달음을 얻을 수 있다.

● 신지학(*Theosophy*)에서는 죽은 다음 다시 태어나기 까지에는 50년 내지 10,000년이 걸린다고 말하고 있습니다. 왜 그렇습니까?

어떤 의식상태를 측정하는 기준과 다른 의식상태를 측정하는 기준 사이에는 아무런 연관도 없다. 따라서 그러한 측정의 척도는 절대적이지 않다. 다시 태어나는 데에 걸리는 시간이 사람마다 다르다는 것은 진실이다. 그러나 분명히 이해해야 될 것은 태어났다 죽었다 하는 개체적 영혼이 실재하는 것이 아니라, 각자의 생각하는 마음이 그런 것처럼 보이도록 만든다는 사실이다. 마음은 어떠한 상태, 어떠한 차원에 있든 거기에 맞는 체(Body)를 스스로 만들어낸다. 즉, 물질 세계에서는 물질적 육체를, 꿈의 세계에서는 꿈의 체를 만들어내는데, 이 꿈속에서의 체는 꿈속에서 비가 오면 젖고 꿈속에서 병이 들면 아파한다. 물질적 육체가 죽으면 마음은 일정 기간 동안 마치 꿈 없는 수면상태에서처럼 정지하는데, 그때에는 물질 세계도 없고 육체도 없다. 그러나 곧 다시 새로운 세계에서 새로운 체(아스트랄 세계에서의 아스트랄 체)를 받아 활동하게 되며, 그러다가 다시 물질적 육체를 받아 재생한다. 그러나 이미 마음이 사라져 버린, 깨달은 사람은 죽음에 의해서 아무런 영향도 받지 않는다. 깨달은 사람의 마음은 완전히 사라져 버리기 때문에, 다시 생겨나서 탄생과 죽음을 일으키지 않는다. 그에게 있어서는 환상의 고리가 영원히 풀어져 버린다.

진정한 의미에서는 탄생도 죽음도 없다는 사실을 분명히 알아야 한다. 탄생과 죽음이 실재한다는 환상을 만들어내고 계속 유지하는 것은 바로 마음이며, 이는 깨달음에 의해서 완전히 사라진다.

● 강물은 바다와 일단 합쳐지면 강물로서의 특성을 상실합니다. 인간도 이와 같이 죽으면 개체성을 상실하여 재생이란 있을 수 없는 것이 아닙니까?

그러나 바다 위의 물은 다시 증발해서 비가 되어 내리며 다시 강을 이루어 바다로 간다. 또한 인간이 잠을 자는 동안은 자신의 개체성을 상실하지만 깨어나면 자신의 과거의 경향성, 또는 업에 따라서 자신으로 되돌아간다. 죽은 뒤에도 마찬가지다. 업이 남아 있는 사람의 개체성은 사라지지 않는다.

※ 어떻게 그럴 수가 있습니까?

나무의 가지를 잘라도 다시 가지가 자라나는 것을 보아라. 뿌리가 다치지 않고 남아 있는 한, 나무는 계속 자란다. 마찬가지로 죽음을 맞아 일시적으로 가슴속에 가라앉은 업은 완전히 사라진 것이 아니기 때문에 적당한 때가 오면 다시 재생을 일으킨다. 그와 같이 하여 인간은 다시 태어나는 것이다.

※ 눈 앞에 보이는 수 많은 영혼들과 이 드넓은 우주가 어떻게 가슴속에 가라앉은 그 미세한 업으로부터 생겨날 수 있습니까?

거대한 보리수가 아주 작은 씨앗에서 생겨나듯이, 이 수많은 영혼들과 온갖 이름과 모습으로 가득 찬 이 드넓은 우주도 미세한 업으로부터 생겨난다.

※ 탄생과 재생은 정말 실재하지 않는 것입니까?

만약 탄생이라는 것이 정말 있다면, 단 한 번의 재생이 아닌 연속적인 재생이 있어야 할 것이다. 그대는 왜, 어떻게 해서 이번에 탄생하게 되었는가? 이번의 탄생과 같은 이유, 같은 방법으로 그대는 계속 탄생을 거듭해야 할 것이다. 그러나 만약 그대가 이번에 탄생한 사람이 과연 누구인지를 계속 파고 들어가다 보면 그대는 진리를 깨닫게 될 것이며, 그 진리가 그대의 모든 업을 태워버려 그대를 탄생으로부터 벗어나게 할 것이다. 산더미처럼 쌓인 화약도 성냥불 하나로 순식간에 다 타버리듯이 무수한 생에 걸쳐 쌓아온 과거의 업도 아주 작은 깨달음의 불꽃에 의해 타버린다는 사실이 경전에 자세히 설명되어 있다. 이 거대한 현상계와 이 거대한 현상계를 연구하는 그 방대한 학문적 지식은 모두 에고에서 기인한다. 자아탐구에 의해서 에고가 사라지면 이 모든 것들은 순식간에 무너지고 진아만이 남는다.

카르마, 운명과 자유 의지

카르마, 즉 업에 관한 사상은 인도의 종교에 보편적으로 포함되어 있다. 이는 자기가 한 행위(카르마)의 결과는 반드시 자기가 받으며, 선한 행위는 선한 결과를, 악한 행위는 악한 결과를 낳는다는 사상이다. 하지만 이번 생에서 한 행위의 결과가 반드시 이번 생에 나타나지만은 않고 미래의 다른 생에서 나타날 수도 있다고 한다. 이 카라마를 몇 가지로 분류할 수 있는데, 라마나 마하리쉬는 다음의 세 가지로 분류하였다. 이는 힌두교 대부분의 종파에서도 공통적으로 채용하는 분류다.

1) **산치타 카르마**Sanchita karma : 과거의 여러 생에 걸쳐

누적 되어 온 카르마.

2) **프라라브다 카르마**Prarabdha Karma : 현생에서 받아야 하는 산치타 카르마의 일부. 카르마의 법칙이란 인간 행위에 있어서는 운명론을 나타내기 때문에, 이 카르마는 곧잘 운명으로 인식된다.

3) **아가미 카르마**Agami Karma : 현생에서 새롭게 축적되어 미래 생으로 넘겨지는 카르마.

라마나는 카르마 법칙의 타당성을 인정하기는 하였으나, 그 법칙이 적용되는 때는 인간이 자신을 진아와 분리된 존재로 생각할 때뿐이라고 하였다. 라마나는 깨닫지 못한 사람의 모든 행위와 경험은 과거의 행위와 생각의 결과로서 나타난다고 하였으며, 어떤 때에는 인간의 모든 행위와 경험은 태어나는 순간에 완전히 결정되어 있어서 인간이 가지고 있는 유일한 자유는 행위하는 자도 경험하는 자도 없다는 사실을 깨달을 수 있는 자유뿐이라고까지 하였다. 그러나 일단 진아를 깨달으면 행위의 결과를 받을 사람이 이미 없기 때문에, 카르마 법칙은 의미가 없어지게 된다.

라마나는 카르마의 법칙이란 바로 신의 의지가 나타난 것이라고 하였다. 또 그는 깨닫지 못한 사람들의 모든 운명은 인격적인 최고신인 이스와라가 조정한다고도 하였다. 그에 따르면 인간은 누구나 자신이 한 행위의 결과를 받아야 한다고 정한 것도 이스와라이며, 이번 생에서는 어떠한 카르마의 결과를 쌓아야 할지 선택하는 것도 이스와라다. 또한 인간은 자신을 육체와 동일시하는 한, 이스와라의 심판으로부터 벗어날 수가 없다. 그의 권위에서 벗어나는 유일한 길은 진아를 깨달음으로써 카르마로부터 완전히 초월하는 길이다.

● 프라브다 카르마는 육체가 사라질 때까지 계속된다고 하는데, 육체를 가지고 있으면서 그 카르마를 극복할 수도 있습니까?

그렇다. 카르마가 의존하고 있는 것이 바로 에고인데, 이 에고는 육체와 진아 사이에서 존재한다. 만약 이 에고가 그 근원으로 녹아들어가서 사라져 버리면, 에고에 의존하던 카르마도 남아 있을 수가 없다. 〈나〉가 존재하지 않을 때, 카르마도 존재하지 않는다.

● 프라브다 카르마는 과거의 수많은 생에 걸쳐 축적해 온 카르마의 아주 작은 부분에 불과하다고 합니다. 그것이 사실입니까?

인간은 수많은 생에 걸쳐 계속 카르마를 쌓아오며, 그중 일부만이 이번 생에 선택된다. 따라서 이번 생에서는 그 선택된 카르마의 열매를 맛보아야 한다. 이는 마치 슬라이드를 관람할 때, 슬라이드를 비추는 사람이 이번에는 그중 몇 개만 보여 주고, 다음에는 또 그중 몇 개를 보여 주는 것과 같다. 그러나 이 모든 카르마는 진아를 앎으로써 한꺼번에 초월할 수 있다. 카르마를 슬라이드에 비유할 때, 비추는 사람은 마음에 비유할 수 있다. 따라서 더이상 슬라이드를 비추지 않게 하려면, 비추는 사람을 없애야 하며 그렇게 되면 더 이상의 탄생도 죽음도 없다.

● 산치타 카르마 중의 일부만을 선택해서 프라브다 카르마

로 경험하도록 하는 자는 누구입니까?

카르마를 받아야 하는 것은 각 개개인이지만 그 카르마들을 선택하고 이용하는 것은 이스와라다. 이 이스와라가 카르마의 열매를 통제하지만, 결코 덧붙이거나 빼지는 않는다. 모든 카르마가 저장되어 있는 곳은 인간의 무의식이다. 그 저장되어 있는 카르마중에서 어떤 카르마가 그 사람의 영적 진화의 과정에서 이번 생에 가장 적합할 것인지를 결정하는 일을 이스와라가 한다. 선택된 카르마는 좋은 것일 수도 있고 고통스러운 것일 수도 있으나, 아무렇게나 선택되지는 않는다.

● 현재의 경험이 과거의 카르마의 결과라면 과거에 저지른 잘못을 알아서 그것을 수정할 수도 있겠군요.

하나의 잘못을 수정하더라도 수많은 생에 걸쳐 쌓아온 산치타 카르마가 여전히 남아 있기 때문에 그대는 헤아릴 수 없이 많은 새로운 탄생을 거듭해야 한다. 따라서 그것은 올바른 방법이 아니다. 나무의 가지를 쳐 주면 쳐 줄수록 더욱 잘 자라듯이, 그대가 그대의 카르마를 수정하면 수정할수록 그것은 쌓이기만 한다. 카르마의 뿌리를 찾아라. 그리고 그 뿌리를 잘라 버려라.

● 카르마 이론에 따른다면 이 현상계는 작용과 반작용의 결과입니다. 그렇다면 무엇의 작용이며 무엇의 반작용입니까?

깨닫기 전에는 작용과 반작용인 카르마가 있으나 깨달은 뒤에는 카르마도 현상계도 없다.

● 만약 제가 육체가 아니라면, 왜 저의 좋고 나쁜 행위의 결과에 대해서 제가 책임을 져야 합니까?

만약 그대가 자신을 육체와 동일시하지 않고 〈내가 행위자다〉라는 생각을 갖지 않는다면, 그대의 좋고 나쁜 행위의 결과가 그대에게 영향을 미치지 않는다. 〈나는 이렇게 한다〉 또는 〈나는 저렇게 했다〉는 등의 육체가 한 행위에 대해서 구애받을 필요가 어디에 있겠는가? 그러나 그대가 자신을 육체와 동일시하는 한, 그대는 행위의 결과에 의해서 영향을 받는다. 즉, 좋고 나쁜 카르마를 축적하게 된다.

● 어떤 사람들은 인간의 노력만이 모든 힘의 근원이고, 인간의 노력을 통해서 카르마를 넘어설 수 있다고 합니다. 반면에 또 어떤 사람들은 그것은 신의 은총에 달렸다고도 합니다. 어느 것이 옳습니까?

그렇다. 어떤 학파에서는 신은 존재하지 않고, 과거에 쌓아온 카르마와 현재에 쌓은 노력이 마치 산양들이 서로 머리를 맞대고 밀어내기를 하듯 힘을 겨루어서, 약한 쪽이 사라진다고 말한다. 그래서 그런 학파에서는 인간의 노력을 매우 강조한다. 만약 그 사람들에게 카르마의 근원이 무엇이냐고 물어 보면 그 사람들은 그런 질문을 〈씨앗이 먼저냐, 나무가 먼저냐〉라는 식의 끝이 없는 질문이라고 대답할 것이다.

이와 같은 논쟁은 논쟁일 뿐이며, 결코 궁극적인 진리에 도달하게 해주지는 못한다. 그래서 나는 먼저 그대가 누구인지를 발견하라고 하는 것이다.

카르마의 핵심은 〈나는 누구인가, 누가 카르마를 쌓고 있는가?〉라는 탐구를 통하여 자기 자신에 대한 진리를 아는 데에 있다. 자아탐구를 통하여 〈카르마를 쌓는 자〉, 즉 에고가 사라지지 않으면 완전한 평화에 이를 수 없다.

● 주문을 외우는 등의 의식을 행함으로써 자신이 저지른 나쁜 행위의 결과를 받지 않을 수 있습니까?

〈내가 주문을 외우고 있다〉라는 느낌이 남아 있으면 벗어날 수 없을 것이며, 그것이 없다면 벗어날 수 있다.

● 깨달은 사람에게는 더 이상의 카르마도 없고 자신의 카르마에 의한 구속도 없다고 합니다. 그런데도 왜 계속 육체 속에 머물러 있어야 합니까?

그 질문을 하는 사람은 누구인가? 깨달은 사람인가? 깨닫지 못한 사람인가? 깨달은 사람이 어떤 행위를 하고 왜 그 행위를 하는지에 대해서 그대가 왜 신경을 써야 하는가? 우선 그대 자신부터 살펴보라. 그대는 지금 육체가 바로 자기라고 생각하고 있기 때문에 깨달은 사람도 육체를 가지고 있다고 생각한다. 깨달은 사람이 자신은 육체를 가지고 있다고 말하던가? 그대가 보기에는 그도 다른 사람들처럼 육체를 가지고 있으며 그 육체로서 이런저런 일을 하고 있는 듯이 보이겠지만, 그 자신은 자기에게 육체가 없음을 알고 있다. 불에 탄 노끈은 여전히 노끈으로 보이기는 하지만 그것으로 뭔가를 묶으려 하면 그것은 노끈 구실을 하지 못한다. 「깨달은 사람도 이와 같다. 다른 사람과 마찬가지로 보일지도 모르지만, 다만 겉모습만이 그럴 뿐이다.」 그러나 자신을 육체와 동일시하고 있는 사람이 이를 제대로 이해하기는 어렵다. 그래서 그런 질문에 대해서는 이런 식으로 대답하게 된다. 「깨달은 사람의 육체는 프라라브다 카르마가 남아 있는 동안에만 유지되고, 그것이 다하면 죽음을 맞는다.」 화살의 비유를 들면 좀더 쉽게 이해할 수 있을 것이다. 일단 시위를 떠난 화살은 도중에서 멈추지 않고 계속 날아가서 과녁을 맞히게 된다.

그러나 깨달은 사람은 프라라브다 카르마를 포함한 모든 카르마를 초월하였으며, 따라서 육체나 육체의 카르마에 구속되지 않는 다는 것이 진실이다.

● 아무런 계획이나 준비한 바 없이 어떤 일이 저에게 닥쳐서, 제가 그 일을 즐긴다면, 그것으로 인해서는 아무런 나쁜 결과도 생기지 않습니까?

그렇지 않다. 어떠한 행위도 결과를 낳게 마련이다. 프라라브다 카르마에 의해서 어떤 일이 그대에게 닥치면, 그대는 어쩔 수가 없다. 그러나 만약 그대에게 닥쳐오는 일을 아무런 특별한 집착없이, 더 하고 싶어하거나, 다시 하고 싶어하는 욕심 없이 받아들인다면, 그것은 그대로 하여금 또다시 태어나도록 하는 피해는 주지 않을 것이다. 반대로 만약 그대가 강한 집착을 가지고 그것을 즐긴다거나 더욱더 그것을 바라게 되면, 그것은 그대를 거듭 태어나게 하는 원인이 된다.

> ✺ 점성술을 하는 사람들은 별들이 우리에게 끼치는 영향력을 앎으로써 미래를 예언할 수 있다고들 합니다. 그것이 진실입니까?

에고를 가지고 있는 한 진실이며, 에고가 사라진 뒤에는 거짓이다.

> ✺ 과거의 카르마에 의해 현재가 결정된다고 합니다. 그렇다면 현재의 우리의 자유 의지로 과거의 카르마를 초월할 수 있습니까?

우선 무엇이 현재인지를 찾아보라. 무엇이 현재인지를 알면 과거나 미래에 의해서 영향받은 것은 어떤 것이고, 그것들에 의해 영향받지 않고 항상 실재하는 것은 무엇인지를 이해할 것이다.

> ✺ 자유 의지라는 것이 있습니까?

그것은 누구의 의지인가? 〈내가 행위자〉라는 느낌이 남아 있는 한은 즐긴다는 느낌도 있고, 개인적 의지라는 느낌도 있다. 그러나 자아탐구의 수행을 통하여 이 느낌이 없어지면, 신의 의지가 나타나 모든 일을 처리할 것이다. 깨달음에 의해서 운명은 극복된다. 깨달음, 그것은 의지도 운명도 초월해있다.

● 예컨대, 제가 어느 나라, 어떤 가정에서 태어나며 어떤 직업을 가지고 누구와 결혼해서 언제 죽을지 등이 저의 카르마에 의해서 결정되어 있다는 사실은 이해할 수 있습니다. 그러나 아주 세세한 것까지도 카르마에 의해서 결정되어 있습니까? 제가 지금 손에 부채를 들고 있다가 이렇게 바닥에 내려놓습니다. 이러이러한 날, 이러이러한 시각에 이렇게 부채를 내려놓는다는 것마저 이미 결정되어 있을 수 있습니까?

물론이다. 육체가 무엇을 할 것이며 무엇을 경험하게 될 것인지는 육체가 존재하게 된 순간, 이미 결정되어 있다.

● 그렇다면 인간의 자유란 무엇이며 자신의 행위에 대해서 책임을 진다는 것은 또 무엇입니까?

인간이 가지고 있는 유일한 자유는, 깨달음을 추구하고 깨달음을 얻어서 육체와 자기 자신을 동일시하지 않을 수 있는 자유뿐이다. 육체는 프라라브다 카르마에 의해 이미 결정된 행위들을 필연적으로 하게 된다. 이때 그 육체와 자신을 동일시하여 그 육체의 행위에서 파생되는 열매에 집착할 것인지, 아니면 동일시로부터 벗어나서 단순히 그 육체의 행위들을 지켜보는 자로 남을 것인지, 그 선택에 있어서 인간은 자유롭다.

❇ 그렇다면 자유 의지란 한낱 꿈에 불과합니까?

자유 의지는 개체성과 연관된 영역에서만 작용한다. 즉, 자유 의지는 개체성이 지속되는 동안만 존재한다. 모든 경전은 이 사실에 근거하고 있으며 그 자유 의지를 올바로 방향 잡도록 충고하고 있다.
 자유 의지 또는 운명이 누구에게 문제가 되고 있는지 찾아보라. 그것들이 어디로부터 나타나는지를 찾아서, 그 근원에 안주하라. 그렇게 하면 둘 다를 넘어설 수 있으며 그것이야말로 이런 문제를 거론하는 유일한 목적이다. 이런 문제들이 누구에게 일어나고 있는가? 찾아라. 그리하여 평화를 얻어라.

❇ 일어나도록 되어 있는 일은 결국 일어난다면, 기도를 한다는 등의 노력이 무슨 소용이 있습니까? 아무것도 하지 않은 채 그냥 있어야 합니까?

운명을 정복하거나 또는 운명으로부터 벗어나는 데에는 두 가지 방법밖에 없다. 하나는 누구에게 그 운명이 나타나는지를 탐구하여, 운명에 의해서 영향받는 것은 에고일 뿐 진아는 그렇지 않다는 사실과, 결국 에고는 실재하지 않는다는 사실을 발견하는 방법이고, 다른 하나는 신에게 완전히 복종하여 에고를 죽이는 방법이다. 이는 자신의 무능력함을 깨닫고 언제나 「오, 신이여, 제가 아니고 당신입니다」라고 말하면서 〈나〉와 〈나의 것〉이란 느낌을 완전히 포기하고, 신이 그대를 통해 하고자 하는 대로 모든 것을 신에게 맡기는 방법이다. 만약 신에게 이것저것을 바란다면 그런 복종은 완전하다고 할 수 없다. 진정한 복종이란 신에 대한 사랑 그 자체만을 위해서 신을 사랑하는 것이며 자유조차도 바라서는 안 된다. 다시 말해서 운명을 정복하려면 에고를 없애야 하며, 에고를 없애기 위해서는 자아탐구의 길이나 헌신의 길을 따르지 않으면 안 된다.

고통과 도덕

서양 종교 이론 중에는 모순점을 내포하고 있는 부분이 많이 있지만, 그중 하나가 신이 전지전능한데 이 세상에 어떻게 악이 존재할 수 있느냐 하는 점이다. 전지전능한 신이 모든 악과 고통을 한꺼번에 없애 버릴 수는 없단 말인가?

이 문제에 대해서 라마나 마하리쉬는 이 세상, 신, 그리고 고통당하고 있는 사람 등 이 모두는 마음이 만들어낸 것에 불과하다고 강조하였다. 그는 고통이 생기는 원인을 그릇된 행위의 결과나 신의 의지라고 보지 않고, 진아에 대한 무지로 보았다. 물론, 그릇된 행위가 고통을 초래한다는 사실을 부정하지는 않았지만, 그것이 고통의 근본적인 원인은 아니라고 하였다. 그에 의하면 〈보는 자〉와 〈보이는 대상〉을 분리하는 것도 마음이고, 그 그릇된 분리로 인하여 고통을 당하는 것도 마음이기 때문에 마음만 사라지면 고통은 실재하지 않았다는 사실을 알게 된다는 것이다. 이러한 견해를 개인적인 차원에서 받아들이기는 어렵지 않으나, 이 세상에 있는 모든 고통이 그 고통을 지각하는 사람의 마음속에만 존재한다는 사실을 받아들이기는 어렵다. 그러나 라마나는 이 문제에 대해서 흔들리지 않는 분명한 입장을 견지하였으며, 진아를 깨달으면 자기 자신의 고통뿐만이 아니라, 이 세상의 모든 고통이 실재 하지 않는다는 사실을 알게 된다고 하였다. 당연한 논리적 귀결로서 라마나는, 다른 사람들의 고통을 없애 주기 위한 가장 효과적인 방법은 자신이 진아를 깨닫는 것이라고 하였다.

그러나 그렇다고 해서 라마나가 제자들에게 다른 사람들의 고통을 무시해 버리라고 했던 것은 아니다. 오히려 다른 사람들이 고통당하는 모습을 외면하지 말고, 그 고통을 없애는 데에 필요한 조치를 취해야 한다고 말했다. 그렇지만 다른 사람들을 도와줄 때, 〈내가 이러한 도움을 주고 있다〉라는 느낌이 있어서는 안 된다. 대체적으로 라마나는 이 세상의 가치기준에 대해서는 거의 관심이 없었다. 그는 옳다, 그르다 하는 모든 세속적인 가치기준이란 모두 마음에서 만들어진 것이기 때문에, 마음이 사라지면 이러한 것들도 사라진다고 강조하였다. 그래서 그는 도덕률에 대해서는 거의 언급하지 않았으며 꼭 그의 견해를 듣고 싶어하는 사람에게는 〈유일한 올바른 행위〉는 진아를 발견하는 것이라고 하였다.

● 이 세상의 고통의 원인이 무엇이라고 생각하십니까? 그리고 그 고통을 벗어나도록 도움을 줄 수 있는 개인 또는 집단으로서의 방법은 무엇입니까?

진아를 깨달아라. 그것이 필요한 전부이다.

● 수많은 제약으로 가득 찬 이 삶 속에서 제가 진아의 지복을 깨달을 수 있을까요?

진아의 지복은 언제나 그대와 함께 있다. 그리고 그대가 그것을 진정으로 찾고자 노력한다면, 그대의 힘으로 그것을 찾을 수 있다. 그대의 불행의 원인은 그대 바깥에 있는 것이 아니라 그대 내면, 즉 에고에 있다. 그대는 스스로 자신에게 한계를 지어놓고 다시 그것들을 넘어서려고 애쓰고 있다. 모든 불행은 에고 때문이며, 에고와 함께 모든 문제가 생긴다. 불행의 원인이 그대의 내면에 있기 때문에 세상 탓을 해 보았자 아무 소용이 없다. 그대의 바깥에 있는 것들로부터 무슨 행복을 얻을 수 있을 것이며, 설사 얻는다 하더라도 그것이 얼마나 지속되겠는가?

그대가 에고를 부정하고 무시함으로써 에고를 없애면 그대는 자유를 얻을 수 있으나, 에고를 받아들이면 그것은 그대를 제약하고 그대로 하여금 그 제약을 뛰어넘으려는 헛된 노력을 하도록 만들 것이다. 진정한 그대 자신인 진아를 깨닫는 것만이, 항상 그대와 함께 있는 지복을 깨닫는 유일한 방법이다.

● 진정한 의미에서 구속도 자유도 없다면 실제로 여러 가지 기쁨과 슬픔을 경험하는 이유는 무엇입니까?

인간이 자신의 진정한 본성으로부터 벗어나 있을 때에만 그것들이 실재하는 것처럼 보일 뿐, 그것들은 실재하지 않는다.

● 이 세상은 행복을 위해서 창조되었습니까, 불행을 위해서

창조되었습니까?

　창조는 행복을 위해서 된 것도 아니며 불행을 위해서 된 것도 아니다. 창조는 그냥 창조일 뿐이다. 거기에 대해서 이것저것 따지면서 자신의 각도에서 바라보고, 자신의 이익에 부합하도록 해석하는 것이 인간의 마음이다. 여인은 그냥 여인인데 어떤 마음은 그 여인을 〈어머니〉라 하고, 어떤 마음은 〈동생〉이라고 하며, 또 어떤 마음은 〈아주머니〉라고 하는 식이다. 인간은 이성을 사랑하고 뱀을 싫어하지만, 길가의 돌멩이나 잡초에는 무관심하다. 이러한 가치판단이 이 세상 모든 불행의 원인이다. 창조는 마치 보리수와 같다. 새들은 날아와서 열매를 따먹기도 하고 가지 밑에 집을 짓기도 하며, 사람들은 그늘 밑에서 쉬기도 하고 때론 가지에 목을 매기도 한다. 그러나 보리수는 자신이 어떻게 쓰이고 있는지 관심도 없고 알지도 못하며, 조용히 자신의 삶을 살아갈 뿐이다. 그런데 인간의 마음만은 스스로 어려움을 만들어내면서 살려달라고 아우성을 친다. 신이 어떤 사람에게는 평화를, 다른 사람에게는 슬픔을 주는 식으로 편파적일 것 같은가? 창조 안에는 만물을 위한 준비가 다 되어 있다. 그런데도 인간은 착하고, 건강하고, 아름다운 것을 보는 대신 계속 투덜대기만 하고 있다. 이는 마치 굶주린 사람이 잘 차린 식탁의 옆에 앉아 있으면서도 손을 뻗쳐 배고픔을 해소하려고 하지는 않고, 「이게 누구의 잘못이야? 신의 잘못이야, 인간의 잘못이야?」라고 투덜대기만 하는 것과 같다.

　● 어느 때 고통이 사라집니까?

개체성이 사라져야 고통이 사라진다. 좋고 나쁜 행위를 일으키는 것은 에고이기 때문에 그대는 즐거움과 고통이 그대의 것이라고 생각할 필요가 없다. 그냥 그것들은 에고에게 맡기고 그대 자신에게는 고통을 부과하지 말라.

● 저는 몸과 마음으로 다 고통을 받고 있습니다. 태어난 이래로 저는 한번도 행복했던 적이 없으며, 제가 듣기에는 저의 어머니도 저를 임신한 이래로 계속 고통을 받아왔다고 합니다. 저는 왜 이렇게 고통을 받아야 합니까? 저는 이번 생에서 죄를 지은 적이 없는데, 그렇다면 과거 생에 지은 죄로 인해서 고통을 당하는 것입니까?

그대는 몸과 마음으로 고통을 받고 있다고 말했다. 그렇다면 그 몸과 마음이 그 질문을 하고 있는가? 질문을 하는 자는 누구인가? 그 자는 몸과 마음을 초월해 있는 자가 아닌가? 그대는 과거 생에 저지른 죄로 인해 현생에서 고통을 당하는 것이 아니냐고 물었다. 그렇다면 그 과거 생 이전의 또 다른 과거 생이 있을 것이며 그와 같은 인과관계는 끝이 없을 것이다. 모든 생의 첫번째 원인은 무지에 있음을 알아야 한다. 그리고 바로 그 무지가 지금 현재에도 존재하여 그러한 질문을 만들고 있다. 그 무지는 지혜를 통해서 제거해야 한다.

〈고통이 왜 일어나며 누구에게 일어나는가〉라는 문제를 탐구해 들어가면, 그대는 진정한 〈나〉는 육체도 아니고 마음도 아니라는 사실을 알게 되고, 그 전정한 진아만이 영원한 실체이며 영원한 지복이라는 사실을 알게 된다. 그것이 바로 지혜다.

◉ 저희들은 이 세상 속에서 고통을 봅니다. 어떤 사람이 굶주리고 있을 때, 그 굶주림은 그 사람에게 있어서는 매우 실재적입니다. 그런데 그것을 단순히 꿈이라고 하면서 그냥 보고만 있어야 합니까?

깨달음, 또는 실체의 관점에서 보면 그대가 말하는 그 고통은 분명히 하나의 꿈이다. 꿈속에서도 그대는 배고픔을 느끼며, 다른 사람이 배고픔으로 고통당하는 것을 본다. 또 그대는 자신의 배고픔을 채우기도 하고, 다른 배고파하는 사람에게 먹을 것을 주기도 한다. 꿈이 계속되는 동안에는 그 꿈속의 배고픔이 마치 그대가 지금 이 세상에서 배고픔을 느끼듯이 실재하는 것처럼 보인다. 그 꿈속의 배고픔이 실재하지 않는다는 사실을 아는 것은 그대가 깨어난 다음이다. 배부르게 먹은 다음 잠자리에 들어가서는, 뜨거운 태양 아래에서 하루 종일 일을 열심히 해서 매우 피곤하고 또 배가 고파 잔뜩 먹고 싶어하는 꿈을 꿀 수도 있다. 그러나 꿈에서 깨어보면 그대의 배는 불러 있고 그대는 침대에서 나오지조차 않았었다는 사실을 알게 된다. 그렇다고 해서 꿈을 꾸는 동안에 그 꿈속에서 느끼는 고통이 실재하지 않은 것처럼 행동할 수 있다는 말은 아니다. 꿈속에서 느끼는 배고픔은 꿈속에서의 먹을 것으로 해소해야 하며, 꿈속에서 다른 사람들이 배고파하는 것을 보면 꿈속에서의 먹을 것을 주어야 한다. 꿈꾸는 상태와 깨어 있는 상태를 섞어놓을 수는 없다.

깨달음의 상태에 도달하여 이 환상에서 깨어나기 전까지는 고통을 당하는 사람을 볼 때마다 그 고통을 덜어 주기 위한 사회적 봉사를 해야 한다. 그러나 그렇게 할 때에도 〈내가 행위자〉라는 느낌을 갖지 말고, 〈나는 신의 도구〉라는 마음으로 해야 한다. 결코 자신에게 속아 이렇게 생각해서는 안 된다. 「나는 나보다 못한 사람을 도와 주고 있다. 그는 도움을 필요로 하며 나는 도울 수 있는 위치에 있다. 나는 우월하고 그는 열등하다.」 그대는 그 사람의 내면에 있는 신을 경배하는 수단으로 그 사람을 도와 주어야 한다. 이런 모든 봉사도 결국 그대를 위한 것이지 다른 사람을 위한 것이 아니다. 그대는 다른 사람을 돕는 것이 아니라 그대 자신을 돕고 있을 뿐이다.

● 결국, 궁극적으로는 고통이라는 것이 실재하지 않는다는 사실을 알면서도 고통을 덜어 주기 위해서 노력해야 된다는 말씀이군요.

모든 사람이 똑같이 행복하고, 부유하고, 현명하고, 건강한 때란 과거에도 없었고 미래에도 없을 것이다. 사실 이런 개념들도 그 상대 개념들이 없으면 의미가 없다. 그러나 그렇다고 해서 그대가 그대보다 불행하거나 불쌍한 사람을 보고도 그냥 지나쳐 버려도 좋다는 의미는 아니다. 반대로 그대는 모든 사람을 사랑하고 도와 주어야 한다. 그렇게 함으로써만 그대 자신을 도울 수 있기 때문이다. 그대가 다른 사람 내지는 다른 생명체의 고통을 덜어 주려고 노력할 때, 그 노력이 성공하든 하지 않든 그대는 영적으로 진화하게 된다. 특히 그와 같은 봉사가 〈내가 이 일을 하고 있다〉라는 이기적인 감정으로서가 아닌, 〈신이 나를 이 일을 하도록 도구로 사용하고 있다. 행위하는 자는 신이며 나는 도구일 뿐이다〉라는 정신으로 이루어질 때는 더욱 그렇다.

만약에 남에게 주는 것이 사실은 자기 자신에게 주는 것이라는 진리를 안다면, 어느 누가 다른 사람에게 베풀지 않겠는가? 누구나가 다 자신의 진아이기 때문에 누가, 무엇을, 누구에게 하든 사실은 다 자기 자신에게 하는 것이다.

🌸 이 세상에는 뛰어난 사람들도 많고 사회사업가들도 많지만, 아무도 이 세상의 불행을 해결하지는 못합니다.

그들은 모두 에고에 머물러 있기 때문에 해결할 능력이 없다. 그러나 만약 그들이 진아에 안주하게 되면 달라질 것이다.

🌸 그렇다면 깨달은 성인들은 왜 도움을 주지 않습니까?

그들이 도움을 주는지, 주지 않는지 그대가 어떻게 아는가? 깨달은 사람의 침묵에 비하면 대중적인 연설, 육체적 활동, 물질적 도움 등은 대단한 것이 아니다. 그들은 다른 사람들보다 더 많은 도움을 주고 있다.

🌸 진아가 왜 이처럼 비참한 세계로 나타나 있습니까?

그대로 하여금 진아를 찾도록 하기 위해서이다. 눈은 눈을 볼 수 없다. 그러나 거울을 앞에 갖다놓으면 볼 수 있게 된다. 그대도 마찬가지다. 「먼저 그대 자신을 보라. 그리고 나서 현상계 전체가 진아임을 보라.」

● 결국 항상 내면만을 봐야 한다는 말씀이군요.

그렇다.

● 현상계는 절대로 보아서는 안 됩니까?

현상계에 대해서 눈을 감아 버리라는 이야기는 아니다. 단지 〈먼저 그대 자신을 보고 그리고 나서 현상계 전체가 진아임을 보라〉는 의미다. 그대가 자신을 육체와 동일시하고 있는 한은 현상계가 외면적인 것으로 보이지만, 그대가 진아가 되면 현상계는 브라흐만으로 나타난다.

● 자신이 그릇된 행위를 함으로써 다른 사람을 더 큰 악으로부터 구할 수 있다면, 그 행위를 해야 합니까, 하지 말아야 합니까?

무엇이 옳고, 무엇이 그른가? 옳고 그름을 가릴 수 있는 기준이란 없다. 개개인의 기질에 따라, 그리고 상황에 따라 의견들은 서로 달라진다. 또한 그것들은 결국 생각일 뿐이다. 옳고 그름에 대해서 신경쓰지 말고 대신 생각을 없애라. 그대가 진정한 옳음에 안주할 때, 그 옳음이 세상으로 퍼져나간다.

● 올바른 행위만으로는 구원을 얻을 수 없습니까?

구원을 바라는 자는 누구이며 구원을 얻는 자는 누구인가? 또,

올바른 행위란 무엇인가? 아니, 행위란 무엇이며 올바름이란 무엇인가? 올바름과, 그름을 판단하는 자는 또 누구인가? 인간들은 각자 자신의 카르마에 의해서 옳고 그름을 따지지만, 실체를 알아야만 옳고 그름에 대한 진리도 알 수 있다. 가장 좋은 방법은 구원을 바라는 자가 누구인지를 찾는 방법이다. 누구에게나 공통적인 올바른 행위란 바로 이 〈누구〉, 또는 에고의 근원을 추적하는 행위다.